人邮普华
PUHUA BOOK

我们一起解决问题

高中优质心理课设计汇编

吕剑晨 ◎ 主　编

张　碧 ◎ 副主编

何佐钦

人民邮电出版社

北　京

图书在版编目（CIP）数据

高中优质心理课设计汇编 / 吕剑晨主编 . -- 北京 ：
人民邮电出版社，2024. -- ISBN 978-7-115-65199-0

Ⅰ . G444

中国国家版本馆 CIP 数据核字第 20240ZQ045 号

内 容 提 要

随着知识的积累和阅历的丰富，高中生开始更深入地了解自己的内心世界，对自我价值、兴趣、能力和未来目标有了更为清晰的认识，形成较为稳定的自我价值观，但同时，他们在人际关系、学业和人生选择方面面临更加复杂的挑战，容易感到迷茫和不安。家长和教育工作者应理解这些心理特点，并提供适当的支持和引导，帮助高中生顺利度过这一重要发展阶段。

心理课是学校心理健康教育的主阵地，本书涵盖的心理课主题系统且全面，包括自我认识、情绪调适、人际关系、社会适应、学会学习、生涯规划、生命成长 7 大经典主题，共 35 节优质心理课，以及一线心理课设计经验分享。这些课例大多是获奖或公开展示的优质心理课，在实践中备受好评。书中详细的课例介绍，不仅提供了众多可学习、借鉴的教学范本，更提供了教学"脚手架"。读者可以从作者的设计思路、教学过程、设计意图、课程迭代、教学反思及最后的专家点评中，了解、学习如何设计、实施和打磨心理课。

本书适合高中心理教师、班主任、其他任课教师及家长阅读。

◆ 主　　编　吕剑晨
　　副 主 编　张　碧　何佐钦
　　责任编辑　黄海娜
　　责任印制　彭志环

◆ 人民邮电出版社出版发行　　北京市丰台区成寿寺路 11 号
　　邮编　100164　　电子邮件　315@ptpress.com.cn
　　网址　https://www.ptpress.com.cn
　　固安县铭成印刷有限公司印刷

◆ 开本：787×1092　1/16
　　印张：20　　　　　　　　　　　　　　2024 年 10 月第 1 版
　　字数：350 千字　　　　　　　　　　 2024 年 12 月河北第 3 次印刷

定　价：89.00 元

读者服务热线：（010）81055656　印装质量热线：（010）81055316
反盗版热线：（010）81055315

广告经营许可证：京东市监广登字 20170147 号

编　委　会

主编

● 吕剑晨，香港中文大学教育学硕士，杭州观成教育集团心理辅导站站长。曾获杭州市拱墅区教坛新秀、杭州市心理论文一等奖、杭州市心理微课一等奖，主持杭州市首批心理健康重点研究课题，著有《青春期心理成长知识星球》丛书。

副主编

● 张碧，心理学硕士，北京市朝阳区人朝分实验学校心理教师，北京林业大学心理系特聘"MAP 行业导师"。曾获北京市青年教师教学基本功比赛一等奖、中小学心理健康优秀成果赛一等奖、"扬帆杯"新任教师教学技能比赛一等奖，著有《青春期心理成长知识星球》丛书。

● 何佐钦，福州市晋安榕博小学心理健康教师，香港岭南大学应用心理学硕士，曾获福建省中小学作业设计心理学科优秀作品，福建省《心理健康教育》副主编，著有《青春期心理成长知识星球》丛书。

编委会成员

● 刘亚茵，北京师范大学心理学硕士，北京潞河中学成长指导教研室主任。曾获北京市第三届"京教杯"青年教师基本功大赛一等奖、北京市第一届"成均杯"中小学心理教师基本功大赛特等奖。

● 韩婷，北京师范大学硕士，宁夏回族自治区银川一中心理教师。曾获宁夏回族自治区心理优质课一等奖、空中课堂课例评选一等奖、骨干教师示范课一等奖，参与编写《心理健康教育教学参考（高中）》《成长教育》等图书。

● 张鹂，香港大学教育学硕士，广东省深圳市龙岗区龙城高级中学心理教师。曾获评深圳市龙岗区先进教育工作者、龙岗区青年教师教学能力比赛一等奖、龙岗区青年教师基本功比赛一等奖。

● 周芸婷，华中师范大学心理学硕士，江苏省无锡市梁溪区教师发展中心心理教研员。曾获江苏省心理优质课评比一等奖、无锡市心理学科能手。

● 姚项哲惠，上海师范大学心理学硕士，上海市敬业中学心理教师。曾获上海市心理健康教育活动课一等奖、上海市学校心理健康教育先进个人、黄浦区教育系统百名新秀教师等。

推荐序一

心理学自诞生之日起，就肩负着三项重要使命：其一，使人健康，疗愈人的心理疾病；其二，使人幸福，帮助人生活得更加快乐、有意义；其三，使人卓越，发掘并培养人的潜能与优势。而心理课作为教师培育学生形成健全的人格、提升学生心理健康水平的主阵地，对推动心理学完成这三项使命起着不可替代的重要作用。

苏霍姆林斯基曾说，每个孩子内心的角落都有一根琴弦，一旦拨动这根琴弦，它就会发出声音。而一节节充满生活气息的，有体验、有情感、有智慧的课，都会成为拨动这根琴弦的力量。

因此，心理课的设计与实施需要教育研究人员、一线心理教师的密切关注与深入研究。在研读这套优质心理课设计汇编的过程中，我感受到心理课的发展速度是前所未有的，展现着全新的面貌与活力。期待通过这套书，我们心理教育工作者可以共同探索一节优质的心理课究竟应如何构思与推进，共同为推动学生的心理成长贡献智慧与力量。

心理课的目标

在中小学阶段，心理课以《中小学心理健康教育指导纲要（2012年修订）》（以下简称《纲要》）为方向。心理教师的使命是将《纲要》的总目标——提高全体学生的心理素质，培养他们积极乐观、健康向上的心理品质，充分开发他们的心理潜能，促进学生身心和谐可持续发展，为他们健康成长和幸福生活奠定基础——落实到每一节课中。

同时，学情作为设定心理课教学目标的关键因素不容忽视。由于地域、学校、学段之间的差异，学生面临的心理挑战各不相同。以学会学习这一主题为例，部分学生可能需要增强学习动力或获取学习方法上的指导，而另一部分学生则可能需要调整面对考试的心态或学会正确面对同伴间的竞争压力。

因此，心理教师在遵循《纲要》总目标的前提下，还需细致分析学生的心理发展阶段和具体需求，以确保教学内容能够精准匹配学生的实际情况，从而确保心理课的针对性和实效性。

心理课的理论

在设计心理课时，心理学理论发挥着至关重要的作用，它们不仅为课程提供了坚实的逻辑支撑，还为构建整个教学架构提供了理论基础。在设计时选择科学性和专业性强的心理学理论至关重要。例如，自我认识主题下的乔哈里窗理论、3I理论，学会学习主题下的具身认知理论、心流理论等。这些理论来源于心理学家的研究和探索，也经过了多次严谨的实验论证，能够有效帮助学生掌握相应的方法，达到预期的学习效果。

近年来，"心理味"一词被反复提及。心理味指心理课既包含心理学科的专业性，同时还注重心理课堂上的互动、体验与感受，更注重学生的主体性和课堂生成。当一节心理课具备了心理味时，它便超越了传统的单向信息传递的教学模式，进而可以营造出一个充满心理支持与温情的教学环境。为了激发课堂的心理味，心理教师将前沿的心理治疗理论巧妙地融入教学设计与实际教学中，比如人际关系主题下的非暴力沟通技术和身体雕塑技术，社会适应主题下的隐喻方式等。这些新颖而富有吸引力的理论与技术，不仅可以让学生在课堂上产生共鸣，而且为他们完善人格、提升心理健康水平提供实质性的助力。

心理课的内容

《中国学生发展核心素养》（以下简称《素养》）认为，学生的核心素养包括文化基础、自主发展、社会参与三个层次，其中自主发展素养强调个体的自主性，并在文化基础素养和社会参与素养之间搭建了桥梁。这提醒心理教师，中小学心理健康教育课的教学内容应立足学生核心素养，按要点、模块、主题、学段进行教学。例如，中学生智力发展核心素养强调提升元认知核心能力，那么中学心理课就应该紧密围绕元认知能力展开，通过改进学生的计划策略、监督策略和调节策略，加强学生的元认知能力，提升学生的学习效率，帮助学生实现学习目标。

同时，心理教师应当保持敏锐的洞察力，将与时俱进落实到思想和行动上，捕捉时事热点，持续对课程内容进行更新与优化。无论是校园内的事件（如校运会等集体活动、校园欺凌等危机事件），还是社会层面的新闻动态（如人工智能技术、对校园里中小学生手机使用的管控政策等），抑或新兴的文艺作品（如电影、电视剧和小说等），都可以成为心理课讨论的主题或作为课堂上的生动素材。这些元素的融入将使心理课充满活力，从而激发学生的学习兴趣。

这套书为心理教师课堂实操提供了良好的示范。首先，书中所涵盖的心理课主题系统且全面，包括自我认识、情绪调适、人际关系、社会适应、学会学习、生涯规划、生命成长 7 个主题，基本覆盖了《纲要》和《素养》对中小学心理健康课的教学要求。其次，每节课都能做到切口细微、目标精确。以生涯规划主题为例，小学阶段的课程聚焦于自我探索，包括性格、兴趣、优势、目标和能力等；初中阶段的课程聚焦于信息整合，包括如何收集和整合个体内部和外部的信息等；高中阶段的课程聚焦于生涯决策，包括了解并选择升学路径、如何进行职业决策等。书中的课例经编者和作者多次打磨，设计精巧、形式丰富、内容有趣，为我们开展心理课教学提供了新的视角。

总之，这套书凝结了诸多心理教师的智慧结晶，相信这将成为广大心理教师提升教学能力的宝贵资源，为他们在专业道路上不断前行提供有力的支持。

让我们一起以爱为笔、以智慧为墨，帮助每个学生描绘出成长的蓝图！

程忠智

正高级教师、北京市心理学科带头人

推荐序二

心理课很好玩。

"在心理课上，我们可以敞开心扉、畅所欲言""在游戏中获得知识，在欢笑中懂得道理""心理课很少，但上完每一节课我们都有很大的收获""这门课真正走进了我的'心世界'"……心理课，绝对是学生最喜欢的科目之一。

于教师而言，心理课是拥有生命力和治愈力的。和学生们在一起时，我常常忘记年龄、忘记烦恼。当他们或大声或轻声地说"老师，想你一周了""老师，你的喉咙好些了吗""老师，我很喜欢你""老师，以后我也要成为你这样的人"时，我觉得不是我在给他们上课，而是他们在丰富我的生命。

所以，无论是学生还是老师，我们都很享受好玩的心理课。

但是，心理课又很不好玩。

对教师来说，心理课不仅是我们的立身之本，更是基于情感的动态心理档案。当站在讲台上时，我们该如何与学生共度这生命中不可重来的几十分钟，学生们是否愿意投入课堂并表达真实的内心，是否愿意找站在讲台上的我们倾诉，这都取决于我们是否与他们建立了情感联结——"这个人可亲近吗？这个人可信任吗？这个人会让我有安全感吗？"

我时常思考：心理课的灵魂是什么？什么是开放、灵动，又有温度、深度的心理课？怎么让不同学段的学生都有心可动、有情可触、有思可想、有话可说？说实话，上好一节让学生动心、开心、入心的心理课，真不是一件容易的事。

2023年，某出版社的编辑曾对我说，有老师打电话来询问我们写的《心理课怎么玩》一书有没有配套的详细教案。那时《心理课怎么玩》的重心放在了第一版的教学初设计如何通过反思和打磨进阶到第N版的"渔"上，囿于篇幅，"鱼"比较小。当时我就笑说："要不出个详细案例补充集？"没想到，年轻的吕剑晨、张碧、何佐钦等同仁敏锐地捕捉到了广大心理教师的需求和我的遗憾（其实他们并不知道这件事），推出了这套"鱼"与"渔"兼具的实用参考书。

这是一群平均教龄在十年左右的一线心理教师，他们在教学实践中勤于思考、勇于探索、用心提炼，为大家带来了小学、初中、高中三个学段共 105 节优质心理课课例、9 篇心理课设计经验分享。书中选取的课例大部分都是获奖的优质心理课或公开展示的课程，在实践中备受好评。这些详细的课例介绍，不仅提供了一个个可学习、借鉴的教学范本，更提供了教学脚手架。我们可以从作者的设计思路、教学过程、设计意图、课程迭代、教学反思及最后的专家点评中，学习、了解如何设计、实施和打磨一节心理课。作者的思路构想及经验分享，给了我们在教学实践中举一反三、从临摹走向创新的启示，也为我们的课题研究提供了素材和方向的指引。

正因为一个又一个、一群又一群心理教师的用心思考、潜心钻研和无私分享，不好玩的心理课才越来越好玩。

天道酬慧、天道酬勤，平凡而走心的坚持，如见光芒。

周念

正高级教师、上海市黄浦区心理学科带头人
华东师范大学专业学位研究生行业产业导师

自　序

　　"这样设计心理课，内容上会不会超纲？"

　　这是我们在进行某次教研时，一位心理教师提出来的问题，这个问题引发了大家的激烈讨论。事实上，心理课正走在一条"众人拾柴"的路上。从兼职到专职，心理教师的队伍逐渐壮大。从不开设心理课到心理课进课表，大家不断地摸索、推进、创新，使得这堆名为"心育"的篝火烧得越来越旺、越来越温暖。

　　心理课是学校心理健康教育的主阵地，但是心理课到底该怎样上、上什么，依旧存在很多争论。教育部印发的《中小学心理健康教育指导纲要（2012年修订）》（以下简称《纲要》）指出，开展心理健康教育的途径和方法可以多种多样，不同学校应根据自己的实际情况灵活选择、使用。这种"因地制宜"的开放性为心理课的蓬勃发展提供了肥沃的土壤，但也让教师对如何设计心理课感到困惑。单从心理课的课程名称上来看，现在有心理健康课、心理辅导课、心理辅导活动课、心理活动课等多种叫法，而每一种叫法又影响相应的心理课的设计与实施。例如，全国知名心理健康教育专家钟志农老师曾结合团体动力理论，提出心理辅导课的"起承转合"架构，深刻地影响了许多心理课的设计。

　　另外，心理课也从"碎片化"开始走向"线性化"。以前的心理课会基于学校各班级的需求来设计，比如班级学习氛围不好便设计一节考试辅导课，班级有同学闹矛盾便上一节人际关系课，可以说是"东一榔头，西一棒子"。若想让心理课越来越科学、专业，需要更加体系化的心理课整体设计。2019年浙江省教育科学院制定了《浙江省中小学心理健康教育课程标准（试用稿）》，在推动心理课的发展方面迈出了重要一步。浙江省的这个课程标准提出心理课的设计需围绕"一个主旨、一条主线、两大素养、六大板块"展开。其中"一个主旨"指以提高学生心理健康素养为主旨，"一条主线"

指以学生心理发展为主线，"两大素养"指学会学习和健康生活两大素养；"六大板块"指社会适应、学习心理、情绪管理、人际交往、自我意识、生涯规划。该课程标准不仅成为浙江省心理教师设计心理课时的必备工具，也为全国范围的心理教师提供了重要的参考依据。

回顾近几年的优质心理课评比，许多教师开始跳出原有的心理课框架，为心理课设计增添许多新意。在这些设计中，表达性的课程愈发得到教师们的认可。表达性课程的特点是利于学生在课堂上自然生成。在教师的引导和陪伴下，学生能够创造出各种令人惊叹的作品。因此有些地区在组织优质心理课评比时，甚至会把"学生有无自然生成"纳入评价标准中。那么，心理课就应该这样上吗？好像又不尽然。与电子产品经常更新换代一样，心理课似乎也在"赶潮流"。前几年流行在心理课上带学生做游戏，这几年流行让学生看视频、画画、做手工，那以后会流行什么呢？这很难预测。但可以肯定的是，随着越来越多心理学专业的毕业生进入中小学任职专职心理教师，心理课一定会越来越专业、越来越有活力。除了表达性课程外，我们也看到了各种心理学理论、心理科研成果、心理咨询技术与心理课的巧妙结合，这些都离不开每一位"心育"工作者的奇思妙想。

更令人惊喜的是，围绕心理课的讨论从未停止。

心理课要考试吗？

心理课要使用统一的教材吗？

心理课要讲心理学理论吗？

积极心理学如何在心理课中体现？

……

对上述问题，"一千个读者眼中会有一千个哈姆雷特"，但正是因为这种辩论、研讨的过程，心理课才让人如此着迷。例如，心理课是否有"超纲"一说？虽然《纲要》为心理课划定了界限，但也写明了"因地制宜""因人而异"的要求。类似的讨论正在全国各地的心理教研中展开，而这些问题虽只是缩影，但足以让我们看到心理课和学校心理健康教育的深化与发展。

从"如何上心理课"到"如何上好心理课"，心理教师在教学过程中必然会遇到这些问题，但市面上与之相关的书籍并不多，于是这套书应运而生。本套书的主编、副主编和编委会成员皆是在一线任教多年的专职心理教师，他们或是各类优质心理课的获奖者，或是心理教研员，他们竭尽所能地筛选优质的心理课课例，以期让读者有所收获。

　　本套书包含小学、初中、高中三个学段，总共收录了 105 节优质心理课，这些课在教学实践中受到诸多好评。在书中，读者会看到各种出彩的表达性心理课，也会看到教育戏剧、空椅、卡牌等技术在心理课中的应用，同时也可以看到融合了"剧本杀"活动等更加新颖、有趣的心理课形式。值得一提的是，遍览三个学段的课例，读者会对"心理课应依据学生心理发展特点设计"这一要求有更直观的认识，也会看到同一个心理学理论在不同学段的心理课中的不同运用方式。

　　为了使读者更好地将书中的课例迁移到教学中，我们在编排课例时不仅详细展示了一节课的教案，也让执教教师记录了课程迭代的情况及教学反思。在每本书的最后，我们还邀请了部分编委会成员分享了自己的心理课设计经验，介绍了隐喻方式、情境认知理论、大单元架构等内容在心理课中的运用。但是，一节好课是教师和学生相互成就的结果，书中收录的课例并非十全十美，我们也期望读者能够给予我们建议和指正。

　　在过去的十年里，心理课发生了很大的变化，它变得更专业、更有温度。我常常问自己，十年后的心理课又会是什么样子呢？它会有新一轮约定俗成的上课模式，还是更加百花齐放？非常期待能和读者一起奔赴下一个十年。

　　愿本套书不负您所期。

吕剑晨

目 录

第一章

自我认识

自我认识单元的主要目标是帮助学生全面、客观、深入地认识和理解自己，提升他们的自我认知与自我管理能力。通过探索、反思和评价，学生能明晰自己的优势和劣势，发现自己的独特性，增强自我接纳和自我调节的能力，以便更好地应对生活中的压力和挑战。

在自我认识单元中，常见的心理主题主要包括自我觉察、个性特质、情感管理、价值观及自我激励等。这些主题旨在引导学生深入了解自己的内心世界，提升自我认知的深度与广度，逐渐明晰自我价值，了解自身的特点与潜能，建立起积极的自我形象，从而更加自信地面对生活中的挑战。

随着知识的积累和阅历的丰富，高中生开始更深入地了解自己的内心世界，对自我价值、兴趣、能力和未来目标有了更为清晰的认识，形成较为稳定的自我价值观，开始主动寻求认识自我能力的提升和改变。同时，他们也开始关注自己的社会责任和未来规划，思考如何实现自我价值。但他们在人际关系、学业和人生选择方面面临更加复杂的挑战，容易在认识自我的过程中感到迷茫和不安。

《从名字开始》将名字作为自我认识与自我接纳的起点，将名字外化为具有不同能力值的形象，通过外化方式分离问题，鼓励学生为自己的名字赋能。《AI 人生再构》创新性地使用了 AI 技术，运用"3I"理论，帮助高中生平衡先天资源与后天努力，积极面对遇到的挑战。《气质西行记》巧借《西游记》四大主角解析气质类型，以"气质人偶"为载体，引导学生觉察自己的气质类型。《魔法蜡烛，点亮优势之光》创设魔法场景，以"点亮蜡烛的过程"将发掘自身优势资源的过程具象化，引导学生探索自身的优势资源。《我的"昼"与"夜"》以视频贯穿课堂，采用隐喻的方式，结合黏土制作的表达性艺术形式，促使学生进行自我接纳和自我整合。

本单元的课例是极具启发性的。教师采用多样的教学方法，精准选择切口，对常规主题进行创新。这些课程不仅能提升学生自我认知的深度和广度，也为读者提供了实用的参考。当然，我们也期望，读者在运用教学素材的同时，注重学生的个体差异，关注学生的个性化探索，避免空洞说教，鼓励学生积极表达自我。相信学生能够建立更加积极的自我认同，为自己未来的成长与发展打造坚实的基础。

从名字开始

广东省深圳市龙岗区龙城高级中学　张鹏

【驱动问题】

如何让学生从名字中认识自己？

【基本信息】

适用学段：高中一年级

准备道具：学案纸

【设计思路】

《中小学心理健康教育指导纲要（2012年修订）》提出，高中心理健康教育的内容包括帮助学生确立正确的自我意识。姓名是自我意识的起点，是构建自我形象的"第一张名片"。名字可以说是自我认同的独特社会符号，影响人们对自己的观察、解释及期待[1]。研究发现，对自己名字的喜爱可能是内隐自尊的一种表现，而且对个体的幸福感也有一定的预测作用[2]。

根据埃里克森的人格发展阶段理论，高中一年级的学生仍然处于建立自我认同的关键阶段。这个阶段的学生对自我的思考更加深入，对自我概念更加关注。在实际工作中，笔者发现，不喜欢自己名字的学生不仅对名字本身有困扰（如名字中含有生僻字等），还对名字背后的意义有困扰（例如，有的同学讨厌父母"强加"给自己的期待——名字中蕴含对其性格或学业的期待；有的同学不满这个名字给他人留下的印象——平平无奇、过于张扬，或者太男性化/女性化）。个体对名字的接纳程度在很多时候也体现了其对自我的接纳程度。

本节课将"名字"作为自我认识与自我接纳的起点，授课时间点为高一新生入学的第一节课。在这个时间段，学生会反复地在各种场合做自我介绍，希望自己能给他人留下深刻的印象，而这本身就是一种对自我的探索。本节课的设计既能满足学生从

"名字"开始讲好自己故事的需求，也能帮助学生更快地适应新集体。

【教学目标】

1.情感目标：感受名字给自己带来的积极力量，提升对名字的喜爱程度；感受以名字为基础的良好人际互动，通过人际反馈提高自我接纳度。

2.认知目标：拓宽对自己名字的认知，增加对名字的了解。

3.行为目标：能学会以积极的视角看待自己的名字。

【教学思路】

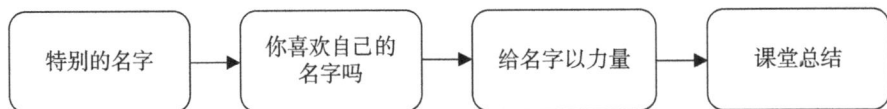

特别的名字 → 你喜欢自己的名字吗 → 给名字以力量 → 课堂总结

【教学过程】

一、特别的名字（5分钟）

老师：同学们，我是你们的心理老师××。在这个新班级里，我也想知道大家的名字，最好是一些特别的名字，请同学们推荐一下。

学生举手推荐。

老师：（在了解到本班"呼声"最高的名字后，不必让学生起来作详细自我介绍）请全班同学接着说一说，自己了解到周围人的名字中有哪些是很特别的，有哪些名字经常重复？

学生举手分享后，老师呈现提前准备的本年级学生名字分析。老师可以提前收集本年级新生的姓名名单，并分析本年级学生中不常见的名字和重复的名字。善于用统计软件的老师可以用词频分析软件统计名字中的高频字。

教师小结：名字是关于"自我"最特别的一个符号。大部分情况下，它从我们出生起就开始陪伴我们，而我们对它的认识往往不多。今天，我们就从"名字"开始一起探索关于自我的世界。

设计意图：结合新学期第一节课的特点，激发学生兴趣，引出课题。

二、你喜欢自己的名字吗（10分钟）

学生在学案纸"我的名字"处填入自己的名字，并给自己的名字打分，评价对自己名字的喜爱程度。评分范围为 1 ～ 10，1 代表非常不喜欢，10 代表非常喜欢。学生先在小组里互相分享自己的答案，再派代表在全班分享以下问题的答案。

问题 1：小组成员对名字的喜爱程度最低是几分，最高是几分？

问题 2：对于喜欢和相对没那么喜欢自己名字的同学来说，他们喜欢和不喜欢的理由是什么？

问题 3：关于你们小组成员的名字，你还有什么发现？

老师将学生总结的喜欢和不喜欢自己名字的原因进行归纳整理，写在黑板上，如下所示。

	喜欢自己名字的原因	不喜欢自己名字的原因
名字本身	好写	生僻字，考试时书写费时间
	简简单单	太普通
	字形好看	容易读错
	读起来感觉在微笑	
名字的意义	认可名字背后父母的期待	不认可名字背后父母的期待
名字给他人的印象	会让他人在第一次见面时就觉得我应该很温柔 / 很可爱 / 很潇洒	太男性化 / 女性化
		太刚强 / 太软弱

老师引导学生思考以下问题。

问题 1：为什么有的同学喜欢简单、普通的名字，有的同学却因为自己的名字太普通而不喜欢自己的名字？

问题 2：父母的期待为什么既可能是我们喜欢自己名字的原因，又可能是讨厌自己名字的原因？你认可父母的期待吗？

问题 3：你希望自己的名字给他人留下什么样的印象？这样的印象代表理想中的你，还是真实的你？

学生举手分享后，老师给学生讲述以下关于名字的心理学研究。

姓名的特征包括独特性、性别倾向、含义效价、认知加工流畅性等。这些都可能影响个体对名字的偏好。对自己名字的喜爱度与我们的自尊水平相关。个体姓名中体现的积极的自我期待反映了一种更健康的自我评价，它甚至可以预测一个人的幸福感。

教师小结：名字是自我认识的重要部分，但我们也发现：由于名字并不是我们自己决定的，有的同学会因为不喜欢名字背后的含义、觉得名字和自己的真实情况不一致等而不喜欢自己的名字，甚至有的同学可能会给自己改名字。

设计意图：了解学生对自己名字的态度，引出探究情境，转化问题。

三、给名字以力量（23 分钟）

老师：我们可能无法改变名字本身及名字背后所蕴含的长辈的期待，但我们可以通过自己的方式来打造或完善名字所代表的形象。

（一）名字的化身

老师：我们现在要做一个大胆的想象，如果名字有一定的魔力，可以在被召唤时化身为人、动物、幻想生物，甚至是山川河流，那么你觉得自己的名字可能会化身成什么？

学生举手分享。

老师：你的初始形象和初始属性是什么，取决于你对名字的理解，它们可能是你期待的样子，也可能代表你内心的自己。而名字的初始能量值则来自你对它的喜爱度，大家可以在学案纸上根据自己对名字的喜爱度，给名字赋予初始能量值，分值范围为 0 ~ 10。

老师给学生呈现以下示例。

示例 1："磊"，化身是石头，初始属性是善于忍耐，初始能量值是 9。

示例 2："晓乐"，化身是可爱的少女，初始属性是活泼、有能量，初始能量值是 9。

学生在学案上画下"名字化身"，写出初始属性和初始能量值。

（二）为化身赋能

老师：当你的名字不断被他人"召唤"，并且他人认为你的名字背后有一些积极能量时（这代表他人对你的印象），你的"名字化身"就会出现一些由他人赋予的技能。请在班内寻找至少三个同学，让他们为你的"名字化身"赋予技能。如果你愿意让他人的"名字化身"拥有更多技能，你也可以主动询问他人是否能接受你为其名字赋能，这一赋能过程可以借助字典等。

老师呈现以下示例。

示例 1："磊"。赋予技能——光明磊落（技能名）；技能解释——胸怀坦白，正大光明，瞬间消灭所有虚伪。

示例 2："晓乐"。赋予技能——快乐传播（技能名）；技能解释——只要出现就会缓解同学们的低落情绪。

学生在班内自由走动，相互为名字赋能。

老师：在刚才的活动中，你最喜欢的他人为你名字赋予的技能是什么？他人赋予的技能和你对自己"名字化身"的认识有什么相同和不同之处？

学生举手分享。

（三）拥抱化身

老师：化身魔法快要消失了，"名字化身"也会变得看不见，但它依然以隐身的方式陪伴我们一生。在它隐身前，它会对你说什么呢？

学生举手分享。

教师小结： 有的"名字化身"因为你对名字的喜爱，一开始就拥有很高的能量值，它的技能往往也能为其他人带来强大的影响。与之相反，有的"名字化身"可能一开始不被名字的主人所接受，初始能量值也很低，但仍然有重要的人认为它是具有能量的，因此它也有了更多的能量值。其实，你的名字，无论是平平无奇的、特殊生僻的，还是曾因某种原因让你感到别扭的，它都是一生中陪伴你最久的礼物。

设计意图： 层层深入，通过外化方式分离问题，引导学生在团体互动中获取名字的积极能量，为名字赋能。

四、课堂总结（2分钟）

老师：名字是我们自我认识的起点，本节课我们赋予了名字新的意义。我们可以期待自己会像名字所预言的那样，拥有各种美好品质。我们也可以转化自己对名字的理解，为自己预言。生命的舞台上，我们怎样演绎自己的名字，归根到底取决于我们自己。

设计意图： 总结深化主题。

【课程迭代】

本节课最早发表于笔者本人的社交平台，获得了来自全国各地各个学段同行的热烈反馈，其中不乏精彩的建议，例如，一位网名叫"长风万里"的教师提出教师可以对学生姓名做词频统计。本书呈现的版本与最初的版本相比有较大的变化。最初版是面向初中生设计的，课程设计较常规，更偏向于讲授，教学目标是帮助学生了解名字背后蕴含的长辈的期待，因此课程活动主体部分便只停留在对名字背后期待和意象的解读上，同时邀请他人写出对自己名字的联想。修改后，授课学段改为高中，随着学生自我认知的深入，本节课将教学目标定为拓宽学生对名字的认知，感受名字给予自己的积极力量。此外，课程设计通过打分的方式进一步强化了对名字的喜爱度和自我接纳度之间的联系。

本节课设计中最难修改的部分是如何让名字喜爱度低的学生也能从名字中获取积极反馈。最初版本是让学生互相写和画，联想意象。在修改过程中，笔者也尝试了拼贴画和拼贴诗等艺术表达疗愈方式，也考虑过使用冥想赋能的形式，但效果都不太理想。在最终的版本中，笔者主要考虑了本节课的授课时间点（即高一刚入学），此时学生需要更有趣的团体破冰活动，所以本部分改成了趣味性的为他人的名字召唤"技能"的活动，让学生在互相赋予技能的过程中熟悉彼此，传递积极感受。

【教学反思】

本节课的灵感起源于笔者本人对自己名字的思考。笔者在中学阶段因为名字中有生僻字而感到困扰，想改名，甚至一度与朋友互称网名，直到后来某一刻笔者脑海里突然冒出一句话："一个人的自我接纳可以从喜欢自己的名字开始。"笔者这才发现，原来在不知不觉中，在各种自我介绍中，笔者开始喜欢自己的名字了。无论是名字背后反映出的父母的祝福，还是名字带给别人的关于自由或闲云野鹤的联想，抑或是名字本身的独特性，都和笔者如今的价值观一致。现在，笔者也会利用自己名字的特殊性，在人际交往初期加深他人对自己的印象，为自己"打造人设"。

本节课最大的优点是考虑了新生入学时的心理状态——对自我介绍环节既害怕又期待，以及新生"既渴望给他人留下印象，又苦恼于无话可说"的纠结心理。在恰巧阅读了一些关于名字与自我概念的社会心理学研究后，笔者决定在学期初从"名字"切入自我认识专题，引导学生从最熟悉的姓名符号出发，探寻自己对自我的评价。在设计上，本节课教学环节连贯性强，内容逐层深入，探讨了以名字为框架的自我认识和自我赋能途径。在实际教学中，本节课操作简单，学生参与度高，也十分适合用于新班级的团体建设活动。

这节课可以改进的部分是对于课堂的深度挖掘。本节课的理论基础来源于社会心理学的实证研究，但教学设计缺少一个扎实、成熟的理论体系支持。整节课的设计更关注拓展名字的意义、以名字促进学生积极互动，因此课程在对名字的整合及对自我概念的理性思考方面尚有欠缺，深度仍显不足。

【专家点评】

这是一节少见的完全围绕"名字"开展的心理课，亮点主要体现在以下三个方面。

1. 主题新颖，载体具象。本节课创新性地使用了名字作为内在自我评价的切入口。相较于一些常见的自我认识主题，名字是一个更具体的载体。当学生在课上尝试从名字这个熟悉的"窗口"探入，以从未有过的视角探索内在自我时，其体验是全新的，这使课堂氛围更活跃，学生生成的内容也更丰富。

2. 贴合学情，关注需求。本节课的授课对象是高一刚入学的学生，这一方面是一节自我认识课，另一方面也是一节入学适应课，较好地兼顾了学生的人际适应需求。在积极、欢乐的团体活动中，学生加深了对彼此名字的印象，同时更好地在新班级呈现了自己的形象。

3. 形式灵活，趣味性强。本节课的活动紧扣教学目标开展，形式层层递进。从一开始的自评分享到"名字化身"和意义的转化，在此过程中，学生逐渐了解名字背后的自我认识。环节的设计充满趣味性，转化过程也避免了教条说理，充分发挥了积极人际反馈对自我评价的促进作用。

（点评嘉宾：马菁，广东省深圳市龙岗区龙城高级中学心理科组长，高级教师）

【参考文献】

[1] 包寒吴霜，蔡华俭. 姓名对个体心理与行为的实际影响：证据和理论 [J]. 心理科学进展，2021（6）：1067-1085.

[2] Luo Y L L, Shi Y, Cai H, et al. Liking for name predicts happiness：A behavioral genetic analysis [J]. *Personality and Individual Differences*，2014，69：156-161.

【学案纸】

从名字开始

姓名：_____ 班级：_____ 学号：_____

我的名字：
对名字的喜爱程度（1代表非常不喜欢，10代表非常喜欢）：
1 2 3 4 5 6 7 8 9 10
给名字以力量
我的"名字化身"：
【初始能量值】 【初始属性】
请邀请至少三个同学，为名字赋予技能： 【技能名】　　　　　　　　【技能解释】 【技能名】　　　　　　　　【技能解释】 【技能名】　　　　　　　　【技能解释】 名字在隐身前会对你说什么？

AI 人生再构

江西师范大学附属中学赣江创新研究院分校　温滢

【驱动问题】

如何让学生平衡好先天资源和后天努力？

【基本信息】

适用学段：高中一年级

准备道具：学案纸

【设计思路】

《中小学心理健康教育指导纲要（2012 年修订）》明确指出，高中阶段要帮助学生确立正确的自我意识，树立人生理想和信念，形成正确的世界观、人生观和价值观，帮助学生进一步提高承受失败和应对挫折的能力，形成良好的意志品质。

美国心理学家卡伦·霍妮在《我们内心的冲突》一书中指出，个体存在大量的内心冲突是心理困扰的根本原因，其中，冲突包括自我与环境、自我与他人、自我与自我之间的冲突[1]。在高中阶段，青少年正处于自我统合和价值观确立的重要时期，"自我与自我的冲突"尤为明显。面对内心冲突所带来的痛苦，学生很容易陷入无助、抱怨和自暴自弃的负面情绪，他们可能质疑学习的意义和人生的意义，将不理想的学习成绩归因于家庭、父母或运气等外部因素，从而逃避现实困境。这种归因方式会导致他们的抗挫折能力下降，会让他们在遇到困难时容易以错误的方式应对，忽略内部因素和自我力量的作用。

本节课旨在帮助学生在先天资源与后天努力之间找到平衡，引导他们认识到：每个人的起点不同，但起点并非决定未来发展的唯一因素，要正确认识努力对个人成长和潜力挖掘的重要性。本节课基于优势视角理论，鼓励学生积极发掘自身独特优点和资源，建立积极心态，减少对外部因素的过分关注，提高应对挫折和困难的能力，从而以更健康、积极的方式面对人生。

【教学目标】

1. 情感目标：培养积极的人生观，树立积极的人生态度，增强积极应对困难的决心。

2. 认知目标：了解内在心理品质和后天努力对个人人生发展的重要性，理解优势视角理论及其赋能的策略。

3. 行为目标：运用"3I"理论为自我赋能，积极地应对在学习和生活中遇到的困难和挑战。

【教学思路】

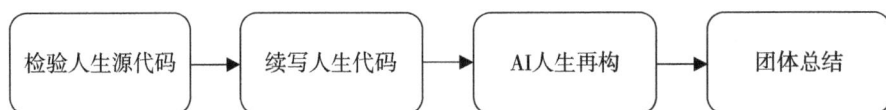

检验人生源代码 → 续写人生代码 → AI人生再构 → 团体总结

【教学过程】

一、检验人生源代码（5分钟）

老师呈现在线游戏"AI人生模拟器"（仅举例，老师可自行挑选合适的游戏导入），并展示如何进行游戏，然后请两名学生先后到讲台上体验游戏。

游戏简介："AI人生模拟器"是一款在线游戏，包括选择天赋卡、设定初始属性和模拟人生三个环节。在选择天赋卡环节，学生可以挑选三个方面的天赋。在设定初始属性环节，学生可设置外貌、智商、健康和家境的属性值。最后游戏程序将根据学生所选天赋和属性值生成各年龄段的经历和人生结局，让学生体验一次虚拟人生。

老师：（游戏后提问）你对游戏中的人生结局满意吗？

两名学生分别回答。

老师：游戏可能会呈现让大家满意的结局，也可能会呈现让大家不满意的结局。看来，我们所认为的好的人生开端，并不意味着必定有好的结局。假设现在有一台人生代码检测仪，可以检测出每个人刚出生时的源代码，也就是检验每个人刚出生时各方面的属性值，那么你们觉得自己在智商、外貌、家庭、健康等四个方面的属性值是多少呢？同学们请看学案纸"检测人生源代码"部分，在刻度上标出四大属性值，并用线连接起来（具体内容见学案纸）。

学生完成学案纸上对应内容，并举手分享自己的人生源代码。

教师小结：通过"检测人生源代码"，同学们对自身的先天条件进行了初步的了解和探索。如果现实人生也像 AI 一样运行的话，又会是怎样的呢？今天我们一起来体验"AI 人生"。

设计意图：以"AI 人生模拟器"游戏吸引学生注意力，活跃课堂气氛，并引发学生思考"拥有完美的人生开局是否就必定能有完美的结局"，从而导入主题。通过"检测人生源代码"的方式，让学生对自己的先天条件有一个大概的认知，并为"续写人生代码"做准备。

二、续写人生代码（15 分钟）

老师：从同学们的分享中，老师可以看出每个人拿到的源代码不同，大家对源代码的满意程度也不一样。人，生而不同，就如下面视频中所呈现的那样。

学生观看视频 1。

视频 1 简介：通过一系列鲜明的对照场景，生动地展示人们在天赋和家庭背景上的差异。视频的最后抛出问题：作为平凡的人，我们是否只能接受命运的安排？

老师：从视频中我们可以看到，有些人"鳞鳞居大厦"，有些人却"屋上无片瓦"；有些人天赋异禀、卓然不群，有些人平平无奇、凡桃俗李。家境、天赋让我们在出生时便存在巨大差异。在这样的差异下，续写的人生代码又会是怎样的呢？接下来我们进入"续写人生代码"环节。

（一）探究影响人生代码的因素

老师展示钱学森、张桂梅、小 A（学生代表）的源代码和续写代码。看完后请学生进行思考，他们的源代码和续写代码有什么异同？这对他们有什么启发？

学生举手回答。

老师：源代码并不能决定后续人生。那么，影响人生发展的因素有哪些呢？

学生举手回答。老师根据学生的答案进行数据汇总，呈现影响人生发展因素的高频词汇云。数据分析显示，影响人生发展的因素可以分为先天资源、后天品质、内部因素、外部因素四大类，这四类因素相互作用，影响个体的人生发展。其中，后天品质和内部因素是人们能自我掌控和提升的。

（二）续写自己的人生代码

老师让学生根据前面的思考来续写自己的人生代码，完成学案纸"续写人生代码"部分。学生进行小组讨论，并选出一位代表分享讨论结果。

教师小结： 每个人出生时的源代码都不同，但这并不能决定我们后续的人生。相反，如何续写代码是由自己掌握的。提升后天品质、改善内部因素能让我们的人生续写出不同结局。

设计意图： 通过比较钱学森、张桂梅、小A三人的源代码和续写代码，以及让学生续写自己人生代码，引导学生思考影响人生发展的因素有哪些，并引导学生认识到后天品质和内部因素在人生发展中的重要作用。

三、AI人生再构（15分钟）

老师：那我们该怎样才可以利用后天品质和内部因素续写人生，实现人生的"升级"呢？AI通过自我迭代来实现升级，我们则可以通过人生再构来实现自我进阶。

（一）介绍优势视角理论（"3I"理论）

老师向学生介绍优势视角理论（"3I"理论）的相关知识。

优势视角理论认为，心理复原力分为内在优势因素、外部支持因素和效能因素三个部分。

我是（I am）：自己的内在力量，如个人优势、态度、信念。

我有（I have）：自己拥有的内、外部资源，如能力、重要他人、所处环境。

我能（I can）：自己实现进阶可以采取的积极行动。

（二）AI人生再构

老师：在前面"续写人生代码"的活动中，小A的人生续写让人觉得很遗憾。如果用AI可以对他的人生进行再构，那么他的人生会有什么不同呢？我们可以尝试用"3I"理论来对他的人生进行再构。

我是（I am）：赋予他乐观、坚韧、积极、自信的信念和态度。

我有（I have）：为他寻找拥有超高的智商、丰厚的知识，并能大力支持他的老师。

我能（I can）：建议他可以从事数学研究领域的工作，并培养社交能力。

老师将关键词输入"AI人生模拟器"，推算小A的人生再构结果。AI呈现的运行结果，可以概括为以下四个方面。

才能：攀登科学殿堂，取得令人瞩目的研究成果。

形象：充满自信和活力，富有灵性，是人群中的灵魂人物。

财富：获得丰厚的收入，以积极乐观的态度积累和管理自己的财富。

健康：身心健康，以充满自信和乐观的态度面对生活中的挑战和机会。

老师：小 A 再构后的人生实现了蜕变。当然，这是 AI 的推算结果，我们还得尊重他自己的选择。接下来请各位同学借助"3I"理论来给自己赋能，进行人生再构。

学生完成学案纸"'3I'自我赋能"和"'3I'他人赋能"部分，并进行分享。

老师：赋能后，你会再构出怎样的人生？请从才能、形象、财富、健康四个方面进行分享。

学生思考后举手回答。

教师小结： 从同学们的分享中，我们看到赋能、再构能让我们的生命绽放出绚烂的色彩。

设计意图： 让学生借助优势视角理论（"3I"理论）来给自己赋能，引导学生积极发掘自身具有的资源和内在能量，激发自己的发展动力；让学生通过对自己的人生进行再构，建立积极的心态，以应对在未来的学习和生活中可能会遇到的困境和挑战，从而以更健康、更积极的方式面对人生。

四、团体总结（5 分钟）

老师：那第一段视频中的普通人，他们又是如何再构自己人生的呢？请大家接着观看。

学生观看视频 2。

视频 2 简介：通过多个感人片段，继续讲述视频 1 中普通人物的故事。视频展现了他们在命运的考验下，勇敢面对挑战，努力奋斗，为自己的生活而战的故事。

老师：视频中的普通人虽不曾被命运垂青，但他们都愿意挑战命运，一次又一次接受命运的考验，重新定义自己的人生。我们无法选择出生，但我们可以选择过什么样的人生。我们无法决定源代码是怎样的，但如何续写代码我们可以自己掌握。最后，我想借用 AI 写的一首诗来结束今天的课堂，并祝愿每一位同学都能实现自己"人生系统"的升级。

命运各异映人生，巨大差异续奋斗。家境天赋不同寻，努力追梦谱辉煌。

后天品质塑未来，内部因素定命运，赋能再构梦翱翔，生命舞动绚彩光。

【课程迭代】

本节课经历六次大的改动，主要修改的内容集中在以下三个方面。

第一，课堂形式的变化。一开始，课堂的转换和工作环节都是单一的书写形式，这让整节课沉闷无趣，所以最后笔者将环节修改为画线、小组讨论等互动性强、参与度高的教学活动形式，这能充分调动学生的积极性，让学生融入课堂。

第二，教学理论的优化。课堂经历了无明确理论—采用GROW模型—确定"3I"理论三个阶段。相比较而言，GROW模型的大框架不聚焦，而"3I"理论明确提出了个体应寻找自身资源和内在力量，更贴近学生的实际情况。这一核心内容的反复调整旨在更好地帮助学生挖掘自身优势资源并确保课程目标的实现，这也是本节课最难修改的部分。

第三，教学手段的升级。从最初仅使用常规教学手段，未突出AI元素，到后来引入"AI人生模拟器"游戏，增强了课程的互动性和科技感。而这需要有相关的技术人员帮忙实现。

【教学反思】

本节课的设计思路源于当前流行的AI话题。在课程初步体验中，笔者发现高中学生貌似回避对生命意义的讨论，但其实他们的许多心理问题都源于缺乏对生命的理解。在心理危机事件和学生咨询中，笔者发现许多学生因与他人在智商、家庭背景和外貌等方面的差距而感到沮丧，尤其在成绩不佳时，学生更容易因为这些理由而自暴自弃。学生这种迷茫、动力缺失及归因错误的现状是心理健康教育需要着重关注的。因此，笔者设计了这节课，希望能帮助学生深化对人生的理解，并为他们植入理念：我们无法选择出生，但我们可以选择过什么样的人生。

本节课的亮点在于将教学与AI技术相融合，使课堂富有新意，并以体验和情景式教学的方式带动学习进程。通过运用"3I"理论，课程能有效地帮助高中生解决成长中的内心冲突和对自我价值的困惑。

不足的是，在"AI人生再构"环节中，教师在学生分享时没有进行更深入的挖掘，使该环节仅停留在呈现感受的层面，其实感受背后还有深层需求可以挖掘。挖掘深层需求可以帮助学生厘清梦想，并探索实现梦想的具体方式。

【专家点评】

高一学生正处在自我同一性和价值观形成的关键阶段，本节课以优势视角理论为支撑，帮助他们处理内心冲突，解决自我价值迷失的困惑。课程引导学生发挥主观能动性，培养学生面对困难和挑战的积极态度，引导学生调动自身内部因素和自我力量，以寻找解决问题的途径，帮助学生掌控自己的人生。

教学过程中，课程创设真实的情境，采用体验式教学方式，精选素材，精简语言，亮点纷呈。课堂设置"检测人生源代码""续写人生代码""AI人生再构"等环节，环环相扣，层层深入，吸引学生的注意力，有效驱动学生深入学习。

在教学手段上，课程将现代教育技术（如AI）引入课堂，以此为学生提供新颖生动的学习体验。例如，让学生体验"AI人生模拟器"游戏，利用"AI数字人"导入人物素材进行教学等，这些设计都能带给学生全新的震撼体验。

受课时的限制，"人生再构"环节没能引导学生进行更深入的挖掘，停留在呈现感受的层面。建议课堂中教师可以利用开放式问题和反思练习，引导学生探索感受背后的深层动机和需求，以促使他们对自我有更全面的探索和了解。

（点评嘉宾：谢福泉，江西省赣州市心理健康教育教研员，心理健康教育高级教师）
该课曾获2023年江西省基础教育优秀教学课例现场展示交流活动（高中心理健康）一等奖

【参考文献】

［1］范金燕.交换人生［J］.中小学心理健康教育，2019（27）：42-45.

【学案纸】

AI 人生再构

姓名：_____　班级：_____　学号：_____

检测人生源代码

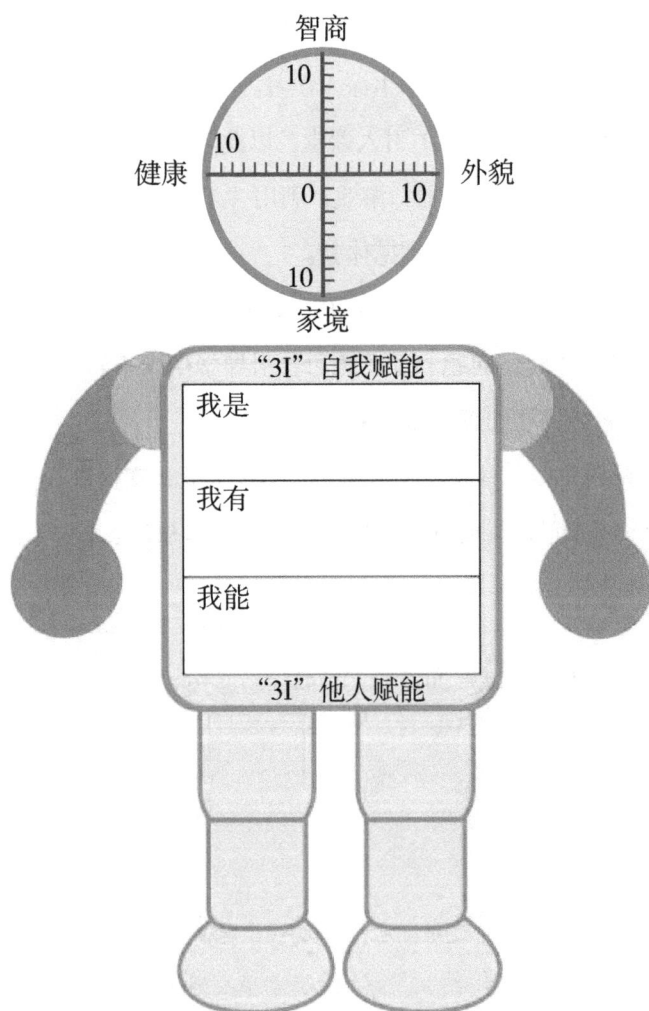

"3I" 自我赋能

我是
我有
我能

"3I" 他人赋能

续写人生代码

小组讨论单

请结合当下时事和未来发展趋势，展开积极想象，描绘未来自己在 18 岁、25 岁、45 岁、60 岁四个年龄节点的人生状态，并选出一位同学进行分享。

思考：赋能后，自己在才能、形象、财富、健康四个方面会再构出怎样的人生？

气质西行记

福建省三明市第九中学 何佐钦

【驱动问题】

如何引导学生了解自己的气质类型?

【基本信息】

适用学段: 高中一年级

准备道具: 学案纸、水彩笔

【设计思路】

希波克拉底曾提出人体的"四液说",盖伦将其发展为四种气质类型学说。四种气质类型包括多血质、黏液质、胆汁质和抑郁质,分别有不同的特点,用以区分不同人群。巴甫洛夫在该学说的基础上,又提出了个体的高级神经活动类型,包括兴奋型、活泼型、安静型和抑制型,它们的特点能与四种气质类型相对应[1]。四种气质类型学说可以帮助个体探索自我。

高中生所处的青春期,是自我意识发展的第二个飞跃期。他们生理的发展突然且迅速,思想也从对客观世界的关注转向对主观世界的关注。他们内心世界逐渐丰富,并常常思考自己是一个什么样的人,自己的特点是什么? 关于"我"的话题,总让高中生自觉或不自觉地进行思考[2]。

《中小学心理健康教育指导纲要(2012年修订)》指出,高中阶段的心理教育应帮助学生确立正确的自我意识。了解自身的气质类型可以成为学生认识自我的一种途径,成为解开其关于"自我"困惑的一种方法。本节课以《西游记》为载体,通过探索《西游记》中人物的气质特点,帮助学生认识不同的气质类型;通过为气质人偶涂色,引导学生探索自己的气质类型。

【教学目标】

1. 情感目标：激发对自我的好奇心，体验自我的整合。

2. 认知目标：初步认识气质类型学说，意识到个体间的差异，了解自己的气质类型。

3. 行为目标：尝试探索自我，树立正确的自我意识。

【教学思路】

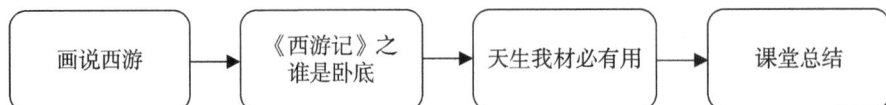

【教学过程】

一、画说西游（3分钟）

老师呈现三幅与《西游记》有关的连环画（分别为：真假美猴王、大战红孩儿、三打白骨精），要求学生根据漫画的线索，猜测这是哪本书里的故事，并简单说说故事情节。学生举手回答。

教师小结： 这几幅漫画都是《西游记》里的故事。今天这节课，我们要讲的内容与《西游记》有关。

设计意图： 通过呈现《西游记》故事的图片，帮助学生回忆《西游记》的相关内容，使之作为本节课的线索引出主题，同时活跃课堂氛围，调动团体动力。

二、《西游记》之谁是卧底（15分钟）

老师邀请五名学生参与"《西游记》之谁是卧底"的游戏。学生上台后，每人会分得一张写有《西游记》人物的纸条，其中四张纸条分别写的是唐僧、孙悟空、猪八戒和沙和尚，另外一张纸条写的是白骨精（此时，台上的学生并不知道有哪些角色）。挑战将进行三轮，每轮学生要根据纸条上所写的人物特征回答问题。观众需要依据台上学生的回答找出藏在取经队伍中的"卧底"——白骨精。老师在黑板上写下五名学生的编号，以便记录票数。

五名学生抽取纸条，准备迎接挑战。老师介绍以下活动规则。

① 第一轮挑战：请每位同学根据自己抽取的纸条上的人物，摆出一个该人物的经

典动作。

② 第二轮挑战，回答问题：在去西天取经的路上，如果没有纸条中的这个人物，取经的队伍会怎么样？纸条中的这个人物在取经路上发挥了什么作用？

③ 第三轮挑战，回答问题：在去西天取经的路上，如果只有纸条上的这个人，会发生什么？

每轮挑战开始后，台上的学生依次回答，其他学生根据台上学生的回答，给自己认为的"白骨精"投票。每轮挑战结束后，台上学生中得票最高的淘汰出局。三轮挑战结束后，若观众成功找出"白骨精"，则观众和"师徒四人"胜出，取经成功；若观众未能找出"白骨精"，则"白骨精"胜出，取经失败。

教师小结：《西游记》之谁是卧底"这个活动借西游记的几位人物，让大家看到了不同人物身上鲜明的特点，相信大家也意识到了不同的人在团队中的作用。一方面，取经队伍中的每个人都为取经贡献了自己的力量，他们缺一不可；另一方面，如果取经队伍中每个人的性格都一样，取经同样也很难成功。团队合作、互补配合，才是取经成功的关键所在。

设计意图：课程结合了当下学生感兴趣的"谁是卧底"游戏，活动既展现了个人（参与者），又强化了观众的角色（有投票权），提升了全体学生的参与感。

三、天生我材必有用（15分钟）

老师：根据刚才几位同学的问答和同学们的分析，我们可以发现，《西游记》师徒四人不仅有各自的个性特点，更有各自的特长。古希腊医学家希波克拉底曾经依照人的不同特质，提出了人体的"血液说"，希腊医学家盖伦据此提出了四种气质类型学说。接下来，我将依次介绍每一种气质类型，同学们可以猜一猜它们分别与师徒四人中的哪一个人更为符合。

胆汁质：直率热情、精力旺盛；脾气急、好冲动。猜一猜，他可能是谁？（孙悟空）

多血质：热爱交际、能说会道、十分灵活；缺少耐性，稳定性差。猜一猜，他可能是谁？（猪八戒）

黏液质：稳重踏实，自制力强；反应较慢，话少。猜一猜，他可能是谁？（沙和尚）

抑郁质：心思细腻，思想深刻；多愁善感，不善交际。猜一猜，他可能是谁？（唐僧）

学生根据气质类型的说明，结合《西游记》的情节猜测符合某种气质类型的人物，并说明理由，而后完成学案纸"《西游记》人物小传"中每个人物的"优势""不足""他的气质类型"等部分。

老师：这四种气质类型，如果要从好到坏进行排列，你们会怎么排？

学生给出不同的排序答案。

老师：看来，大家的意见并不一致，每个人对气质类型的喜好是不一样的。从心理学的角度来说，气质类型是一个人天生具有的特质，没有好坏之分。同样，我们也可以发现，性情急躁的孙悟空，在面对贫苦的村民时也会展现出心思细腻、温柔的一面。所以，尽管我们认为胆汁质的描述更贴近悟空，但他身上其实也会展现一些其他气质的特点。一个人的气质并不完全单一，可能会融合多种气质特点。在了解气质类型以后，我很好奇同学们的气质类型是什么样的。接下来，请同学们找到能够代表你眼中四种气质类型的、你喜欢的四种颜色，挑出相应颜色的水彩笔，在学案纸"《西游记》人物小传"里"代表颜色"处用该颜色水彩笔画一个色块，表示接下来在填涂气质人偶时你将用这个颜色代表这个气质类型。然后根据你对自身的了解及他人对你的评价，给你的气质人偶涂上颜色。

学生依据要求填涂学案纸上的"我的气质人偶"。

老师：完成作品的同学，可以和你身边的同学分享，相互间对比看看，有没有相似或不同之处？看看你所填涂的气质类型和同学对你的认识是否一致？

学生相互展示和交流后，老师邀请一名学生上台分享选择四种颜色的原因，并让学生描述自己的气质人偶，分享气质为学生曾经的成功经历带来了什么，并邀请其他学生反馈该学生的描述是否与本人平时外在的表现一致。学生根据提问进行回答。

教师小结：在刚才的分享中，老师很惊喜地看到同学们对自己都有了全面的探索和认识。随着年龄的增长，越来越丰富的生活经历让我们看见了自己身上具有的不同色彩，也让我们看到了自己内心较为稳定的背景色——那个颜色面积最大的气质类型。我们发现，尽管大家在同一所学校、同一个班级，也可能拥有一致的主要气质类型，但每个人画出的气质人偶都不一样。这说明，我们每个人都是独一无二的个体。如果你能清楚地认识到这一点，接纳并喜爱自己身上特别的部分，那么我想你会更加认可你自己。

设计意图：课程结合《西游记》的主角讲解气质类型，加深学生的理解；通过用颜色表示气质类型，并为气质人偶涂色的形式，引导学生探索自身气质类型。

四、课堂总结（5分钟）

老师：从古至今，哲学家、文人、画家都在用不同的方式探索、认识和表达自己。纵观人的一生，我们也一直走在探索自我的旅途上。希望通过今天这节心理课，同学们能够更清楚地看见自己，了解自己的气质类型，发挥自己的优势！

设计意图：深化主题，鼓励学生继续完成自我探索之旅。

【课程迭代】

本节课最终版与初始版本相比，差异最大的是《西游记》之谁是卧底"环节。初始版本中该环节的三轮挑战是作为三个问题交给学生进行小组讨论，并由小组代表发言的。尽管学生能回答出合理的答案，但该环节总显得气氛沉闷。思前想后，笔者决定将《西游记》的主线剧情贯彻到底，在课堂中邀请大家擦亮"火眼金睛"，识别混入取经队伍的"白骨精"。这一改动，不仅让愿意展示自我的学生有了充分的表演空间，也调动了其他学生参与活动的积极性——他们不只是观众，还要共同思考，投出自己的一票。仅仅改变授课形式，就令课堂氛围发生了很大的变化，学生的参与度变得更高，课堂氛围变得更加活跃。自我探索之旅不再是谨慎的、枯燥的，而是充满趣味的。

【教学反思】

本节课基于高一学生的心理发展特点，以学生熟知的《西游记》为课堂背景，利用四位主角鲜明的气质特点，将气质类型理论娓娓道来，而不是直接教授理论知识。本节课还采用绘画涂色的方式，发挥学生的主观能动性，鼓励学生发掘自身特点，正确评价自己、欣赏自己。

因笔者个人的偏好和对心理课堂的理解，本节课弱化了对气质类型理论的讲解，这可能会使学生对气质类型的理解存在一定的偏差。但从实际的课堂效果来看，学生能够综合自我觉察和他人评价，形成对自身气质类型较为准确的认识，笔者认为这比理论知识的学习更重要。如果教师期望学生能更多了解气质类型的理论知识，那么可以以科普资料的形式把内容附在学案纸后，供学生课后阅读。

最后，这节课需要授课教师温习《西游记》的重点情节，以便在课堂上可以通过情节提示学生回忆人物的气质特点，从而推进课堂的教学进展。

【专家点评】

本节课的亮点体现在以下三个方面。

1. 以人为本，提升学生的核心素养。《中国学生发展核心素养》指出，健康生活是学生的六大核心素养之一，其中包括正确认识和评估自我，以及人格的健全发展。本节课选择气质类型学说作为理论依据，删繁就简，取其精华，打破单方面教授心理健康知识的局限，将知识融入活动、体验中，关注学生的主体性，提升学生的学习兴趣，促进学生的个性发展。

2. 推陈出新，巧用团体动力实现教学目标。《西游记》作为学生的必读名著，家喻户晓。对其中的经典片段和师徒四人的人物特征细节，学生几乎都能做到"如数家珍"。选用《西游记》作为本节课的活动背景，是非常明智的。课程结合了维果茨基的最近发展区理论——《西游记》的相关知识是学生已经熟知的知识内容，而对故事中人物进行气质分析，却是学生未曾涉足过的领域，属于学生经过这节课的辅导，"跳一跳"能够到的范畴。对于《西游记》素材的使用，本节课不是像语文学科那样注重阅读与理解文本素材，而是通过组织一场"谁是卧底"活动，调动班级所有学生的动力，形成了蓬勃生动的教学现场。活动设置循序渐进，紧扣主题，更新了学生对人物的认知，体现了教师的设计巧思，同时还为后一个环节进行了认知上的铺垫。

3. 动静结合，发挥学生的主观能动性。根据埃里克森的人格发展阶段理论，高中生对于自我已经有了一定的认识。因此，高中阶段的心理辅导课应当重视"引导"而非一味地灌输知识。在开展了生动有趣的活动后，本节课采用讲解理论的方式进行过渡，从热闹的活动氛围转变为适合沉思的环境，为学生开展探索自我气质类型的活动打造了良好的外在条件。

（点评嘉宾：孟迎芳，福建师范大学心理学院院长、教授）

【参考文献】

[1]彭聃龄.普通心理学［M］.5版.北京：北京师范大学出版社，2019.
[2]林崇德.发展心理学［M］.北京：人民教育出版社，2009.

【学案纸】

气质西行记

姓名：＿＿＿＿＿＿　班级：＿＿＿＿＿＿　学号：＿＿＿＿＿＿

《西游记》人物小传

唐僧

优势：

不足：

他的气质类型：
代表颜色：

孙悟空

优势：

不足：

他的气质类型：
代表颜色：

猪八戒

优势：

不足：

他的气质类型：
代表颜色：

沙和尚

优势：

不足：

他的气质类型：
代表颜色：

我的气质人偶

我的气质可以为我的成功带来：

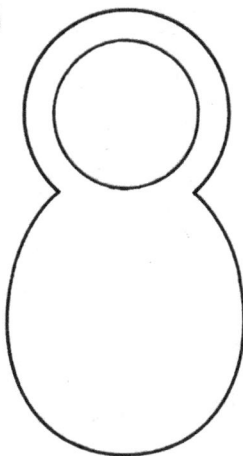

魔法蜡烛，点亮优势之光

广东省佛山市第一中学　蓝伊琳

广东省东莞市黄江镇中心小学　郑思琪

【驱动问题】

如何培养学生探索自身潜在优势的能力？

【基本信息】

适用学段：高中一年级

准备道具：电子蜡烛道具、学案纸

【设计思路】

根据埃里克森的人格发展阶段理论，高中生正处于"自我同一性确立"的关键期，这个时期的学生关注自己的一切。"我是谁""我是一个怎样的人""我有哪些优点和劣势""我的价值在哪里"等问题总是萦绕于心[1]。当这些问题无法得到回应时，学生可能会产生消极情绪或行为。在此阶段，青少年也会更加关注他人对自己的评价。当他人的评价与自己的实际感受不符时，学生容易产生自我怀疑，对自己失去信心。

马丁·塞利格曼曾说过，成就和幸福的核心在于发现和发挥自己的优势，而不是弥补自己的劣势，因而你要做的第一步是识别自己的优势[2]。优势是积极心理学中的一个重要概念，它是反映在个体认知、行为和情感等方面的积极特质。个体识别这些积极特质是认可和增强个人优势所需的第一步[3]。大量心理学研究发现，对优势的识别与运用能帮助青少年获得成就感、心理弹性、人生意义感和幸福体验等。

本节课以焦点解决短期治疗和积极心理学优势理论为基础，引导学生关注自身的优势资源，探索自己的潜在优势天赋，构建积极自我意识，帮助学生实现自我认同和自我接纳，树立对学习和生活的信心。

【教学目标】

1.情感目标：肯定自己的优势，增强对自己的信心，体验发现优势的满足感。

2.认知目标：认识到自身优势所在，构建积极的自我意识。

3.行为目标：掌握探索和提升自身优势的方法，全面认识自我。

【教学思路】

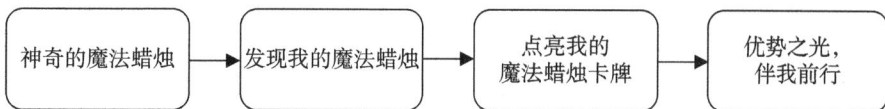

【教学过程】

一、神奇的魔法蜡烛（5分钟）

老师：同学们，老师今天给大家带来了一根魔法蜡烛，它产自一个神奇的山谷——"奇迹谷"，这根魔法蜡烛可以为马德利家族中的人带来魔法天赋。但是，马德利家族遭遇了一场危机，能给家族带来魔力的魔法蜡烛渐渐熄灭了。下面请大家观看视频（出自电影《魔法满屋》），看完后想一想，魔法蜡烛可能代表什么？

学生观看视频1，思考并回答问题。

视频1简介：主人公米拉贝尔来自一个神奇的家族——马德利家族，除了米拉贝尔，家族里其他人在成人礼时都被魔法蜡烛赐予了一种天赋。在表弟的成人礼当天，米拉贝尔看到魔法屋出现了裂缝，魔法蜡烛也即将熄灭。她的表姐们的魔力也逐渐变弱，一场危机即将来临。

教师小结：其实每个人出生时心里都有这样一根魔法蜡烛。当你觉察到自身优势的那一刻，你心中的魔法蜡烛就被点亮了。当你不再认可自己的优势时，蜡烛就会熄灭。接下来，请大家通过一个游戏来感受一下自己的魔法蜡烛当前的状态吧！

设计意图：通过视频片段引出神奇的魔法蜡烛，引导学生认识到魔法蜡烛象征个体的优势，为学生创设情境体验。

二、发现我的魔法蜡烛（10分钟）

老师：我们认识了神奇的马德利家族，他们每个人都有属于自己的魔法蜡烛。现在让我们穿越时空，来到这座魔法小镇上，也提交一份属于自己的魔法蜡烛卡牌，帮助我们更好地看清自己的优势能量。

老师简要介绍以下 24 种性格优势[4]。请学生在 30 秒内，从生活、人际、特长等方面，想出自己的四个优势，率先完成的学生举手示意。

24 种性格优势：

①人性：社会智力、善良、爱与被爱的能力

②公正：公平、领导力、团队合作

③勇气：诚实、毅力、勇敢、热情

④节制：宽恕、审慎、谦逊、自我调节

⑤超越：希望、欣赏美和卓越、灵性、幽默、感激

⑥智慧与知识：好奇心、创造力、好学、洞察力、发散思维

接下来，学生完成以下两个任务。

①在学案纸"优势 1"和"优势 2"处填写自己发现的自身优势（不限数量）。

②根据自己已经发现的优势来评估目前自己的魔法蜡烛的初始燃烧值。以 0 作为点亮的临界值，燃烧值超过 0 即为点亮，数值越高，说明越了解自身优势；数值越低，说明越不了解自身优势。

老师邀请同学分享探寻自身优势的方法。

教师小结：通过大家的分享，我们总结出以下四种寻找优势、点亮魔法蜡烛的方法。

①他人观察法：了解朋友或家人、老师对你优势的说明。

②情绪察觉法：回忆让你觉得有成就感和满足感的事。

③价值反馈法：回忆做什么事让你得到过他人的肯定或回报。

④言语重构：把自己的劣势转化为优势，发现劣势背后的优势。

设计意图：通过活动调查学生对自身优势的了解程度，并使用魔法蜡烛帮助同学们将自己的优势具象化；使用燃烧值帮助学生将对自身优势的了解程度进行量化。

三、点亮我的魔法蜡烛卡牌（20 分钟）

学生思考并实践寻找优势的四种方法，将找到的优势填写在学案纸"优势 3"和"优势 4"处，并标注自己发现优势的方法。

（一）魔法蜡烛拯救行动

老师：有的同学在点燃魔法蜡烛时遇到了困难，不知从何下手。接下来，请同学

们以小组为单位组成一个新的魔法家族，进行拯救魔法蜡烛大作战。请大家真诚地夸赞家族成员身上拥有的优势和特长！

学生在小组内轮流夸赞组员，参考用句："我觉得你在××方面好'燃'，我要为你点亮'10分'的蜡烛！"同时，学生按照以下活动规则填写学案纸，并举手分享。

①尝试助力他人点亮魔法蜡烛，并将他人帮助你发现的优势写在学案纸"助燃的优势"处。

②在你说出家族成员的一个优势并且对方接受的情况下，你可以为自己增加5点助力燃烧值。被助力者每发现一个新优势，可以为自己增加10点助力燃烧值。

教师小结：马丁·塞利格曼说过，成就和幸福的核心在于发现和发挥自己的优势，而不是弥补自己的劣势。因而你要做的第一步是识别自己的优势。掌握识别优势的能力是取得成功和幸福至关重要的一步。

（二）我的成长型魔法蜡烛

学生思考自己还未发现的潜能或希望获得的优势，并在学案纸"待点燃的优势"处写下提升自己潜力优势的途径。学生填好魔法蜡烛卡牌的所有内容后，计算燃烧值总分，包含初始值和助力值。老师挑选五张卡牌，邀请学生一起猜一猜卡牌的主人是谁。

教师小结：刚刚同学们设计并点亮了自己独特的魔法蜡烛卡牌。在今后的人生中，请同学们继续使用发现自身优势的四种方法，不断发掘自己的优势技能，点亮魔法蜡烛，绽放独一无二的光芒！

设计意图：引导学生通过独立设计自己的魔法蜡烛卡牌，完善角色信息，对自己进行更深入、全面的探索，加深对自我的认识。

四、优势之光，伴我前行（5分钟）

学生观看视频2。

视频2简介：米拉贝尔和家人一起重建魔法屋，尽管她没有魔法，但是在重建魔法屋的过程中，她展现出了智慧和勇敢，家人们也发现了她的闪光处。最后魔法屋建成了，家人都恢复了自身的天赋能力，而米拉贝尔也获得了魔法屋的认可，成为魔法屋的继承人。

教师小结：尽管视频中的女孩没有获得魔法蜡烛赐予自己的天赋，但是她凭借努力和坚强的信念得到了魔法屋的认可并成为下一代继承人。所以，我们也不要气馁，在欣赏和赞叹他人的光芒时，也不要忘了看看自己的魔法蜡烛！同学们，让我们一起再次点亮这根魔法蜡烛，请记住，每一个人都是独一无二的。希望我们都能像这根魔法蜡烛一样尽情燃烧，绽放属于自己的耀眼光芒。

设计意图：通过观看视频，鼓舞、激励学生相信自己的潜力。

【课程迭代】

本节课经历了数次打磨，与初版相比，最终版的改变主要体现在四个方面。第一，教师语言表达更加简洁明了。因为本节课内容丰富，教学环节多，因此需要教师不断精简引导语，让学生更容易听懂操作指令。第二，最终版调整了教学环节第二、第三部分的内容，将"魔法蜡烛拯救行动"环节调整至发现优势的方法小结之后，这一变动可以让学生通过活动生成经验方法，再将经验方法运用到活动中进行实践，形成了一条"活动—经验—活动"的鲜明路线。本环节调整后也使课堂更加流畅，时间分配更合理。第三，最终版本学案纸的设计更加出彩。原先的活动指令并没有将对活动的说明细化到学案纸的每一个小区域，而最终版本的学案纸则通过划分小区域，让学生分区域进行书写，这极大地提高了学生填写学案纸的效率和准确度，学案纸经过不断调整，其内容也与课程内容更加契合。而且，课程在每个环节增加了计分活动，并由教师最终计算出燃烧值总分，这一方式让学生有一种闯关的新鲜感和挑战感。学案纸不仅是同学们在课堂上自我探究的工具，也能融合小组同学之间的互动。第四，最终版本使用的课堂素材（如魔法蜡烛）融合了同学们喜欢的元素，使课堂趣味十足。

【教学反思】

本节课着重进行自我认识中的"优势挖掘"训练，帮助学生正确认识自我，发现自身优势，建立自信心。从课程设计、课堂氛围、学生学情三方面综合考虑，笔者建议将本节课安排在高中一年级下学期开展。

本节课的设计灵感来自电影《魔法满屋》。当看到电影主人公因为自己出生在一个拥有天赋的神奇家族却没能觉醒天赋而难过时，笔者不由地联想到了高中生由于他人评价和自我价值之间的冲突而产生的自我否定，所以笔者借用电影中"魔法蜡烛能够帮助个体发现优势"这一特性设计了这节课，希望同学们能多"看见"自己，不断发掘自身优势，点亮自己的魔法蜡烛。

但是，本节课依旧存在一些不足之处。例如，本节课需要学生自己评估自身优势，并与他人互相评估优势，此时高中生可能会因社会期许效应而出现夸大自身优势、贬低他人优势的现象。同时，在量化"燃烧值"环节，学生需要把对自我优势的掌握程度转化为用具体的燃烧数值来呈现，这对学生的思考能力提出了较高的要求。为解决以上问题，教师需要在实际授课过程中引导学生静心思考，认真完成活动任务。

【专家点评】

本节课的亮点主要体现在以下三个方面。

1.课程以学生为中心。在选题和选材方面，课程符合高中生的心理发展特点。魔法蜡烛虽然是电影主人公的魔法，但是也能给同学们带来探索自我的神奇力量。在教学目标方面，课程从高中生可能遇到的问题出发，引导学生关注自身的优势资源，探索自身潜在的优势天赋，帮助学生实现自我认同和自我接纳，树立学习和生活的信心。

2.课程设计充分运用了团体动力学的原理。通过小组的"拯救魔法蜡烛大作战""小组夸夸"等方式，在帮助学生了解自我的同时，也促进了同学之间关系的发展。小组活动过程中，学生能从自我和他人两个方面了解自我，并通过他人对自我优势的肯定，进一步增强对自我的认同感。

3.课程设计环环相扣，学案设计用心有趣。课程一开始以电影《魔法满屋》引入，能够快速抓住学生的眼球，学生的投入度高；之后教师呈现魔法蜡烛，并总结点燃蜡烛的四个方法；最后，教师引导学生通过自我与他人的燃烧互助点燃魔法蜡烛。课堂环节指令清晰，用心有趣，很好地突出了课堂重点。

（点评嘉宾：李绮萍，广东省佛山市第一中学高级心理教师）

【参考文献】

［1］张日昇，陈香.青少年的发展课题与自我同一性——自我同一性的形成及其影响因素［J］.河北大学学报（哲学社会科学版），2001（1）：11-16.

［2］马丁·塞利格曼.真实的幸福（珍藏版）［M］.洪兰，译.杭州：浙江教育出版社，2020.

［3］汤姆·拉思.盖洛普优势识别器2.0［M］.常霄，译.北京：中国青年出版社，2012.

［4］McGrath，R E. Character strengths in 75 nations：An update［J］.*The Journal of Positive Psychology*，2015，10（1）：41-52.

【学案纸】

魔法蜡烛，点亮优势之光

姓名：＿＿＿＿＿＿ 班级：＿＿＿＿＿＿ 学号：＿＿＿＿＿＿

☆我的魔法蜡烛卡牌

方法：

方法：

方法：

优势1：

优势2：

优势3：

优势4：

助燃的优势：

待点燃的优势：

初始燃烧值：　　　（0~100）

助力燃烧值：　　　（0~100）

燃烧值总分：　　（初始+助燃）

我的"昼"与"夜"

上海市敬业中学　姚项哲惠

【驱动问题】

如何引导学生自我接纳及自我整合？

【基本信息】

适用学段：高中一年级

准备道具：黏土、学案纸

【设计思路】

根据心理社会发展理论，高中生自我意识逐步发展，他们处于自我同一性发展的重要阶段，能够意识到全面认识自我的重要性，并会主动通过一定途径探索自我。但与此同时，他们也会遇到一些成长性的问题。例如，有的学生难以接纳自我的某些部分，因此产生自我怀疑、自我否定；有的学生在面对自我的不同部分时，容易产生"分裂感"。

高中生在经历对自我同一性的探索后，需要对自己有一个较完整的认识，具体是指：他们能对自己有一个比较完善、一致、协调的认识。因而，心理课需要引导学生全面认识自己，接纳自己，并将各种面貌的自己组合成一个有机的整体，这对学生促进自我发展、激发自身潜能、构建幸福人生有着重要意义。

本节课以视频《昼与夜》为线索贯穿课堂，将"昼""夜"分别隐喻为自己喜欢、认可的特点和自己不喜欢、不接纳的特点，并结合黏土制作的表达性艺术形式，将自我认识进行视觉化的呈现。通过层层递进的教学环节，引导学生在课堂活动中逐步进行深入的自我探索，形成积极发展自我的动力。

【教学目标】

1.情感目标：体会自我接纳的积极感受。

2.认知目标：全面认识自己，辩证看待自我的不同特点。

3.行为目标：尝试自我整合，激发积极发展自我的动力。

【教学思路】

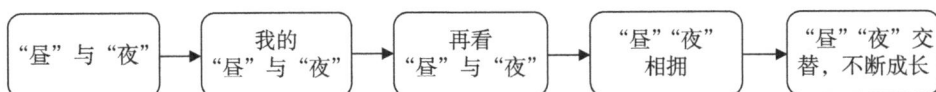

【教学过程】

一、"昼"与"夜"（2分钟）

老师播放视频《昼与夜》的第一段（视频内容："昼"与"夜"相遇），让学生观看后思考并回答以下问题。

问题1："昼"和"夜"分别是什么状态？

问题2：为什么它们呈现出不同的状态？

教师小结：如果"昼"和"夜"也存在于我们每个人身上，一个代表我们喜欢的、认可的自身特点，一个代表我们不喜欢、不接纳的自身特点，那么它们分别会是什么呢？带着这样的思考，接下来我们一起开启新的探索。

设计意图：通过视频片段激发学生参与课堂的兴趣，引导学生进行初步思考，引出后续活动。

二、我的"昼"与"夜"（13分钟）

老师引导学生通过冥想来想象属于自己的"昼"和"夜"。

指导语：请大家调整一个舒服的坐姿。接下来我们通过一段想象，来感受一下自己内心的"昼"和"夜"。如果你愿意，可以轻轻地闭上眼睛，做几个深呼吸。轻轻地吸气，缓缓地吐气……请你想一想，我们身上有哪些特点是自己特别喜欢的，可能会对自己的学习、生活产生积极作用的？这些特点是怎样的呢？它们最近一次出现分别是在什么时候，当时发生了什么？如果它们有颜色、形状、图案，那会是什么样的呢……我们自身也会有一些我们不那么喜欢、难以接纳的特点，它们又是什么？最近一次出现是在什么时候，当时发生了什么？它们给你的生活带来了怎样的影响？如果它们也有形象，那形象是什么样的？有怎样的颜色、形状、大小……很好，它们在你的脑海中慢慢浮现，越来越清晰……请仔细观察不同形象带给你的感受。如果你看见了它们、感受到了它们，可以调整一下呼吸，然后慢慢地睁开眼睛。

学生跟随老师的指导语，想象不同特点的具体形象。

老师：请同学们把脑海当中"昼"和"夜"的形象，用黏土制作出来，并在学案纸上填写"任务1"和"任务2"，分别写出"昼"和"夜"的名字、含义，并依据你对它们的了解程度和喜爱程度，给它们评分。

学生选取不同颜色的黏土，形塑出自己的不同特点，并填写学案纸。

老师邀请学生分享作品，思考并回答以下问题。

问题1：它们叫什么名字？代表你身上的什么特点？

问题2：你为什么选择以这样的颜色、形状、大小去呈现它们的形象？

问题3：它们对你的学习和生活有怎样的影响？

问题4：你对它们的了解、喜爱程度分别是怎样的？

教师小结：通过形象有趣的方式，大家进一步认识了自己身上的不同特点。同学们对它们的认识和感受也各不相同。那么，如何加深对自己的理解呢？让我们继续展开探索。

设计意图：通过冥想、黏土制作、讨论分享等方式，逐步引导学生对自我的不同特点进行深入探索。

三、再看"昼"与"夜"（13分钟）

老师：《昼与夜》的故事或许能带给大家一些启发，让我们看看"昼"与"夜"之间又发生了什么？

学生观看视频《昼与夜》的第二段（视频内容："夜"在互动中发现了自身的优势），思考并回答以下问题。

问题1："昼"与"夜"的关系和感受发生了怎样的变化？

问题2：为什么会发生这样的变化？

问题3："夜"是如何发现自己的特别之处的？

老师："夜"在跟"昼"的互动中发现了自己的优势和独特之处，接下来也请同学们进行小组互动，挖掘彼此的优势与独特之处，并在对方的学案纸"任务3"一栏写下关键词。

学生小组内两两分享自己的"夜"及其带来的影响。同时，学生需指出组内其他成员的"夜"有哪些独特之处或积极意义。小组成员之间相互给予反馈，将关键词填写在对方的学案纸上。相互分享及反馈后，学生在"任务3"一栏再次给自己对"夜"的了解程度、喜爱程度进行评分。

老师邀请学生思考并回答以下问题。

问题1：通过互动分享，你有哪些新的认识与发现？

问题2：你对不喜欢的特点的感受有什么变化？

教师小结： 每种特点都具有多面性，当我们能够辩证地看待这些特点时，我们对自己的认识与感受也会发生变化。

设计意图： 通过视频片段和小组活动，引导学生以多元视角辩证地看待自身的不同特点，实现对自我的接纳。

四、"昼""夜"相拥（10分钟）

老师：当"昼""夜"看到了彼此、接纳了彼此之后，又发生了什么呢？

学生观看视频《昼与夜》的第三段（视频内容："昼"与"夜"相拥）。

老师：它们之间发生了什么？

学生："昼"与"夜"相拥。

老师：如果你身上的不同特点，也有机会拥抱、整合在一起，会发生什么？请对你的黏土作品进行新一轮的创作，并为它命名。

学生对作品进行二次创作，整合自我的不同特点，完成一个新的作品，并填写学案纸"任务4"一栏，写下新作品的名字、含义，并给自己对它的了解程度、喜爱程度进行评分。

老师邀请学生分享作品，思考并回答以下问题。

问题1：新的作品叫什么名字？

问题2：看着这个作品，你有什么理解、感受或发现？

问题3：你对它的了解程度、喜爱程度如何？

问题4：你如何看待和理解自己？

教师小结： 同学们的积极思考与创造，不仅丰富了自己的作品，也丰富了大家对自己的认识。其实，不论是"昼"还是"夜"，都是"自我"的一部分，"自我"还有更多的部分等待我们去发掘。

设计意图：通过播放视频与作品再创作，引导学生理解"不同特点都是自己的一部分"，促使学生进行自我整合，形成积极发展自我的动力。

五、"昼""夜"交替，不断成长（2分钟）

老师：伴随新的发现和感悟，"昼"与"夜"的故事又会有怎样的结局？我们一起来观看视频的结尾。

学生观看视频《昼与夜》的结尾（视频内容："昼"与"夜"相互交替，迎接新的一天），思考并回答以下问题。

问题1：看完视频，你有怎样的感受？

问题2：今天的活动给你带来哪些启发？

教师总结："昼"有"昼"的明媚，"夜"有"夜"的璀璨，它们形成了不同的景色，也组成了丰富的一天。我们也是如此，我们身上有许多不同的特点，这些特点都有着独特的意义，也都是"自我"的一部分。通过不断认识它们，悦纳它们，积极发挥它们的作用，学会拥抱自己，我们也会迎来新的成长！

设计意图：通过视频对课程进行总结与升华。

【课程迭代】

本节课的重要创新点在于采用了新颖、有趣、有效的媒材——黏土，但这不是为了创新而创新，而是根据课程的需要和实际授课效果进行的尝试。原本笔者考虑用绘画的方式来呈现"昼"与"夜"，但平面的画作难以达到较好的整合效果。学生重新画一幅作品需要较长时间，而原本已经绘制的绘画素材也很难有新的再创作空间。因而，笔者希望采用更加立体、可塑性更强的媒材来作为本节课的表达载体。在尝试了几种媒材后，笔者最终决定用黏土这一可塑性更强的材料。另外，回看最初几个版本的设计，笔者发现自己在学生观看视频后提问得特别细，生怕学生不理解视频的内容或不按笔者的思路回答。然而这些问题一方面会花费较长的时间，影响课堂后续活动，另一方面也限制了学生的思路。于是，笔者决定舍弃一些问题，并直接引出"昼"与"夜"在本节课的内涵，这样设计，学生反而能更好地理解视频用意，并分享自己的思考和感受。

【教学反思】

本节课围绕"自我认识"主题展开，通过黏土这种表达性艺术的形式，引导学生在活动中体验，在体验中感悟，逐步进行深入的自我探索。本节课在高中一年级开展，符合学生的心理发展需求。初入高中的学生，由于面临诸多挑战，容易对自己产生怀疑，难以接纳自己或完整地看待自己。本节课聚焦于如何让学生正确看待自己喜欢和不喜欢的自身特点，促使学生接纳自己，全面看待自己，并尝试自我整合。

从教学设计来说，本节课结构清晰，层层递进。课程以《昼与夜》这一生动的视频贯穿始终，将"昼"和"夜"分别隐喻为自己喜欢的自身特点和自己不喜欢、不接纳的自身特点，推动课程不断深入，促使学生不断探索自我。课程主题活动采用黏土制作的形式，使学生能对自身不同的特点进行视觉化呈现，进而形成自我认识。而后，课程以同伴反馈的形式让学生以多样的视角全面、辩证地看待自己，实现对自我的接纳。课程的最后，学生通过对作品的融合与再创作进行自我整合。

在实际的授课过程中，笔者发现学生在课堂上展现出许多令人惊喜的创造性表达。当然，以艺术创作和活动体验为主的课堂也对教师提出了较高的要求，好的课堂一定是教师和学生之间的互相成就。因此，教师需要把握好课堂节奏与氛围，使学生既能沉浸于体验，又能在分享环节踊跃发言、认真聆听、相互启发。为了更好地达成教学效果，教师一方面需要明确活动规则与时间，另一方面也可以在不同环节采用合适的音乐等，提醒学生合理把控时间。

【专家点评】

这节课的亮点主要体现在以下几个方面。

1.内容适宜，贴合学生需求。高中生处于自我同一性发展的重要时期，对自我已有一定的认识，在此基础上，学会接纳、认同自己，将不同的自我进行整合，逐步形成连续、统一的自我，是这一阶段学生的主要心理发展任务。本节课着眼于自我接纳、自我整合，能够较好地贴合学生的需求。

2.环节完整，设计层层递进。课程以一个生动的视频为课程主线，将其中的"昼"与"夜"隐喻为学生喜欢和不喜欢的自身特点，并将黏土创作作为学生探索自我的呈现方式；之后，课程再通过同伴的相互反馈，引导学生以多元视角了解自身特点，实现对自我的接纳。最后，在此基础上，学生进行二次创作，尝试自我整合。整个课堂使学生能够逐步深入地开展自我探索，脉络清晰。

3. 媒材新颖，注重学生体验。本节课选用黏土这一媒材，不仅具有新意，更契合了课程需要。与绘画等形式相比，黏土的可塑性更强，学生能够形塑出更加立体、生动的内容，以呈现丰富的内心世界。因此，黏土能更好地展现"自我整合"这一环节，可见教师的设计巧思。

（点评嘉宾：钱锦，上海市黄浦区教育学院心理教研员）

该课曾获第六届上海市黄浦区中小学心理辅导教师基本功竞赛一等奖

【学案纸】

我的"昼"与"夜"

姓名：_____ 班级：_____ 学号：_____

任务 1：我的"昼"（喜欢的自身特点）

名字：

含义：

对它的了解程度： ☆　☆　☆　☆　☆

对它的喜爱程度： ☺　☺　☺　☺　☺

任务 2：我的"夜"（不喜欢的自身特点）

名字：

含义：

对它的了解程度： ☆　☆　☆　☆　☆

对它的喜爱程度： ☺　☺　☺　☺　☺

任务 3：我的"夜"（同伴反馈）

同伴反馈的关键词：

对它的了解程度： ☆　☆　☆　☆　☆

对它的喜爱程度： ☺　☺　☺　☺　☺

任务 4："昼""夜"相拥

名字：

含义：

对它的了解程度： ☆　☆　☆　☆　☆

对它的喜爱程度： ☺　☺　☺　☺　☺

第二章

情绪调适

情绪调适单元的主要目标在于帮助学生觉察、识别情绪，接纳情绪，合理表达情绪，发展健康的方法来应对情绪困扰，培养自己创造积极情绪的能力。通过学习本单元内容，学生能够学会调节自己的情绪，积极地面对生活、学习中的挑战。

在情绪调适单元中，常见的心理课主题包括觉察与识别情绪、管理和表达情绪、处理各类消极情绪、创造积极的情绪体验等。这些主题旨在引导学生全面认识情绪，在情绪涌现时能够识别情绪；引导学生学会有效管理情绪，避免因情绪波动而影响自己的学业和生活；让学生掌握应对消极情绪的方法，了解创造积极情绪的策略。这些都能够让学生更加从容地应对生活中的情绪困扰。

高中生情绪认知和调节能力逐渐提升，对情绪的控制和表达更加成熟，更能够理性思考和处理情绪问题，情绪逐渐趋于稳定。但是他们在面对学业压力和人际关系时仍可能出现情绪困扰，因此教师需要帮助学生学会有效管理自己的情绪，掌握应对压力的方法，保持积极健康的心态。

《移空吧！我的"坏"情绪》将移空技术运用到课堂中，帮助学生缓解消极情绪。《"画"解"鸭梨"》将压力比做"鸭梨"，通过战"鸭梨"、画"鸭梨"、解"鸭梨"、品"鸭梨"，帮助学生认识并化解自身的压力。《呼吸，情绪的锚》则选择以"呼吸"这个小切口帮助学生认识自己在不同情绪状态下的呼吸状态，引导学生运用不同的呼吸法调节自己的焦虑情绪。《情绪的重生》运用表达性艺术治疗中的绘画、拼贴画的方式带领学生探索该如何转换考试后的消极情绪。《点亮你幸福的"火花"》则让学生以寻找和积攒幸福"火花"章的方式探索幸福，鼓励学生感受、体验和创造幸福。

本单元呈现了多角度的情绪调适课例，教学生认识情绪，让学生探讨如何与消极情绪相处、如何提升积极情绪等。本单元所选编的课例运用多种方式，为读者展现了丰富多彩的课堂活动内容。希望读者能够从这些课例中获得关于课堂设计的启发，并根据学生的特点对教学进行灵活调整。相信通过课堂学习和生活实践，学生们能够更好地拥抱自己的情绪，并能使用一种或多种策略调节情绪，在生活中为自己创造更多积极情绪体验。

移空吧！我的"坏"情绪

内蒙古自治区通辽新城第一中学 宋鑫焱

【驱动问题】

如何培养学生应对消极情绪的能力？

【基本信息】

适用学段：高中三年级

准备道具：学案纸、彩笔

【设计思路】

情绪是个体对客观现实所产生的一种主观态度体验。消极情绪会给个体带来不好的感受，影响个体的日常生活。本节课主要以表达性艺术治疗——绘画和移空技术为核心方法，帮助学生调节消极情绪。学生可以通过绘画这一方式释放内心能量，使消极情绪得到缓解。此外，移空技术是刘天君教授提出的一项心理治疗技术[1]，它融合了东西方心理学思想和治疗方法。笔者将移空技术进行了简化，以便在课堂中更便捷、更好地应用。移空技术对调节消极情绪及缓解消极情绪导致的躯体化症状都具有良好的效果，且可以对小范围群体使用[2]。另外，移空技术不但是一种治疗技术，也是一种自助的技术，正所谓"助人自助"，"授人以渔"。学生在熟练掌握该技术后，完全可以自行操作，从而在面对消极情绪时，可以自己解决情绪问题，最终达到自我成长的目的。

高三同学需要直面高考带来的压力，容易产生焦虑、烦躁、沮丧等消极情绪。本课引导学生对情绪进行表达，教学生使用移空技术，让学生可以审视自己的情绪状态，并对消极情绪进行加工和处理，进而提升自己应对消极情绪的能力，完成个人的探索和成长。

【教学目标】

1.情感目标：觉察自己的消极情绪和积极情绪，产生调节消极情绪的动力。

2.认知目标：了解移空技术，树立主动调节消极情绪的意识。

3.行为目标：尝试用移空技术调节自己的消极情绪。

【教学思路】

【教学过程】

一、谁是卧底（5分钟）

老师选六名学生上台，每人拿到一张关键词信息卡，其中五张是"emotion"卡，一张是"emo"卡。每人每轮只能用一句话描述自己拿到的词语（不能直接说出该词语）。拿到"emotion"卡的学生在游戏中是平民身份，拿到"emo"卡的学生在游戏中是卧底身份。平民既不能让卧底发现自己的词语是什么，还要给予同伴暗示信息，以表明自己的身份。每轮描述完毕后，由台下的学生投票选出卧底，得票最多的人出局；平票则进入下一轮环节。若卧底能存活到最后一轮（含卧底在内只剩两人），则卧底获胜，否则其他人获胜。

学生上台进行游戏，最后揭示卧底词为"emo"。

老师展示本节课主题——移空吧！我的"坏"情绪。

设计意图：通过"谁是卧底"游戏，活跃课堂氛围，调动学生的积极性，引出课程主题。

二、我的情绪瓶（10分钟）

老师：在学习生活中，我们会产生各种各样的情绪，接下来让我们一起觉察并梳理我们的情绪。现在请你仔细回忆，过去生活中发生过哪些让你印象深刻的事情？有没有一些事情让你至今回味时仍能品尝到"酸甜苦辣"？它们带给你的具体情绪是什么？请大家静下心来感觉自己的情绪变化，仔细地回想一下你当时的情绪体验和感受。

学生根据老师的指导，回忆过去事件中自己的情绪。

老师：刚才的回忆一定唤起了我们曾经的情绪，也许有愉快的、幸福的情绪，也许有悲伤的、难过的情绪。接下来，让我们一起为情绪"安个家"。现在请同学们在学案纸上画一个瓶子，作为我们各种情绪的容器。它可以是方的、圆的，可以是大的、小的，也可以是高的、矮的，你可以画任何形状的情绪瓶。

学生在学案纸上画出自己的情绪瓶。

老师：如果你的每种情绪可以用一种颜色表示，你会用什么颜色呢？请将各种颜色的情绪画进你的情绪瓶中，并在旁边用文字标注你的每种颜色分别代表什么情绪。

学生完成自己的情绪瓶作品，然后小组内分享，最后派小组代表上台展示。

教师小结：情绪瓶中有一些情绪可能会给我们带来非常不舒服的感觉，让我们每天都很低落、消沉，也就是现在大家常说的"emo"。接下来让我们一起来开个"emo告别大会"，告别"坏"情绪，迎接快乐。

设计意图：让学生通过冥想感受各种情绪，进行自我觉察。在此基础上，引导学生将感受到的各种情绪以情绪瓶和情绪色彩的形式展现出来，帮助学生合理表达自己的情绪，增强对情绪的理解。

三、"emo告别大会"（20分钟）

老师：在你的情绪瓶中，有哪些情绪让你感到不舒服？请你在小组内分享。

学生在小组内分享自己的消极情绪。

老师：接下来老师教给大家一种比较有效的心理学方法——移空技术，来帮助大家处理自己的消极情绪。

老师讲述移空技术的指导语（如下）。

指导语：现在让我们坐在椅子的1/3或1/2处，腰背伸直，不要向后靠。闭上眼睛，接下来，做几次自然、平缓的深呼吸。将我们的意念放在呼气上，让杂念、想法、情绪都随着呼气排出我们的身体。请选择一个当下对你影响最大的、最需要解决的消极情绪或感受。它是什么呢？你能不能用"情绪象征物"来形象地表达你的情绪感受？例如，它像什么？像乌云、泥土，或者别的什么东西？感受一下，它有多大、多重？它是什么形状、什么颜色的？现在请选择一个箱子装下我们"情绪象征物"，感受一下箱子有多大、多重？仔细看看你的"情绪象征物"的前、后、左、右、上、下。再看看箱子的前、后、左、右、上、下。打开箱子的盖子，朝里面看看。现在请把你的"情绪象征物"小心地放进箱子。放好了吗？它在箱子里面是不是有点晃荡？要不要用些东西塞一下？你的箱子足够结实吗？在移动时会不会散架？需不需要加固一下？如果需要，请选择你自己的方式为它加固。现在请想象你在宇宙的中心，周围没有任何东西和参照物，接下来我们会移动箱子，在移动箱子的过程中，如果达到某一位置时，箱子消失了，你感受不到它了，或者你觉得箱子已经到了一个让你感到舒服的位置，你不想再去移动它的时候，那么请你保持当时的状态，停留一两分钟，并记住你当时的身心感受。你可以享受一下这种状态。现在请将装有"情绪象征物"的箱子放在眼前，接下来我们将要在视线的正前方去移动它，我们将它移动到距离你 1 米远的地方，好，我们继续移动，3 米、5 米、3 米、1 米、3 米、5 米、3 米、1 米，现在箱子回到了我们面前。你可以打开箱子看一看，"情绪象征物"发生了什么变化？是变小了、消失不见了还是没什么变化？好，那我们关上箱子，现在我们将它继续移动 1 米、3 米、5 米、7 米、10 米、13 米。箱子移到 13 米远时，你的身心感受是什么样子的？你还能看见箱子吗？还能感受到它吗？如果它已经消失了，你也感受不到它了，那么请你保持现在的状态，停留一两分钟。能够继续看到或者感受到它的同学，请继续移动箱子至 15 米、20 米、25 米、30 米，现在你的身心感受如何？你还能看见箱子吗？还能感受到它吗？现在还能看到或感受到箱子的同学，请继续向前移动它，直至它在视野中消失或者停留在让你感到舒适的位置。请你保持现在的状态，停留一两分钟。记住现在的身心感受，你可以享受一下这个状态。

学生体验移空技术：第一步，三调（调身、调息、调心）放松；第二步，确定靶症状；第三步，引导象征物；第四步，统一承载物；第五步，移空。（移空分三步操作：第一步，将象征物装进承载物，准备移动；第二步，移动至空；第三步，体验空境）

老师：同学们在日常生活中，也可以按照老师今天给大家演示的步骤，使用移空技术，来帮助我们缓解不舒服的情绪和感受。接下来，请同学们集思广益，进行"头脑风暴"，除了老师刚刚讲述的移空技术外，你们还有什么办法可以用来"打败"消极情绪？

学生小组内进行"头脑风暴"，并将本组想到的方法写下来，完成后，每个小组派代表上台分享。老师归纳总结各个小组的方法（如转移法、宣泄法、换位思考法、冥想放松法等）。

教师小结：同学们给出了很多应对消极情绪的方法，我们在生活中可以有选择地应用这些方法。

设计意图：带领学生体验、掌握移空技术，并组织学生讨论应对消极情绪的方法，提高学生应对消极情绪的能力。

四、再绘情绪瓶（8分钟）

老师：现在，请大家仔细地观察自己的情绪瓶，你想在这个瓶子上加上或减去什么吗？例如，有的同学增加笑脸、花朵，有的同学把一些代表悲伤情绪的颜色重新加工成代表平静、开心情绪的颜色……请你再次加工属于你自己的情绪瓶。

学生对自己的情绪瓶进行二次加工。

老师：你的情绪瓶发生了什么变化？这些变化带给你的感受是什么？

学生思考并举手回答。

老师：你觉得情绪瓶中哪个部分能给你带来力量？它能让你联想到生活中的哪些事情？它给你的学习生活带来了哪些启发？例如，有一位同学，她认为黄色部分的情绪像太阳一样温暖，让她感觉非常有力量，这使她联想到了带给自己温暖的人——自己的朋友。不论发生什么，好朋友都一直陪伴着她，温暖着她，让她能积极地面对学习和生活中的挑战，勇往直前。

学生思考并举手回答。

教师小结：在对情绪瓶进行二次创作后，我们会发现消极情绪的比重可能变少了。

设计意图：通过情绪瓶的再创作，引导学生为自己的情绪增添更多的积极力量。

五、课堂总结（2分钟）

老师：每个人都会经历艰难的时期，每个人也都会产生消极的情绪。即便黑夜漫漫，只要我们心向光明，消极情绪就不能把我们怎么样。我们内心的积极情绪终究会帮助我们穿越黑暗，走向光明。当你"emo"时，请记得使用移空技术或者从其他同学那里学到的方法来排解消极情绪，同时也多想一想情绪瓶中那些积极情绪的色彩，它们会像阳光一样照耀我们、滋养我们。

【课程迭代】

本节课历经多次迭代。第一，课堂导入活动最终以"谁是卧底"游戏代替了最初的"情绪节拍"游戏，因为"情绪节拍"内容相对单一，而"谁是卧底"更能调动学生的兴趣和参与积极性，课堂的反馈也更好。第二，在处理消极情绪的环节，从开始单一的绘画方式调整为加入移空技术，使课程更具有专业性，内容更加丰富。

本节课最耗费精力修改的地方是对移空技术的简化处理。移空技术具体的操作有十个步骤，用时较长，不适于在常规教学中应用。因此笔者参照赵旭东等人研究的简化移空技术，将原来的十步操作简化为五步，通过反复打磨与修改，形成了最终版的移空技术指导语。

【教学反思】

本节课通过表达性艺术和移空技术帮助学生掌握应对消极情绪的方法，课程比较适合在高中三年级开展。

在为学生进行心理辅导的过程中，笔者发现高三学生的情绪问题较为突出，可能只是一件小事就会导致他们积累的情绪如火山喷发般爆发出来。这一阶段的学生特别需要掌握应对消极情绪的方法。另外，考虑到移空技术具有一定的难度和挑战性，对学生的抽象思维能力有较高的要求，因而本节课更适合高年级的学生。

本节课引导学生使用绘画的方式觉察自己的情绪，用不同的色彩表达自己的情绪，促使学生进行自我探索。同时，本节课引导学生使用移空技术来处理自己的消极情绪。相比较而言，高三学生在这种有关自我探索和表达的课程中能更投入，学生的课堂参与度高。此外，高三学生在班级里已形成了归属感，更乐于分享自己的感受。

本节课的优点在于能够将理论与实际相结合，充分运用绘画方法和移空技术帮助学生解决实际的情绪困扰。但是本节课也存在一些不足之处，如移空技术主要是让学生进行冥想，学生需要沉浸其中，但部分难以静心的同学可能会觉得本环节很无趣。同时，与其他游戏类活动相比，本环节会显得趣味性不足。

【专家点评】

1.本节课课题新颖有趣，吸引眼球，设计巧妙，引人思考。本节课使用当今社会中的流行词"emo"来吸引学生的注意力，引导学生思考"emo"和"emotion"的关系。本节课的选题已经点明了课堂的教学目标，即帮助学生正视情绪、理解情绪、处理情绪。

2.本节课教学环节编排层次清晰，层层递进，符合学生的思维逻辑。热身活动自然引出本节课的主题，"我的情绪瓶"环节引导学生发现情绪、安放情绪，再引导学生将自己的消极情绪移走，课堂内容环环相扣，环节流畅，帮助学生解决情绪问题。

3.本节课教学策略灵活新颖。教师合理运用了表达性艺术治疗的方法，使学生能在课堂上自由地表达情绪，并在二次创作环节启发学生理解、转化自己的情绪，课程构思巧妙，教学效果显著。

4.移空技术的应用是本节课的创新点和亮点。移空技术既是本节课的教学重点，又是教学难点。教师将这种心理咨询技术融在教学中，让学生在学习该方法后可以在以后的学习生活中随时进行心理自助，这正是教育中"授人以渔"理念的体现。

（点评嘉宾：许凤英，内蒙古通辽市通辽新城第一中学高级心理教师）

【参考文献】

［1］夏宇欣，魏玉龙，吴晓云，等.移空技术改善压力情境下的情绪困扰：个案研究［J］.中医学报，2014（3）：365-369.

［2］夏宇欣，吴晓云，刘天君.移空技术小组活动对慢性应激反应的干预效果［J］.中国临床心理学杂志，2013（3）：450-454+457.

【学案纸】

移空吧！我的"坏"情绪

姓名：_____ 班级：_____ 学号：_____

一、我的情绪瓶

1、给情绪安个家

请同学们在下方"空白处"，以你认为合适的形状画出自己的情绪瓶。

2、画说情绪

如果你的每种情绪可以用一种颜色或者混合颜色表示，你会用什么颜色呢？请将各种颜色的情绪画进你的情绪瓶中，并在旁边用文字标注你的每种颜色分别代表什么情绪。

二、再绘情绪瓶

1、你的情绪瓶发生了什么变化？这些变化带给你的感受是什么？

2、你觉得情绪瓶中哪个部分（如颜色、图案等）能给你带来力量？它让你联想到生活中哪些事情？它给你的学习生活带来了哪些启发？

"画"解"鸭梨"

湖南省长沙铁路第一中学　夏巧玲

【驱动问题】

如何帮助学生正确认识压力，与压力共处？

【基本信息】

适用学段：高中一年级

活动准备：学案纸

【设计思路】

《中小学心理健康教育指导纲要（2012年修订）》指出，情绪调适以及生活和社会适应等是心理健康教育的重要主题。正处在青春期的高中生在环境适应、学业学习、人际社交等方面都存在不少压力，在面对这些压力事件时，部分学生会因缺乏对压力的科学认知而感到烦恼。同时，由于缺乏应对压力的有效方式，部分学生在压力事件面前会不知所措，甚至产生失眠、焦虑等问题。若长期处于"压力警觉"状态，学生的身心自然得不到良好的发展。因此帮助高中生正确认识压力，学习应对压力的有效方式，可以促使高中生健康成长。

本节课使用叙事疗法中的问题外化技术，通过"鸭梨"这一具象物品，引导同学们对自己的压力进行绘制、评估、解读，帮助学生觉察自己的压力源，合理表达消极情绪。同时，本节课通过小组合作的方式，引导学生对压力事件进行分析并寻求有效的解决措施，从而帮助同学们提升对压力的掌控感，并找到具体、有效的应对方法。

【教学目标】

1. 情感目标：提升对压力的掌控感，接纳压力，积极面对压力。

2. 认知目标：了解压力的产生机制并寻求应对压力的有效方法。

3. 行为目标：学会用适当的方式调节压力，理性应对压力。

【教学思路】

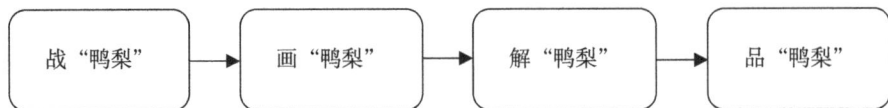

【教学过程】

一、战"鸭梨"（5分钟）

老师：请两位同学上台进行"战'鸭梨'"挑战游戏，其他同学在座位上进行游戏。同学们需要跟随音乐的节拍，按照指令完成相应的动作。活动中的优胜选手在游戏结束后可以获得盲盒奖励。

两位学生上台进行挑战，其他学生在座位上完成任务，并仔细观察上台挑战同学的完成情况。之后老师评选活动优胜选手。

老师：（提问上台挑战的学生）刚刚上台接受挑战时，你的感受如何？上台接受挑战与坐在下面观看的感受是一样的吗？你是否感到紧张？紧张的具体表现是什么？

教师小结：当我们接受一项任务，特别是这项任务还具有一定挑战性时，我们可能会感到身心紧张。这种紧张的感受其实就是我们在面对压力时产生的一种应激反应。

设计意图：通过"战'鸭梨'"小游戏，活跃现场气氛，同时引导学生在竞争中感受压力，从而引出本节课的授课内容。

二、画"鸭梨"（15分钟）

老师讲解压力的概念及表现，如下。

压力概念：压力是个体在生活适应过程中出现的一种身心紧张状态，它源于环境要求与自身应对能力之间的不平衡。

压力表现：紧张、焦虑、不安等心理反应；心跳加快、出汗等生理反应。

老师出示一些学生绘制的和紧张焦虑相关的漫画，让学生们分析这些漫画分别反映出高中生普遍面临着怎样的困惑或压力事件。学生举手发言。

老师：请同学们将自己面临的学业、人际等方面的压力事件想象成一个"鸭梨"，根据自己的实际情况评估"鸭梨"的大小、来源，以及它可能的模样。请你完成学案纸上的"'鸭梨'分析报告"。

学生完成学案纸相应内容后，老师简单统计学生们的"鸭梨"大小及来源，邀请部分学生对自己的"鸭梨"进行解读。学生举手发言。

教师小结：从刚刚大家分享的"鸭梨"分析报告中，我们可以看出，其实大多数同学都面临着一定的压力。生活中有压力是非常正常的一件事，我们不要对压力感到排斥。

设计意图：首先简单讲解压力的概念及其表现，让学生对压力有一个基本的科学认知；然后引入心理漫画，帮助学生梳理生活中常见的压力事件；最后再通过"鸭梨"分析报告，引导学生对自我的压力进行评估与解读，帮助学生察觉自己的压力源，将压力外化。

三、解"鸭梨"（20分钟）

老师讲解压力的产生机制，如下。

压力的产生机制：当人类大脑感知到压力事件时，我们的"情绪脑"就会发出警报，并引发心跳加快等一系列反应，从而做出相应的行为。得益于这种生理心理机制，原始时期的人类才得以生存和延续。但是，如果我们的"情绪脑"反应过于强烈，我们的"理智脑"就没办法启动，这样我们就没办法理性思考应对问题的方法，长此以往会给自己的身心健康带来不利影响。

老师提问压力与行为之间的关系。学生举手回答。

老师：压力过少，我们可能会动力不足，行为懈怠；压力太大，我们可能会身心俱疲。因此，"压力适中"是最理想的状态。接下来请大家合作完成学案纸"解'鸭'计划"。

学生在小组内选取一位组员的"鸭梨"事件，共同出谋划策，商讨应对方法并记录到"解'鸭'计划"中，最后由该同学对各种方法的有效性进行评分。

老师邀请小组代表分享，根据学生们的分享总结压力应对方法。同时，让同学依据这些方法为自己的压力事件制定"解'鸭'计划"，可参考以下示例。

①生理层面：饮食、运动、睡觉、唱歌、正念、冥想……

②心理层面：调整看待问题的角度、积极自我暗示……

③社会层面：向他人倾诉、寻求外界的支持与帮助……

教师小结：其实我们每个人在成长的历程中都遇到过各种压力事件，有些压力我们已经成功解决，有些我们正在应对。其实在不知不觉中，我们每个人都形成了自己应对压力的方法。今天通过大家的分享，我们也了解到了其他同学推荐的方法。在接下来的日子里，我们可以去尝试这些方法。不过，同一个方法并不一定对每个人都有效，因而我们要根据自己的实际情况找到适合自己的方法。

设计意图：讲解压力产生的机制，帮助同学们正确认识压力。同时通过小组合作探究，引导学生制定"解'鸭'计划"，利用团队的力量探究应对压力的有效方法。

四、品"鸭梨"（5分钟）

老师：最后，请大家写下一句你想对压力说的话。完成后，老师会请同学们进行分享。

学生完成学案纸"我想对你说"部分并分享。

教师小结：生活从来都不是一帆风顺的，困难和挫折总是如影随形，希望各位同学将生活中遇到的困难当作自己成长的养分，在压力的陪伴下，奔赴更好的自己！

设计意图：完成"我想对你说"任务，提升学生对压力的掌控感及对压力的接纳程度，帮助学生以更加积极的视角看待压力。

【课程迭代】

本节课经过了至少五个版本的修改。

第一个版本的标题为"'鸭梨'来袭"。这一版本的课程首先通过"吃'鸭梨'"比赛导入课堂；然后将压力设计成"压力怪"，让学生对自己的"压力怪"进行分析；再利用焦点解决短期治疗中的寻求例外技术，让学生梳理自己应对压力的有效方法；最后再利用谐音设计了"'梨'想事成"环节，将课堂内容从"压力"引申到"理想"，给学生传达一种积极的应对压力的理念。但是这个版本只是让学生梳理应对压力的方法，缺少教师的方法指导。此外，课程的整体衔接也不够顺畅。

第二个版本的标题为"'鸭梨'美食制作之旅"，这一版本将第一个版本中的"压力怪"换成了实物"鸭梨"，让学生将自己的压力事件想象成"鸭梨"，并评估其重量及口感。然后，课程利用叙事疗法，让学生对压力事件进行重述、改编，具体操作方法是小组以合作的方式对原有的"鸭梨"进行改造，制作"鸭梨"美食；最后各小组展示"鸭梨"美食作品，进行美食评选。整体而言，课程似乎有一定的特色，但是从"'鸭梨'美食制作方法"环节到"压力应对方法"环节，这中间的衔接不够顺畅，"美食制作"的象征含义比较晦涩，因而教学目标的达成不足，课程似乎"形式大于内容"。

　　第三个版本的标题为"你好，压力怪"，课程引入了电影《青春变形记》中的"小怪兽"（小熊猫），并将这个形象贯穿整个课堂，从"看，压力怪"到"析，压力怪"，再到"化，压力怪"，最后到"评，压力怪"。课程抛去了原来的"鸭梨"意象，继续回到"小怪兽"这一意象，并且在"化，压力怪"环节中，让学生彼此交换了自己的"压力怪"，从好朋友的角度写下自己对朋友的建议或支持。不过，听课老师提出整个课堂的设计比较虚，似乎没有给学生实操层面的具体指导。同时，笔者感觉"小怪兽"的产生其实并不一定是电影主人公在感知到压力后的一种反应，可能还包含其他更多更复杂的情绪，因而选用这个素材可能也不一定合适。

　　基于第二个和第三个版本设计中的问题，笔者又设计了第四个版本"脑科学压力管理"。在这个版本中，课程主要介绍了脑科学领域对压力的解读，并重点介绍了"SOS 法则"。课程让学生使用"SOS 法则"具体解决自己的压力事件。这个版本实操性可能相对较强，但是笔者感觉学生在课堂中的个人体验又相对欠缺，因此这一版本也不是特别理想。

　　综合以上经验，笔者又设计了第五个版本"'画'解'鸭梨'"。在这个版本中，课程主要还是利用叙事疗法，让学生借用"鸭梨"意象将自己的压力具象化，然后再利用团体的力量对压力事件进行"解'鸭梨'"，最后再让学生回到压力事件，以积极的视角看待压力，提升对压力的掌控感。

【教学反思】

　　本节课有一些亮点。

　　1. 教学主题突出。本节课设置了四个阶段："战'鸭梨'""画'鸭梨'""解'鸭梨'""品'鸭梨'"，课程设计始终围绕"鸭梨（压力）"展开，课程主题突出。

　　2. 教学结构完整。本节课先通过小游戏调动学生的参与热情，引入课程主题，然后帮助学生觉察与评估自己当前的压力状况，引导学生梳理和总结应对压力的方法，最后帮助学生接纳压力的存在，以更加积极的视角看待压力。整个教学设计完整而流畅。

　　3. 教学手段丰富。本节课充分利用绘画、游戏、讨论等方式辅助课程教学，使课程形式更加多元，更能调动学生的参与热情。

4. 教学理论扎实。本课主要利用了叙事疗法中的外化技术，把"压力"用"鸭梨"这样一个具象的东西表示出来，给学生传达"我是我，压力是压力"的理念，提升学生对压力的掌控感。此外，本节课引入了脑科学对压力的解读等知识，能够帮助学生更科学、更理性地看待压力。

本节课也存在一些不足。

1. 本节课设置热身小游戏，用意是让挑战的学生体验紧张感，但在实际授课过程中，有个别学生并不紧张，这反而让笔者在授课的过程中感觉很紧张，不知道如何应对这一情况。因而课程设计需要多做预案，以应对各种情况。

2. 有条理的板书能够帮学生梳理知识，但是笔者在本节课中未很好地使用板书。

【专家点评】

1. 本节课选题立足于学生的现实需要，颇具代表性。整节课以"压力"为出发点，巧妙运用"鸭梨"这一隐喻，引导学生对压力问题做了化形、拆解、重构等，以期让学生对自身压力状况有清晰且深刻的觉察。

2. 开篇的小游戏等活动，很好地调动了学生的参与热情。心理漫画这一元素也用得恰到好处。小组讨论更体现了以"学生"为主体的教学理念。

3. 课程区分出了压力和压力感的不同，带领学生由表及里，逐层深入地对压力问题形成了正确的认识。同时，课程引导学生通过小组合作的方式，让学生对压力调适的方法有较客观而全面的认知，学生可以结合自身需要，有针对性地为自己设计压力调节方案。

本节课的课堂设计都实用又高效地对学生解决压力问题进行了指导。总体来说，整节课目标明确，结构清晰，重点突出，内容饱满又实用。

（点评嘉宾：胡艳，湖南省长沙市心理教研员）

【学案纸】

"画"解"鸭梨"

姓名:_____ 班级:_____ 学号:_____

"鸭梨"分析报告	
"鸭梨"大小	□小 □中 □大
"鸭梨"来源	□学业 □人际 □容貌 □生涯发展 □其他
	排序:(如学业—人际—生涯发展)_____
"鸭梨"图像	我的一个"鸭梨"事件

解"鸭"计划	
压力事件:	
应对方法:	有效性评分:0～10分 (0分代表完全无效,10分代表最有效)
1.	
2.	
3.	
我想对你说:	

呼吸，情绪的锚

北京市通州区潞河中学　刘亚茵

华南师范大学　李幸凤

【驱动问题】

如何指导学生运用呼吸法调节情绪？

【基本信息】

适用学段：高中一年级

准备道具：学案纸

【设计思路】

《中国学生发展核心素养》中指出，要培养学生健全的人格，使学生能调节和管理自己的情绪，也要培养学生的抗挫折能力。《中小学心理健康教育指导纲要（2012 年修订）》提出，高中心理健康教育要帮助学生积极应对考试压力、克服考试焦虑。本节课旨在让学生了解呼吸法，掌握正确应对压力的方法，学会调节和管理自己的情绪。

说到情绪调节，很多人都会想到深呼吸。呼吸练习是非常有用的方式，可以帮助我们提高注意力，缓解焦虑，重获平静。呼吸练习对情绪有着直接而有利的影响。例如，平静的呼吸可以帮助我们放松副交感神经系统，降低应激激素水平和血压，减缓心率，让我们的身体得到放松。合适的呼吸方式可以激活从横膈膜到大脑的迷走神经，并由其向副交感神经系统发出信号，使我们回归平静状态。

本节课围绕"呼吸调节情绪压力"进行设计。课程先从学生的过往经验出发，然后通过观察实验的方式引导学生探究呼吸和情绪状态、身体状态的关系，进而让学生选择一种呼吸调节方式进行练习，最后指引学生运用行为设计的方法为自己的呼吸练习制定计划。

呼吸练习这一方法适合放在情绪调节或压力管理主题的课程中进行教授。如果课时充裕，教师可以把本课作为情绪调节和压力管理单元中的一课时；如果课时有限，教师可以将呼吸练习放置在该主题下某一课时的个别环节中进行。

【教学目标】

1. 情感目标：树立面对压力的积极态度。
2. 认知目标：理解呼吸和情绪之间的关系。
3. 行为目标：选择适合自己的呼吸法来调节情绪。

【教学思路】

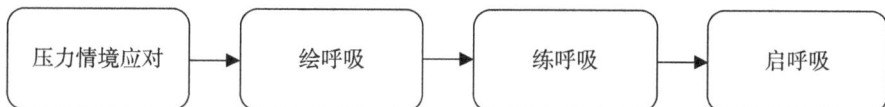

压力情境应对　→　绘呼吸　→　练呼吸　→　启呼吸

【教学过程】

一、压力情境应对（5分钟）

老师：如果还有5分钟就轮到你上台演讲了，你看到台下坐满了观众，忽然变得很紧张，双手冰凉，心怦怦跳，大脑一片空白。这时你会做些什么帮助自己平静下来呢？

学生分享自己的经验。

教师小结：我们有很多方法可以调节和管理自己的情绪，今天老师教大家一种非常实用的方法——呼吸调节法。我们先一起来探究呼吸和情绪之间的关系。

设计意图：创设需要调节情绪的生活情境，引出本课主题。

二、绘呼吸（15分钟）

老师：接下来，请大家做好准备，我们将观察自己的呼吸。我们先做一个准备练习。请闭上眼睛，身体坐直，把双手放在膝盖上，手掌打开，手心向上。接下来请想象一个令自己感到平静的场景，然后观察自己呼吸的起伏，并数一数30秒内你呼吸的次数，一呼一吸算一次。以这样姿势呼吸，你的感觉如何？30秒内你呼吸了多少次？当活动结束后，请你在学案纸"绘呼吸"部分用曲线来表现这30秒内你呼吸的幅度。

学生观察呼吸，绘制呼吸曲线。

老师：接下来我们将进行紧张状态下的呼吸观察。请闭上双眼，坐直身体，收紧背部肌肉，稳住双肩，双手平放在身体前面，紧握成拳。请想象一个令自己感到紧张的场景，在脑海中回忆紧张的感受。然后请再次观察自己呼吸的起伏，数一数 30 秒内自己呼吸了多少次。以这样的姿势呼吸，你的感觉如何？当活动结束后，请你在学案纸上用曲线来表现这 30 秒内你呼吸的幅度。

学生观察呼吸，绘制呼吸曲线。

老师：第三次，我们将进行放松状态下的呼吸观察。请闭上双眼，双手放在脑后，身体向后仰，肩膀靠在后面同学的桌子上，双脚自然向前伸。请想象一个令自己感觉放松的场景，在脑海中回忆放松的感受。然后请再次观察自己呼吸的起伏，数一数 30 秒内自己呼吸了多少次。以这样的姿势呼吸，你的感觉如何？当活动结束后，请你在学案纸上用曲线来表现这 30 秒内你呼吸的幅度。

学生观察呼吸，绘制呼吸曲线。

老师：现在请同学们在小组中讨论平静、紧张、放松状态下的呼吸分别有什么特点？呼吸的次数、幅度有什么区别？

学生进行小组讨论并派代表展示、分享。

教师小结：我们的呼吸和情绪有着密切的关系。紧张时，我们的呼吸次数最多，其次是平静时，放松时最少。正常状态下，我们每分钟会呼吸 14 ~ 16 次，紧张时我们的呼吸次数有时会达到 60 次。当我们能够把呼吸调整到每分钟 5 ~ 8 次时，我们的身体就会进入放松状态。此外，科学家发现，浅呼吸意味着仅有少量的空气进入肺部，我们需要通过嘴巴进行更短、更快的呼吸，而这往往让我们感到紧张。相对而言，深呼吸意味着我们用鼻子将空气吸到肺部深处，并将气体带入腹部。这种呼吸方式能将更多氧气带入脑中，降低我们的血压和心率，向身体发出放松和安全的信号，是缓解焦虑的好方法。

设计意图：让学生感受自己在不同情绪状态下的呼吸方式，体会情绪和呼吸之间的关系，理解深呼吸的作用。

三、练呼吸（15 分钟）

老师：接下来，老师会教授大家一些呼吸方法，帮助大家调节情绪。大家了解过哪些呼吸方法呢？

学生举手发言。

老师：我们从最基础的腹式呼吸法开始，它是学习其他呼吸法的基础。请同学们以小组为单位练习腹式呼吸法。（如果有学生体验过腹式呼吸，老师就邀请该学生带领大家一起练习腹式呼吸法；如果没有，老师就邀请任意一名学生按照以下步骤带领大家进行腹式呼吸练习）

腹式呼吸法步骤：一只手放在腹部、一只手放在胸前，透过鼻子吸气。吸气时，腹部也跟着扩张。屏住呼吸，暂停一下。接着，透过嘴巴将空气呼出。

学生练习腹式呼吸法。

老师：现在，请各位同学分享自己对腹式呼吸法的感受，并想一想，这一呼吸法可以用在哪些学习、生活场景中？

学生举手发言。

老师接着为学生介绍"4-7-8呼吸法""海豹突击队作战呼吸法（盒子呼吸法）""五指山呼吸法""感官呼吸法"（呼吸法的具体指导语见学案纸"呼吸练习说明"）。每个小组选择一种呼吸法作为本组学习的内容，每种呼吸法最多可以被n个组（老师可按照实际情况设定）选择。小组组长带领大家阅读"呼吸练习说明"，了解自己想要学习的呼吸法，然后进行练习。练习完成后，小组讨论这种呼吸法给自己带来的感受，并思考这种呼吸法可以用在哪些学习、生活场景中。最后，请小组写出推荐大家学习该呼吸法的理由。

老师请各小组展示自己对各种呼吸法的推荐度和推荐理由。

教师小结： 各个小组对自己选择的呼吸法进行了介绍，也分享了感受和推荐理由。通过对这几种呼吸法的比较，相信你一定可以找到一种最适合自己的呼吸法。

设计意图： 学生按小组自行选择一种呼吸法进行练习，可以获得对该呼吸法更深刻的体会。同时学生可以聆听其他小组对不同呼吸法的介绍和分享，获得对不同呼吸法的理解，并在此基础上，选择适合自己的呼吸法。

四、启呼吸（10分钟）

老师：我们学了这么多呼吸调节方法，你最喜欢哪种方法？大家需要经常练习呼吸法，才能做到学以致用。本节课的最后，我们一起来设计自己的"呼吸调节启动键"。请大家完成学案纸上的"呼吸调节启动键"内容，把句子中的空白内容填写完整。

学生完成学案纸，并派代表分享。

教师小结：呼吸像是情绪的显示器，透过呼吸状态我们能觉察到自己的情绪状态。呼吸又像是我们情绪的遥控器，对呼吸状态的调控可以影响我们的自主神经系统，从而调节我们自身的情绪状态。所以，当我们在面对挑战和压力时，不妨按下你的"呼吸调节启动键"，用呼吸法来调节自己的情绪。

设计意图：引导学生思考使用呼吸法的场景，促使学生将呼吸法运用到自身实际生活中。

【课程迭代】

与最初版相比，本节课的最终版本在教学设计上做了很多修改。首先，在最初版的课堂导入部分中，笔者直接询问学生是否曾经运用呼吸法调节过自己的情绪，这样设置虽然使课堂直奔主题，但并没有让学生对呼吸法和情绪调节之间的关系产生直观印象。因此，在最终版本中，笔者将这一部分改为让学生体验焦虑、紧张的情景。此外，在最初版的"绘呼吸"环节中，笔者让学生观察自身1分钟的呼吸，后来笔者发现1分钟的时间有些长，于是将观察时间缩短到了30秒，并区分了三种不同情绪状态，让学生观察自己在不同情绪状态下的呼吸状态。在最初版的"练呼吸"环节中，为呈现呼吸法的丰富性，笔者选择了十种呼吸法，但是笔者发现学生会重复选择某几种呼吸法，而导致部分呼吸法形同虚设。因此，最终版本的课程将呼吸法的种类从十种缩减到四种，并要求每种呼吸法只能同时被n个小组选择，这样的设置使每种呼吸法在课堂都能得到运用。

【教学反思】

本节课从呼吸法出发，探讨情绪调节问题，主题选择新颖，具有很强的操作性。

在实践过程中，笔者发现本节课的许多环节设置都能提升学生在课堂上的学习效果。例如，本节课鼓励学生自主探索，发现呼吸和情绪的关系，并总结相关规律，提升自己对呼吸法的理解。自己研究，自己得出结论，这样的方式会让学生对呼吸法的作用更加信服。同时，在课堂上，学生不仅会对自己选择的呼吸法有深刻印象，还能通过其他同学对不同呼吸法的介绍、推荐，在短时间内了解到更多种呼吸法，对呼吸法有更全面的认识，也更容易找到最适合自己的呼吸法。

但是，本节课依旧存在一些不足之处。对一些学生而言，他们很难进入观察呼吸的状态，这可能和他们认为观察呼吸这一行为"比较搞笑"有关，也可能和他们喜欢活动、不喜欢安静的情绪调节方式有关。对于前者，教师可以在课堂上鼓励学生以一个研究者的身份开启对自己的观察，同时在最开始的时候设置一个准备练习，帮助学生更好地进入状态。对于后者，本节课在"练呼吸"环节专门选择了一个"五指山呼吸法"，该方法就是把呼吸和动作结合起来。另外，教师也可以在最后提醒大家，呼吸法只是我们调节情绪的一种方式，还有更多适合自己的情绪调节方法需要我们自己去挖掘。

【专家点评】

本节课的亮点主要体现在以下三个方面。

1. 积极的育人理念。呼吸法训练，是一种科学且简便易行的情绪调适方法。在学业压力的影响下，很多学生容易产生紧张、焦虑的情绪，因此培养学生积极应对压力的能力非常重要。本节课立足学生学情，抓住"呼吸法"这一小切口进行课程设计，并通过层层递进的活动，引导学生体会呼吸和情绪、身体状态的关系，这充分体现了授课教师对学生自主性及探究意识的培养，也体现了心理课关怀学生成长、关注学生身心健康的积极心理辅导理念。

2. 特色的指导课程。作为一节心理健康教育课，本节课主题的选择符合相关政策理论的要求，同时本节课注重将学生的先备经验融入心理辅导活动中，无论是导入压力情境，还是"绘呼吸""练呼吸""启呼吸"各个活动环节，都调动了学生的过往经验。教师在课堂中用清晰、具体的指导语，耐心引导学生掌握呼吸法的操作要领，并鼓励学生将课堂所学运用到实际的压力情境中，具有现实意义。

3. 持久的心理影响。一节好课是能让学生终身受益的。如果学生掌握了用呼吸调节情绪的方法，那么，在日后遇到压力或挑战时，呼吸法定会发挥"锚定"的作用，帮助学生稳定内心，从容地面对一个个压力情境，从成功经验中积攒力量，持续促进自身的心理健康发展。本节课可训练、可推广，实践价值高。

（点评嘉宾：邵红云，北京市通州区教师研修中心心理研修员）

该课为北京市中小学生涯与学生发展指导实践推进会现场课

【学案纸】

呼吸，情绪的锚

姓名：_____ 班级：_____ 学号：_____

一、绘呼吸

	状态 1：平静 呼吸次数：____
	状态 2：紧张 呼吸次数：____
	状态 3：放松 呼吸次数：____

二、呼吸调节启动键

当我_____，我会用_____呼吸法来调整自己。

当我_____，我会用_____呼吸法来调整自己。

当我_____，我会用_____呼吸法来调整自己。

小组讨论单

1. 绘呼吸：探究三种状态下呼吸和情绪体验的关系

三种情绪状态下的呼吸的次数和幅度有何不同？

2. 练呼吸：我为_____呼吸法代言

当你_____，

我推荐你使用_____呼吸法，

因为_____。

呼吸练习说明

1.4-7-8 呼吸法

吸气，数到 4（自己数）：吸气，2，3，4。

屏住呼吸，数到 7（自己数）：屏住呼吸，2，3，4，5，6，7。

呼气，数到 8（自己数）：呼气，2，3，4，5，6，7，8。

重复练习 4 次。

2. 海豹突击队作战呼吸法（盒子呼吸法）

慢慢吸气，数到 4（自己数）：吸气，2，3，4。注意你的腹部鼓起来了。

屏住呼吸，数到 4（自己数）：屏住呼吸，2，3，4。

慢慢呼气，数到 4（自己数）：呼气，2，3，4。注意你的腹部瘪下去了。

屏住呼吸，数到 4（自己数）：屏住呼吸，2，3，4。

重复练习至少 4 次。

3. 五指山呼吸法

展开左手，放松手指和手掌肌肉，感受指尖的自由。把左手的五根手指当作五座山峰。

用右手的食指在左手的"五座山峰"上移动。从左手大拇指开始，按手指的轮廓移动，当右手食指上升时，缓缓深吸气大约 4 秒；当右手食指下降时，缓缓吐气大约6 秒。

按照此模式在剩余手指上继续进行，同时要记住保持正常的呼吸。

4. 感官呼吸法

打开所有感官去留意自己的呼吸。

第 1 次呼吸时，听起来如何？

第 2 次呼吸时，气息经过的地方有什么感觉？

第 3 次呼吸时，闻到了什么气味？

第 4 次呼吸时，口中有什么味道？

第 5 次呼吸时，你的身体有何感觉？

重复练习 3 次。

情绪的重生

广东省佛山市顺德区乐从中学 古采凤 刘婉

【驱动问题】

如何帮助学生调节考后情绪？

【基本信息】

适用学段：高中一年级

道具准备：红纸（或其他颜色的彩纸）、白纸、蜡笔、固体胶

【设计思路】

《释放内在的小孩：情绪的艺术疗愈》[1]一书提到：表达性艺术治疗是指用绘画、舞蹈、音乐、戏剧和写作等艺术形式来发现和表达内在情绪、梦想和欲望。但它与艺术创作不同，它不强调表现出高超的艺术技巧，只要求作品能够体现内心所要表达的情绪情感。

高一学生刚进入高中，在学业适应方面面临较多问题，尤其是当他们经历第一次考试后，很多高一新生表示不能接受考试结果，他们感受到了初中升入高中后的落差。很多同学反馈："我 emo 了""我裂开了"……同时，青春期的学生往往不善于直接表达自己的情绪。因此，在这一阶段，教师开展一节表达性艺术治疗课来缓解他们的情绪是非常有必要的。本节课采用艺术表达的方式，促使学生觉察自身的潜在情绪，释放情绪，接纳情绪，最后将消极情绪转化为积极情绪，完成情绪的"重生"。

为了更好地引出创作者内心的情绪，笔者建议选择蜡笔作为学生的绘画道具。蜡笔的颜色更明亮，涂抹起来更舒爽，更有小时候作画的感觉。同时本节课需要强调使用"非惯用手"进行作画，因为这更有利于潜意识情绪的表达。左脑掌控语言和逻辑，右脑掌控情绪和想象。大部分人常用右手，右手与左脑相连，所以用右手书写时，我们更习惯书写出一些经过语言加工的富有逻辑的内容，而由于大部分人较少用左手书

写和绘画，所以用左手绘画出来的作品虽然看起来有点笨拙，但是能让创作者感觉自己像个孩子，更能忽略技法、跳过思维逻辑，把内在情绪表达出来，画出的内容也更能反映创作者内心的情绪和潜意识。当然，如果创作者本身就擅用左手，可以建议他用右手创作。

同时，《释放内在的小孩：情绪的艺术疗愈》一书还提到，把东西撕碎本身就具有治疗性。笔者也发现，撕纸可以帮助个体释放沮丧和愤怒的情绪，因此课程最后一个环节就是让学生把纸张撕碎后，再重新拼贴成新的画作。当我们重新整理自己的情绪后，也许会获得新的启发。

【教学目标】

1. 情感目标：体会到释放、接纳、重组情绪所带来的愉悦感受。

2. 认知目标：认识不同情绪的作用，觉察自己的考后情绪状态。

3. 行为目标：学会接纳和调节考试后的情绪。

【教学思路】

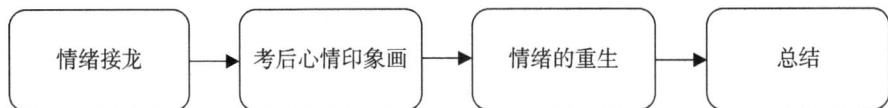

情绪接龙 → 考后心情印象画 → 情绪的重生 → 总结

【教学过程】

一、情绪接龙（5分钟）

老师：欢迎来到我们的艺术表达心理课堂，今天我们将体验一堂特别的心理课。最近刚考完试，我知道大家现在的心情一定很复杂。有句很出名的歌词是"我的天是灰色，我的心是蓝色"，大家现在的心情是什么颜色的呢？请大家用一种颜色来代表你现在的心情，并解释原因。

学生思考并回答问题。

教师小结：每个人考后的心情色彩各不相同，有红色、蓝色、黑色等，还有同学觉得一种颜色不足以代表自己的心情。其实，情绪也有很多种，每种情绪都有其存在的意义。例如，愤怒可以帮助我们捍卫自身的权利；悲伤提醒我们注意休息并让他人觉察到我们的情感需求；紧张提醒我们集中精力把事情做得更好……所以不管大家考后有什么情绪，都是正常的。但是，一味地压抑自己的情绪不利于我们的心理健康，学会觉察和表达情绪将会让我们感到更加舒适。

设计意图：让学生用颜色表现自己的情绪，了解学生考后的情绪状态，同时让学生将颜色和心情联系在一起，为后面的环节做铺垫。

二、考后心情印象画（15分钟）

老师：接下来，请大家跟着老师的引导回顾考试结果出来后的场景，然后将考后的心情画下来。

指导语简介：寻找一个让你觉得舒服的坐姿，慢慢闭上双眼，调整呼吸，将注意力放在呼吸上，随着你的呼吸感受到全身慢慢地放松。把我们的思绪慢慢地拉回到这次考试：这次考试给你带来的最强烈的情绪或感受是什么？是什么人或什么情景触发了这种情绪感受？如果有颜色能代表这些情绪，你觉得那会是什么颜色？如果这些情绪有形状，你觉得会是什么样的？假如它们会开口说话，你觉得它们会跟你说什么？请你调整呼吸，回顾这些情绪或感受，轻轻地跟它们说："嘿，你来啦。"记住这些感受。接下来，我们将邀请它们来到我们面前。现在，请大家慢慢地睁开眼睛。

老师：请大家围绕"我的考后心情"这一主题自由绘画，用线条、色彩和图案等表达自己的考后情绪。需要注意的是，大家绘画时要用非惯用手。画完后，请你在右下角为作品取名。创作完成后，老师会邀请部分同学上台分享自己的作品，分享你画画时联想到的内容，以及画画时的感受。

学生自由绘画并分享。

教师小结：通过画作，老师可以看到大家考后的情绪确实比较复杂，可能第一次考试的成绩确实让大多数人难以接受。表达情绪是第一步，接下来让我们宣泄我们的情绪，然后换个角度重新审视我们的情绪。

设计意图：用非惯用手绘画能让学生在创作时不用考虑绘画技巧，更无所顾忌地创作，尽情表达自己的情绪。

三、情绪的重生（18分钟）

老师：看待事情的角度会影响我们的情绪和后续行动。面对同一件事，如果我们换个角度去看，可能会有不一样的心情。接下来，请大家撕碎自己的作品，再将其进行重新拼接并思考问题。具体重新拼接画作的规则如下。

规则：自由撕开原画，并将碎片重新拼接在红纸上，形成新的画作，你不一定要用到所有碎纸。如果你不愿意撕掉自己的作品也没关系，可以将你的原作放在红纸上，思考是否可以添加新元素。完成后，请你在右下角为新作品取名，并思考以下问题。

① 撕纸的感觉如何？

② 重新拼接时你联想到什么？你的感受如何？你获得了什么启发？

③ 你不想撕纸的原因是什么？在添加新的元素时你有什么联想或启发？添加后你有什么感受？

④ 在生活中，有哪些资源（人/事/物）可以帮助你实现"情绪重塑"？

老师：接下来请大家根据自己的理解进行撕纸重新拼接活动。在活动前我们可以看一下其他班同学的一些作品，也许它们能给大家带来一些灵感。其他班的重新拼接作品可以分为以下三类。

① 形状重构型。例如，名为《脚丫》的作品，作者把撕碎的纸张重新粘贴为脚丫的形状，寓意是将种种消极情绪一脚踩碎，然后大步往前走。

② 内容重构型。例如，名为《太阳》的作品，作者原本画的是自己的"emo情绪"，重组后，他把太阳放在了左上角，寓意"我不会一直emo，太阳总会再度升起"。

③ 页面重构型。例如，名为《要好起来》的作品，作者没撕碎原画，而是在背面重画了一幅画。新作品一面是伤心的人，另一面是微笑的人，寓意是希望这些消极情绪翻篇后自己的生活会好起来。

学生进行撕纸重新拼接活动，分享并回答问题。

教师小结：重新拼接寓意着新生，当你陷入消极情绪时，不妨试着换一个角度来看待使自己产生消极情绪的事件，也许你会有新发现！

设计意图：撕纸的过程本身也是宣泄的过程。学生通过重新拼接自己的作品，可以整理自己的思绪，获得新的启发。

四、总结（2分钟）

老师：每种情绪都有存在的意义，我们要学会看见我们内心的情绪，理解和接纳自己的情绪，然后尝试用另一种角度去重新看待触发我们情绪的事件，这会让我们的内心变得平静，让我们能更加从容地去面对各种大大小小的考试以及其他生活中的挑战。

设计意图：总结课程内容，引导学生思考。

【课程迭代】

与之前的版本相比，最终版课程更加强调学生的课堂体验和情绪表达，减少了认知思维方面的内容。之前版本的导入部分引入了颜色心理学的概念，让大家思考不同颜色对应的情绪是什么，并了解不同情绪存在的必要性。但是这一部分涉及的认知思维内容过多，导致后面学生体验和分享的时间不足。另外，从课程环节的整体性来看，最终版课程的主体部分是让学生表达情绪、重组情绪，但之前版本的导入部分则是让学生思考情绪的必要性，这使该部分显得过于突兀。笔者将导入环节改为让学生用颜色表现心情，将对情绪必要性的提问放到学生创作前后，并通过引导语和课堂总结引发学生思考。

【教学反思】

撕纸重新拼接活动是本节课的亮点。以往的拼贴画形式更多被用在艺术课上，比较注重创作的美观。本节课对拼贴画形式进行了改良，先要求学生用非惯用手随意绘画，宣泄情绪，再引导学生以"重塑情绪"为主题，进行撕纸重新拼接活动。这样的设置使活动主题更加明确，学生在完成任务时也更有目的性。

由于很多学生以前都没有接触过拼贴画，所以教师在介绍规则后还需要展示一些已完成的画作，给予大家灵感。在实际的课堂中，笔者发现学生的画作大概可以分为以下两种类型。

第一种是宣泄型。学生在纸上肆意涂画出浓烈的色彩，然后撕碎，最后重组后还是一张看起来怒气冲天的画作。但是当笔者询问学生的情绪变化时，他说一开始很愤怒，但是撕纸重新拼接后感觉情绪都释放出来了。这类学生通过绘画、撕纸活动宣泄了自己的情绪。

第二种是启发型。学生在绘画撕纸后，这个作品可能与原来的画作截然不同，也有可能只是多了一点改变，但是那点改变让他们的情绪发生了质的变化，促使他们用新的视角看待问题。其中最让笔者惊喜的是采用形状重构方式的同学。他们将纸撕碎后，会根据纸的形状拼接成特殊的形状，如脚丫、花束、风景等。重构之后，原本因为考试结果而烦躁的情绪变成了向上的情绪。

重构的方式有很多种，虽然课堂不讲述绘画技巧，但是不同种类的重构方式可以帮助学生打开思路，促使他们转换思维。笔者原本设想的重构方式只有内容重构（把画的图案撕下来，改变碎纸的顺序进行拼凑），但是后来笔者通过观察学生的作品，发现还可以进行形状重构（将撕下来的纸依据不同形状构成新画作）、页面重构（把单一的画作变成可翻的小册子甚至是立体画）等。

不过有个别学生不愿意进行撕纸活动，教师也应当尊重他们的意愿。也许完整的画作给他们带来的情绪安抚会比撕毁画作带来的情绪体验更好一些。教师应尊重学生的差异性，引导学生进行选择。

【专家点评】

本节课的亮点主要体现在以下三个方面。

1. 教学方法让情绪外显。本节课最大的创新点是运用了表达性艺术的方式来帮助学生调节考后情绪，让学生将内隐的情绪展现出来，为情绪工作提供平台。课程环节层层推进，引导学生从觉察情绪开始，进而宣泄、接纳情绪，最终重塑情绪。

2. 重视学生生成。本节课以表达性艺术创作贯穿全程，充分调动了学生的参与性，体现"以生为本"的理念。教师起到穿针引线的作用，根据学生的现场作品进行即时分析和反馈，从而引导学生进行情绪重塑，现场生成效果好，课堂灵动。如果最后能以情绪重塑相关的理论对学生进行深入引导，会给学生带来更多帮助。

3. 教师设计用心，设计细节考究。本节课选择了让学生用非惯用手进行绘画的形式，强调绘画与学生潜意识的联结。而绘画道具选择蜡笔，可以让学生放下戒备，重新体验幼年无拘无束画画的感觉，绘画过程更能抒发学生的真实情绪。种种设计体现了教师的用心。

（点评嘉宾：梁悦，广东省佛山市顺德区心理健康教育高级教师）

【参考文献】

[1]露西娅·卡帕基奥内.释放内在的小孩：情绪的艺术疗愈［M］.黄珏苹，译.北京：中国人民大学出版社，2020.

点亮你幸福的"火花"

安徽省合肥市第四中学　黄莹

【驱动问题】

如何帮助学生感受、体验、创造幸福？

【基本信息】

适用学段：高中一年级

准备道具：小红花章、白纸、彩笔、学案纸

【设计思路】

积极心理学研究认为，幸福作为一种积极的情绪，远非仅仅使人感到愉快这么简单，它还能扩展和建构我们持久性的心理成长资源，供我们在日后的生活中使用。

本节课的授课对象为高一学生。处于青春期的高中生，面临着自我同一性的内在冲突、学业压力、人际关系问题等多重挑战，这会使学生产生"什么是幸福""我该如何获得幸福"等一系列疑问。在"什么是幸福"的课前小调查中，笔者发现有部分同学不知道什么是幸福，有部分同学关于幸福的说法大而泛，无法让人产生共鸣，还有部分同学对幸福维度的思考过于狭隘和浅显。

本节课基于积极心理学理念和学生学情，旨在帮助学生获得积极情绪体验，寻找并积累幸福成长的资源，从而为学生赋能，促进学生健康成长。

【教学目标】

1. 情感目标：体会幸福带给自己的愉悦感受。

2. 认知目标：理解幸福的内涵，树立对幸福的正确认识。

3. 行为目标：制定寻找幸福的行动计划。

【教学思路】

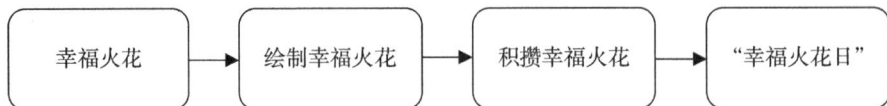

【教学过程】

一、幸福火花（5分钟）

老师：幸福是一种只可意会不可言传的感受，它也是我们需要用心学习才能获得的一种能力。那到底什么是幸福呢？让我们通过电影《心灵奇旅》中的一个片段来了解一下（观看视频1）。

视频1简介：厌世灵魂"22"一直找不到自己生命中的幸福火花，直到它与中学音乐老师乔伊·高纳偶然相遇在奇幻的"生之来处"。之后，他们一起寻找属于他们的幸福火花。画面中，乔伊·高纳沉醉地弹奏着自己热爱的曲目，那跃动的音符、浪漫的氛围及变幻的黑白键——闪过……镜头对准回忆中的乔伊·高纳，他望着飘落到手中的落叶出神，此时比萨的味道格外香甜可口……

老师：同学们在观看过程中需要思考以下两个问题。

①剧中乔伊·高纳的幸福火花是什么？你有类似的幸福火花吗？

②请给自己目前的幸福指数打个分，0分代表不幸福，10分代表非常幸福。

学生思考问题并举手回答。

教师小结：电影中乔伊·高纳的幸福火花包括成为一名爵士钢琴家，夏日骑着单车呼吸新鲜空气，看夜空中璀璨的烟花，海水轻轻漫过脚背……也许每个人的幸福火花不同，感受到的幸福指数也不同，但我们对幸福的向往大致是相同的。就让我们带着这种对幸福的向往一起开启今天的课程吧！

设计意图：以电影《心灵之旅》中的幸福火花引入本课主题，并通过提问和幸福指数评估活动，引导学生觉察和思考自己的幸福，为后续的活动做铺垫。

二、绘制幸福火花（15分钟）

老师从心理学角度阐释"幸福火花"的含义（可选用"心流""满意的感觉"等心理学理论来阐释）。

心流指的是我们全心投入做事情时的感觉[1]，它和积极心理学创始人马丁·塞利格曼提出的"满意的感觉"相似。塞利格曼在《真实的幸福》一书中提出[2]，满意的感觉就是"什么时候时间为你而停止？什么时候你发现，你现在做的正是你一直想做的，而且你希望永不停止的事情"。

老师播放一段以英文歌曲《What a Wonderful World》为伴奏的正念冥想指导语音频（指导语见文后所附的《关于幸福的正念冥想指导语》），要求学生分以下两步绘制"幸福火花图"。

第一步：在学案纸"幸福火花图"中画出过往经历中带给自己幸福感受的人、事、物。不用考虑绘画技巧，只要用画笔简单地描绘出来即可。

第二步：小组成员绘制完毕后，组内按照顺时针顺序把作品依次传递给组内每个成员，请他们为自己喜欢的"幸福火花图"盖上"幸福火花章"（小红花章）。

学生绘制"幸福火花图"，组内分享，并盖上"幸福火花章"。老师邀请学生分享看到自己的"幸福火花图"被小组同学盖满"幸福火花章"时的感受。学生举手回答后，老师邀请小组同学上台分享本组的"幸福火花图"。当台上同学分享自己的幸福经历时，如果台下同学也有过类似的体验或未来很想去体验，可以通过鼓掌的方式来表达自己的认同。

教师小结： 每个人都有自己的幸福火花。广阔湛蓝的天空、秋天轻轻落下的黄叶、照在身上暖洋洋的阳光、慢慢进入鼻腔的食物的香气、陌生人对你投来的一抹善意的微笑……它们无不在告诉我们，这些简简单单的生活点滴就是"幸福火花"本身！

设计意图： 阐述"幸福火花"的心理学含义，然后通过正念冥想引导学生进入放松状态，引导学生回忆以往的幸福火花或体验当下的幸福火花，最后让学生将生命中的幸福火花以绘画的方式呈现出来。

三、积攒幸福火花（15 分钟）

老师：你每一份专注的体验、用心的感受、小小的创造，都是你拥有幸福的证据！在今天，我们以绘制、分享幸福火花的方式重新回忆了以往生命中的幸福时刻，相信此时同学们已经被自己和周围人的幸福包围了！那未来我们要如何去获取幸福呢？

老师播放热映电影《心灵奇旅》中"进入地球前需要通过完成一系列的幸福火花任务，从而去积攒幸福火花"这部分内容（视频 2），引导学生思考：如果未来想要获得更多的幸福、积攒更多的幸福火花，我们该如何做呢？提示学生可以从"感受什么""体验什么""创造什么"等方面去思考。

视频 2 简介：每个出生之前的小灵魂，它们需要在像学校一样的"心灵学院"里接受"心灵导师"的训练与引导，并通过自己的不懈努力获得各种体质、气质、天赋、智力等，这些东西的获得过程就是在寻找属于自己火花的过程。每找到一个火花，就会点亮胸口那个火花勋章的最后一格，就可以获得飞往地球的通行证，并最终回到地球。

学生观看视频 2，并在学案纸上写出自己积攒幸福火花的行动，如下所示。

	积攒你的幸福火花	举例
1	感受：以悦纳生活的态度来感受幸福	驻足感受温暖的阳光
2	行动：以探索世界的行动来体验幸福	体验一次骑行旅游
3	创造：以给予他人的价值来创造幸福	去街上帮助三个人

老师邀请学生分享幸福火花的内容。学生举手回答。

教师小结：同学们分享的幸福火花五花八门，有兴趣爱好、宠物陪伴、家人互动、风景世界、美好童年、未来梦想，等等。不管你书写的是什么，这幅由你自己制作的"幸福火花图"一定代表着你对未来幸福的殷切期盼。看到这些幸福火花，我们又多了一份向前的勇气。请同学们记住你们当下这份对幸福的体验、期盼和勇气！

设计意图：通过举例的方式引导学生从感受、行动和创造这三个方面书写自己积攒幸福火花的意愿。

四、"幸福火花日"（5 分钟）

老师播放电影《心灵奇旅》结尾处"一条鱼对幸福的追问"这部分内容（视频 3），并提问学生有什么收获。学生举手回答。

视频 3 简介：一条小鱼游到一条老鱼旁边说，它要找到被称之为海洋的东西。"海洋？"老鱼很奇怪，"你现在就在海洋里啊！""这儿？"小鱼说，"这儿是水，我想要的是海洋……""你现在就在海洋里呀！"老鱼说。

老师：请大家来评估你现在的幸福指数是多少？0 分代表不幸福，10 分代表非常幸福。大家课后请在下周任选一天作为自己的"幸福火花日"，用这一天来打卡幸福，积攒幸福火花，然后记录下自己的感受。

教师小结：正如知名心理咨询师陈海贤所说，关于幸福的意义是人自己赋予的，我们应该是幸福的回答者，而不是简单的提问者[3]。在未来的"幸福火花日"，请大家带着这些闪闪发光的幸福火花和这一个个鲜艳的"幸福火花章"点亮更多的幸福吧！愿我们每一个人都能成为幸福的回答者！成为幸福火花的点亮者！

设计意图：借《心灵奇旅》结尾中的片段来拓展学生对幸福的认知，并通过"幸福火花日"引导学生从行动上去点亮幸福火花。

【课程迭代】

与之前的版本相比，本节课改动最大的地方是把"书写并打卡幸福清单"调整为"积攒幸福火花"活动。同时，学生的学案纸中"幸福火花图"的样式也同步调整为电影中火花勋章的样子。原有的"书写并打卡幸福清单"活动与上一环节"绘制幸福火花"活动在内容上有一些割裂，该环节只局限于让学生列举打卡清单，而没有表现出"点亮幸福是一件很有意义且需要勇气的事情"这一核心理念。将"书写并打卡幸福清单"活动修改为"积攒幸福火花"活动，这样可以使前后两个环节的衔接更有逻辑性。另外，"积攒幸福火花"活动还使课程对电影素材的使用更加连贯。调整后的课程在导入、转换、工作、结束这四个环节中，贯穿了《心灵奇旅》这部电影素材，使课程脉络更加清晰，层次分明。

【教学反思】

1.**媒材使用：**本节课选用电影《心灵奇旅》中的三个片段，将电影素材贯穿在课程的不同阶段，使课堂结构清晰、完整。

2.**理论依据：**本节课选用"心流""满意的感觉"等心理学理论来解释"幸福火花"的含义，使课程有了理论支撑，更具有"心理味"。

3.**道具选取：**笔者在课前为学生准备了"幸福火花章"道具，这样就可以让学生在小组绘制"幸福火花图"时，用盖章的形式对同学的幸福火花给予认可，活动形式有趣，学生参与度高，并且有利于学生更直观地感受到人际支持。

同时，本节课还存在一些不足之处。首先，教师在本节课上讲解"心流""满意的感觉"等心理学理论时不够生动具体，一定程度上使学生对幸福火花的理解不够清晰。其次，本节课在"绘制幸福火花""积攒幸福火花"这两部分的处理上尚有所欠缺，具体体现在学生绘制"幸福火花图"时对幸福这一积极情绪的体会深度不足，在加盖"幸福火花章"时的随意性较大，在积攒幸福火花时的思路比较狭隘等。最后，学生在课后完成"幸福火花日"的作业时，教师没有设置后续的跟踪访谈，这也会让学生在习得幸福能力的过程中缺乏有效而连续的指导。

【专家点评】

本节课教学目标明确，教学思路清晰，教学设计巧妙。

1.借助"幸福火花"的设计，将"幸福"这个抽象的概念具象化，同时由"火花"形象所延伸出来的"幸福火花章"，又强化了学生对点亮幸福火花的感受。

2.环节紧扣主题、循序渐进。课堂充分发挥了学生的主体作用，有效地帮助学生深入觉察自己的幸福、感受幸福带来的愉悦感、提升对幸福的感受力与创造力。其中"幸福火花日"设计的精妙之处在于让学生将在课上习得的方法迁移至课后的实际生活中，在生活中创造幸福，从而更好地达成学习目标。

3.本节课将著名心理学家维克多·弗兰克尔所阐述的活出生命意义三个通道（感受、行动、创造）理论融入课程环节中，为"点亮幸福火花"这一核心理念提供了理论支持。

（点评嘉宾：许颖，上海市曹杨第二中学附属学校高级教师）

该课曾获安徽省新课程新教材优质课评比心理健康教育学科团体／个人双一等奖

【参考文献】

［1］米哈里·契克森米哈赖.心流：最优体验心理学［M］.张定绮，译.北京：中信出版社，2017.

［2］马丁·塞利格曼.真实的幸福（珍藏版）［M］.洪兰，译.杭州：浙江教育出版社，2020.

［3］陈海贤.幸福课：不完美人生的解答书［M］.南昌：江西人民出版社，2016.

【学案纸】

点亮你幸福的“火花”

姓名：_____ 班级：_____ 学号：_____

一、请在下面的“幸福火花图”中，画出过往经历中带给自己幸福感受的人、事、物。

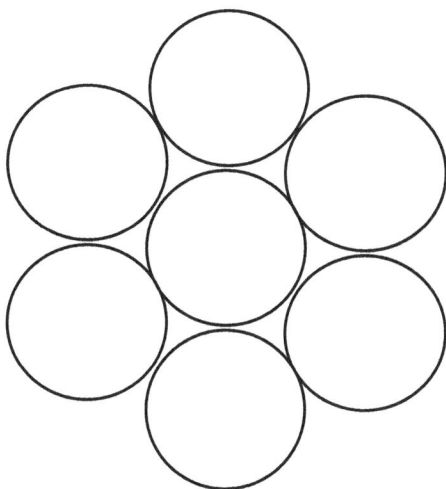

二、请写出自己积攒幸福火花的行动。

关于幸福的正念冥想指导语

请大家选择一个相对舒适的坐姿，轻轻地闭上双眼。随着这美妙的旋律，逐渐放慢我们呼吸的节奏，放松我们的面部表情，舒展眉心。

接下来——

我们来到了一个幸福的世界。

我仿佛看见了绿树和红玫瑰，

我看见它们为你我而生长、绽放。

我仿佛看见了蓝天和白云，

我仿佛看到了明亮而幸运的白天，深邃而深沉的夜晚。

天上彩虹的颜色如此美丽，

映照在人们的脸上。

我看见朋友们握手问好，点头微笑，

他们在说：我爱你！

我不禁想到，这是一个多么幸福的世界！

……

此刻，让我们抛开所有紧张、烦恼和不安的情绪，让我们的心变得平静、祥和。想象自己躺在舒服、柔软的草坪上，仰望着湛蓝的天空。想一想：有哪些人、事、物曾让你感受到满满的幸福？

请你带着此刻的感受和思绪回到教室里来，慢慢睁开双眼，感受一下这明亮的世界，试着把刚刚看到的人、事、物呈现在学案纸上。

第三章

人际关系

人际关系单元的主要目标是帮助学生深入理解人际关系的内涵，掌握人际关系的技巧，提升他们在人际交往中的自我认知与沟通能力。通过学习，学生能明确自己在人际关系中的优势和不足，也能提升自己的人际交往技能。这些都有助于青少年更好地适应社交环境，建立稳定的人际关系网络，为未来的成长和发展奠定坚实基础。

在人际关系单元中，常见的心理课主题包括自我认知与人际交往、有效沟通与倾听、处理冲突与建立信任、团队协作等。这些主题旨在引导学生全面认识自己的人际关系，在人际交往中保持真实与自信；掌握沟通技巧和冲突解决策略，更加从容地应对各种人际关系挑战。

随着自我意识的进一步增强，高中生更加独立、成熟，能更加清晰地认识到自己的兴趣、价值观和目标，因此在人际交往中也表现出更加明确的个人选择偏好。他们渴望建立更加稳定、深入的人际关系，也渴望得到他人的理解和支持，以应对学业、情感等方面的挑战。《我和同伴的相处——OH 卡故事会》以"OH 卡故事会"的形式，引导学生觉察和自省自己与好友的交往状态，鼓励学生在与同伴交往时收获积极情绪，提升交友能力。《人际关系中的隐形弹幕》引入"投射"这一心理概念，用"弹幕"的方式使之具象化，让学生学会为自己的语言负责，也学会保护自己，不为他人所伤。《青春修炼秘籍——人际交往边界》选择心理距离和空间距离作为人际交往边界的维度，帮助同学们找到自己与他人交往的边界。《解密爱情》通过研发"爱情药水"，引导学生形成对爱的认识，获得为爱成长的积极能量。《沟通，让我们更好地享受爱》围绕亲子沟通中的问题，引导学生在与家人的沟通中充分发挥自己的主体性，调动学生学习相应沟通技巧的积极性。

本单元呈现了具体生动的课例，旨在帮助学生提升人际交往的积极性与主动性，掌握人际交往的技巧，提升处理人际关系的能力。希望老师们在获得教学素材和启示的同时，能更好地关注学生的个性化需求，注重学生情感与认知的双重培养，拓展学生人际关系的边界与视野，培养学生的自主性、责任感与同理心。我们相信，通过课堂学习和生活实践，学生能建立起更加健康、高质量的人际关系网络。

我和同伴的相处——OH 卡故事会

中国科学院附属实验学校　刘硕

【驱动问题】

如何培养学生在人际交往过程中的反思能力？

【基本信息】

适用学段：高中一年级

准备道具：OH 卡

【设计思路】

《中小学心理健康教育指导纲要（2012 年修订）》指出，高中心理健康教育的主要内容包括引导学生正确认识自己的人际关系状况，培养人际沟通能力，促进人际间的积极情感反应和体验。高中阶段是学生心理发展的关键阶段，他们的自主意识会进一步发展，但也会面临不安和焦躁的情绪。此时学生需要亲密的朋友，在与朋友的相处中消解自身烦恼。随着年龄的增长，来自朋友的支持和陪伴对学生的重要性有时甚至会超越父母和师长的关怀。

好朋友往往在彼此间分享秘密，学生在与朋友的相处中能够更好地认识自己的内心世界，更好地了解自己，这对学生的心理发展有积极意义。但是在高一时期，学生跟其他同学刚认识不久，还未成为亲密的伙伴，也常常感到现有的人际关系不能满足自己的心理需求。此时，教师很有必要对学生进行人际交往培训，让他们能在与同学交往中获得更多的积极情绪，提高生活满意度，有效地面对学业和生活的挑战。

本节课在教学中借助 OH 卡（潜意识投射卡）不同图案和文字的组合，激发学生的创造力和想象力，促进学生认知发展，增强自我觉察意识。

【教学目标】

1. 情感目标：觉察与好朋友相处带来的愉悦感受。

2. 认知目标：思考自己会选择什么样的人做朋友。

3. 行为目标：了解解决人际矛盾的方法，运用所学知识尝试解决人际交往中的问题。

【教学思路】

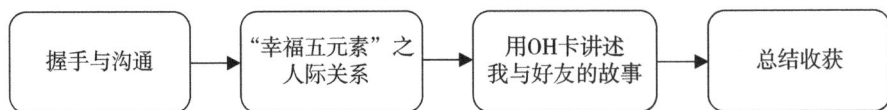

握手与沟通 → "幸福五元素"之人际关系 → 用OH卡讲述我与好友的故事 → 总结收获

【教学过程】

一、握手与沟通（5分钟）

老师：我们做一个叫"握手与沟通"的热身活动。请大家按小组围坐，先和自己左边的人组成搭档。请你和搭档面对面伸出右手、相握，闭上眼睛感受握手的感觉30秒，然后睁开眼睛，保持握手状态，再向对方做一个简单的自我介绍，或者表达一句你想跟对方说的话，如介绍你的兴趣爱好、你此时的心情、产生这一心情的原因等。当你和搭档完成任务后，请你再和自己右边的人组成搭档重复任务。

学生进行活动。

老师：在握手中，你有什么感受？

学生举手回答问题。

教师小结： 在活动中，看得出大家很开心，通过和搭档握手、倾听、微笑，大家一定感觉彼此之间的关系又近了一步。大家喜欢这样的活动，是因为在互动中大家感受到了他人的温暖和善意。在这节课上，我们一起来使用OH卡诉说我与好友的故事。

设计意图： 用握手与沟通活动促进同学之间两两互动，调动学生参与课堂的积极性，并引出本节课的主题。

二、"幸福五元素"之人际关系（5分钟）

老师：在和好朋友交往的过程中，你最看重对方的什么品质、特点或行为呢？我们先一起来听听小王怎么说（播放自制视频《我和我的好朋友》）。

视频简介：小王同学举着一张 OH 卡，里面有两个并肩一起往前走的人。小王说，这让他想到，他的好朋友会在他考得不好时给他安慰，教他一些学习方法。

老师：你认为人为什么需要好朋友？

学生举手回答问题。

教师小结：积极心理学之父马丁·塞利格曼研究发现，幸福由五个元素构成，而人际关系就是其中的一个，它能够提升我们的幸福感。就像同学们说的那样，在你快乐时，有人能够分享；在你痛苦时，有人能够分担；在你遇到困难时，有人能给你帮助；在你气馁时，有人能给你鼓励；在你忧伤时，有人能给你安慰。这些都体现了好朋友的重要性。

设计意图：以小王同学讲述好朋友给他带来温暖的故事为例，结合积极心理学中的"幸福五元素"理论，引导学生认识到人际关系的作用，说明本节课的意义和必要性。

三、用 OH 卡讲述我与好友的故事（30 分钟）

老师：同学们，你会选择什么样的人成为你的好朋友？你和好朋友之间发生了什么样的故事？每组桌上有一套卡牌，请大家每人抽取一张，描述卡牌的内容，以及卡牌让你想到的自己与好朋友的故事。

学生抽取卡牌，思考后举手回答。

事例 1：菲菲抽中的卡牌画面是一个穿红色衣服的人和一个穿绿衣服的人正手拉手玩耍，她想到的是自己和好朋友在假期里一起出去玩，一起出去旅游，她们的友谊已经持续了 8 年。

老师：菲菲和好友的相处给我们什么启示？是什么因素让她们的友谊持续那么多年？

学生思考并回答。

老师：我们会选择什么样的人成为朋友？大家的答案有一些共同的地方，如相似性（外貌、价值观、兴趣等）或互补性（性格不同的人相处时可以进行互补）。

事例 2：小李抽到的卡牌画面是一个英雄，头戴红帽子，身披斗篷，右手高高举起一个发光的东西，他想到的是曾和朋友一起策划一部话剧的过程。在那部话剧的剧情中，小李扮演的角色被坏人打死了。小李想出现在后续剧情里，因此希望角色赶快复活，可是朋友认为故事情节曲折才有吸引力，该角色还不是复活的时候，因此不让小李复活。

老师：小李和朋友在相处中出现了意见不一致的情况，如果你是小李，你会怎么解决？

学生思考并回答。

老师：在和朋友的相处过程中，我们难免会出现分歧。这时，我们要注意聆听朋友的意见，在和朋友交谈的过程中关注朋友的反应，确保你们彼此明白了对方的意思。你若不确定，可以试着重复他所说的话，或者询问他对你所表达的意思是如何理解的。有效的沟通是人与人之间和睦相处的关键。在一个良好的沟通过程中，你能清楚地知道并表达自己的感受，也可以较好地理解他人的感受。

事例 3：玥玥抽到的卡牌画面是两个人一个往左走，一个往右走，渐行渐远，她想起了和一位朋友发生过的"悲欢离合"。玥玥曾被那位朋友背叛过，开始时她很伤心，后来过了一段时间，她认为这次交朋友的经验使她能更好地看清楚一个人，帮助她及时止损。

老师：我们在人际交往中不可避免地会遇到关系破裂的情况，这时应该怎么办呢？

学生思考并回答。

老师：如果你是玥玥，对你来说，失去这段友谊意味着什么？对那个朋友来说，她又失去了什么？当过去很久之后再来看这段关系时，你会有什么感受？

学生从多个视角补充答案。

教师小结：当我们以多个视角来看待关系破裂这个问题时，就会产生不同的情绪和看法。在我们结交的众多朋友中，难免会有几位朋友不能陪我们一起走下去，但我们可以在这种事情发生之前，与朋友就两人之间的冲突进行沟通，两人相互倾听，换位思考。

设计意图：借助 OH 卡让学生讲述自己与好朋友的故事，课程给予学生分享、讨论、反思、总结的机会。OH 卡的画面内容涉及选择朋友、维持友谊、放弃朋友三个不同话题，教师结合 OH 卡为学生讲述遇到问题时的处理方法。

四、总结收获（5分钟）

老师让学生用一句话总结本节课内容，谈谈这节课带给他们的触动。

教师小结：感谢同学们分享了很多关于自己和朋友的故事，给我们带来了温暖和力量。在朋友关系中，你需要觉察自己在关系中处于什么角色、你的状态怎样、你朋友的心情怎样、他处于什么角色，等等。人际交往的双方都应该从交往中感受到愉悦，此时如果有一方觉得不舒服，那朋友之间就要沟通，在观点上达成一致，进而解决问题。祝愿同学们都能找到适合自己的好朋友！

设计意图：总结课堂，鼓励学生察觉自己的交友状态，将本节课所学到的方法运用在自己的人际交往中。

【课程迭代】

本节课最终版本在多个方面进行了优化。首先，热身活动新颖、有趣且富含深意，旨在通过让学生利用肢体语言，如握手，营造和谐的课堂氛围。笔者通过课前访谈了解到，学生之间分享心情能够拉近彼此之间的距离，平常只有关系很好的同学之间才会分享心情和产生该心情的原因。因此笔者设计了这一环节，让学生问好后至少和两位同学分享自己的心情，以增进他们的人际关系。课后学生纷纷表示，这个活动拉近了彼此之间的距离，给人以温暖的感受。其次，课堂语言更加精简、精炼，特别是在"用 OH 卡讲述我与好友的故事"环节，最终版本减少了教师冗长的讲授，突出了课堂重点。最后，课堂将抽 OH 卡讲故事的活动也进行了改进，通过减少选牌数量，缩短了分享时间，提高了课堂效率，使学生能更专注地分析自己的交友模式。

【教学反思】

本节课应用 OH 卡，提高了学生课堂活动的参与性，使学生能够积极投入讨论和分享，用自己的思考去分析和解决问题。课程通过让学生讲述自己和好友的故事，引导学生觉察、自省自己与好友的交往状态，提升学生的交友能力，促使教学目标的达成。

本节课营造了温暖的课堂氛围。例如，在导入环节中，学生能在与同学的握手活动中感觉到温暖；在"用 OH 卡讲述我与好友的故事"环节，学生能回忆自己与朋友之间的暖心故事。学生亲身经历的真实故事在课堂上营造了暖心和谐的氛围，让他们更愿意打开心扉进行分享。

本节课对教师掌握 OH 卡的熟练度有一定要求。一方面，教师自身需要对 OH 卡有一定了解，这样才能在实际授课过程中，较好地引导学生从 OH 卡中联想、反思自身经历。另一方面，卡牌内容要贴合人际关系这一主题，能够涉及人际交往的不同话题，教师需要有针对性地选取 OH 卡。

【专家点评】

本节课的亮点主要体现在以下三个方面。

1. 本节课主题所选择的载体新颖独特，极大地激发了学生的好奇心和探索欲。OH 卡本身就是一种投射工具，对高中生来说，它正好可以让学生将自己平时不愿意表达出来的内隐想法通过对卡片的描述与同伴进行交流。

2. 课程资源丰富、活动形式多样。本节课利用互动游戏、视频、书籍等方式开拓学生的思维，扩大课堂的实体空间，让学生能在更加广阔的视角中理解、体会人际交往这一话题。同时，教师不断地转换课堂教学资源，这能够帮助学生及时地调整注意力，使学生的注意力一直聚焦在课堂学习上。

3. 教学设计以学生为中心，把课堂真正地还给了学生。通过生生互动、师生交流、学生反思等形式，给学生充分的空间表达自己的想法和感悟。

（点评嘉宾：张馨尹，北京师范大学朝阳附属学校心理教师，朝阳区兼职心理教研员）

该课曾作为北京市朝阳区教委心理健康教育公共专题全区公开录播课

人际关系中的隐形弹幕

广东省广州市财经商贸职业学校　林小丽　曾斯婷

【驱动问题】

如何减少因他人的负面评价而产生的负面情绪？

【基本信息】

适用学段：高中一年级

准备道具：学案纸

【设计思路】

人之所以会有很多烦恼，很大一部分原因是我们太在意他人对自己的评价。

本节课引入"投射"这一心理概念。投射就是人们将自己的情感、态度或欲望投射到他人或外部事物上，以此来认识和理解世界[1]。用"弹幕"的方式将投射具象化，可以让学生了解到：人作为一种社会性动物，天然的社交属性促使人们对他人产生评价和看法；投射既是我们和他人合作、理解他人的基础，也是我们彼此之间产生误解的原因。我们会对他人产生评价，也会受到他人的评价，这是人拥有的一种社交能力。当学生有了这样的认知基础，他们对负面评价的耐受力自然就会提高，敏感度也会降低。本节课选取了学生日常生活情境中的负面投射案例，通过角色扮演、现场模拟、榜样案例等方式，引导学生学会为自己对他人的投射行为负责，也学会保护自己，不为他人的投射所伤[2]。

【教学目标】

1.情感目标：对投射现象有更高的警觉度和接纳度，减少因为他人负面评价而产生的负面情绪。

2.认知目标：了解投射现象及投射的"冰山模型"，理解投射是人际关系中误解的源头。

3.行为目标：能够识别人际关系中的投射现象，为自己对他人的投射行为负责。

【教学思路】

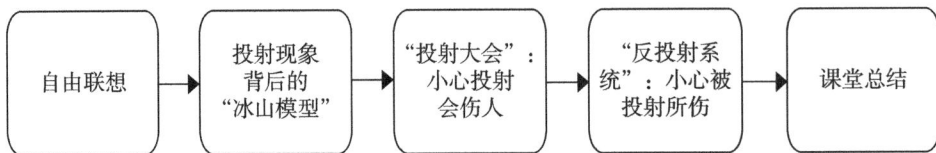

【教学过程】

一、自由联想（4分钟）

老师：欢迎大家来到今天的心理课堂。首先，请大家充分调动想象力，根据你的第一想法完成"如果我是……我会……"的造句，示例如下。

如果我是<u>哆啦A梦</u>，我会_____。

如果我是<u>猪八戒</u>，我会_____。

如果我是<u>孙悟空</u>，我会_____。

学生用1分钟时间思考并回答问题。

教师小结：刚才同学们在回答"我会……"的时候，更多代入的是该角色本身的设定还是自己的愿望呢？我们有时会代入角色本身的设定，有时也会代入自己的愿望、观点和情感。人类本能地会使用自己的经验、感受去猜测他人，心理学家把这种行为称为"投射现象"。

设计意图：通过自由联想活动激发学生兴趣，引导学生认识到有时候我们会本能地用自己的经验、感受去猜测他人，从而引出课堂主题。

二、投射现象背后的"冰山模型"（8分钟）

老师：同学们平时看视频网站时都会看到很多视频弹幕，弹幕代表的是其他观众对该视频的评价，而这些弹幕会影响我们对视频的看法。网友的弹幕可以让我们了解到网友的观点、态度和价值观，而投射其实就可以理解成一种隐形的弹幕。那么，投射代表着什么呢？让我们观看视频来了解一下投射背后的"冰山模型"。

学生观看一段有关罗夏墨迹测验的视频。

视频简介：房间里有一群小孩在做罗夏墨迹测验。他们在面对同一幅图时，男孩

A说："我看到了爸爸的汽车、爸爸的船、爸爸的飞机、爸爸给妈妈买的大衣。"男孩B说："我不知道，我没有复习，看形状，可能是一个日期？"男孩C说："一个小男孩发现了一颗种子，并种下了它。小种子发芽了，长成了一个小宝宝，不断成长，直到长成一个巨人。巨人抓到小男孩，把他活活吞掉了。"

老师：心理学家用"冰山理论"来解释一个人语言、行为背后隐藏着的深层次原因。所以，如果你是视频中的心理医生，你会猜测三个男孩"投射"的冰山下面分别是什么？

学生在学案纸上填写"投射现象背后的冰山模型"部分，并在小组内分享，最后派出代表在班级内分享。

教师小结：面对同样一幅图，每个男孩"投射"出的内容完全不同，有的是家庭环境，有的是对考试的恐惧，还有的是对一件事的担心。这是因为他们冰山之下的家庭、情感、生活经历不一样。每个人的投射就像一座冰山，我们彼此都只能看到他人冰山之上的外显部分，而看不见处于冰山下面的部分。因此，人际交往中我们很容易对其他人的行为产生误解。

设计意图：通过对罗夏墨迹测验视频里三个男孩言语的分析，引出投射现象的"冰山模型"，引导学生理解个体在投射现象中的差异性。

三、"投射大会"：小心投射会伤人（15分钟）

老师：在人际互动中，我们会有三种不同的感受：正面、负面和中性。当你产生了正面感受时，你会倾向于对对方做出积极判断，这称之为"正面投射"；当你产生了负面感受时，你会倾向于对这一现象做出负面解释，这称之为"负面投射"。接下来，老师给大家呈现四个学生的人物背景故事。请同学们分别扮演"投射天使"和"投射恶魔"，以小组为单位分别写上对这些同学的正面投射和负面投射。写完后，我们在课堂上召开"投射大会"。

人物背景故事1：小明上课积极活跃，经常举手回答老师的问题。他也很喜欢接老师的话茬，在课堂上发表自己的观点。

人物背景故事2：小华是个男生，但是他说话声音尖细，平时喜欢和女生一起玩。

人物背景故事3：小兰的家庭经济条件很困难，生活费和学费都来自他人资助。

人物背景故事4：小晨由于得过小儿麻痹症，走路一瘸一拐的。

学生以小组为单位阅读拿到的人物背景故事，在黄色便利贴上写出负面投射，贴在学案纸"投射恶魔"处；在粉色便利贴上写出正面投射，贴在学案纸"投射天使"处。之后，小组派代表在全班面前分享。

老师：请小组通过抽签分别选出扮演小明、小华、小兰、小晨的同学，站到讲台上。我想采访一下这些同学，当你听到负面投射时，你的心情如何？你会想些什么？当你听到正面投射时，你又有什么样的感受，什么样的想法？

学生根据自己的真实感受回答。

教师小结：从同学们的回答中我们可以看出，负面投射会伤人。来自他人的负面投射会让我们感到愤怒、悲伤、自卑、难过。因而，我们也要警惕自己大脑里产生的对他人含有负面投射的"隐形弹幕"，当你知晓它可能会伤害他人时，就不要点击发送。但是我们也知道，学习和生活中我们难免会遇到他人给我们的负面投射，那么此时我们该怎么办呢？

设计意图：通过"投射大会"中的"投射天使"与"投射恶魔"两个角色，引导学生通过实例了解正面投射和负面投射，识别人际关系中的投射现象，觉察投射的两面性，学会为自己的投射行为负责。

四、"反投射系统"：小心被投射所伤（12分钟）

老师：我平时在看视频时会有一个习惯——关闭弹幕，这样就能不受他人干扰，沉浸在自己喜欢的剧情中。但是在日常生活中，负面投射无处不在。我们可以建立一个"反投射系统"，帮助我们免受他人干扰。接下来，我们将通过以下两个故事来学习如何建立自己的"反投射系统"。

故事1：A和B是好朋友。一天，A问B："你看看我像什么啊？"B回答说："我看你像尊佛。"A听后大笑，对B说："你坐在那儿就像一摊牛粪。"A回家就在自己妹妹面前炫耀这件事，他妹妹对他说："B说看你像尊佛，那说明他心中有尊佛；你说他像牛粪，想想你心里有什么吧！"

故事2：一位教师在网络上出名以后，有段时间他遭受了一些网友的攻击，心情很沮丧。当他和一个朋友抱怨他的遭遇时，那个朋友提醒他，过度的表扬和过分的批评都是一种误解，人生充满着误解，能接受好的误解，却不能接受坏的误解，这本身就是一种逻辑不自洽的表现。这位老师豁然开朗，原来误解是人生常态，理解反而才是稀缺的例外。

老师：我们结合前面学的投射的"冰山模型"和故事1分析可以得出，"反投射系统"的第一只眼指的是，我们要看见他人的投射背后可能是什么。结合故事2分析，我们可以得出"反投射系统"的第二只眼指的是，我们要看见真实的自己是什么样的。当我们坚定真实的自己是什么样的时，我们就不会轻易被他人的投射所伤。请同学们任选前面我们提到的负面投射的事例，或者回忆自己曾经被负面投射所伤的故事，然后用"反投射系统"的"两只眼"去分析该事例。

学生在学案纸上写出负面投射事例，并完成"反投射系统"的制造，在班级内分享。

教师小结： 投射就像弹幕一样，有点赞、有谩骂、有"打酱油路过"、有"看热闹"，它们熙熙攘攘，密密麻麻。但请不要忘了：你生活舞台的主角是你。你正在做什么，以及你想做什么，这些才是最重要的。如果演员不专注角色本身，而是沉迷于和弹幕外的观众互动，这就出戏了。别忘了你还有一个关闭弹幕的按钮，你可以随时关闭它。

设计意图： 通过两个故事学习"反投射系统"两只眼睛的作用，引导学生结合实际的负面投射事例，制造自己的反投射系统，学会保护自己，不为投射所伤，以更好、更积极地应对人际关系中的偏见和误解。

五、课堂总结（1分钟）

老师：投射是我们大脑自动化思维的产物，它由大脑自动产生，我们自己无法控制。但投射的最终解释权在我们自己手上。每个人有自己的投射自由，但也要为自己的投射行为负责。同时，我们每个人也都难免会遭遇"负面投射之箭"，我们也要学会启动自己的"反投射系统"，关闭恶意的弹幕，专注自己的人生剧情。

【课程迭代】

本节课经过多次打磨，最终版更贴近学生实际生活，也更具有应用价值。之前的版本中，课堂更重视诠释"冰山模型"，使学生理解投射背后的行为原因，这导致课堂中理论讲解部分偏多，课堂较为乏味枯燥。通过对学生想法的调查了解，笔者将课堂环节更改为举行"投射大会"，并在大会中选取学生在人际关系中真实感受到偏见和误解的例子，让学生在代入角色的过程中更能感受到负面投射带来的伤害。在"反投射系统"活动中,课堂之前的版本较抽象和枯燥,教师只是在告知学生应对负面投射的方法,而最终版本将"反投射系统"具象化为两只眼睛,并结合两个故事,使学生能够更形象生动地理解"反投射系统"的内容和作用,帮助学生掌握"反投射系统"的两大方法,引导学生学会积极应对来自他人的偏见和误解。

【 教学反思 】

从教学设计来说,本节课区别于常规心理课的一点是,不再讨论人际关系方法论等内容,而是从关系层面诠释"投射"这一现象。很多时候人际关系的问题并不出在沟通内容本身,而是由彼此对沟通内容理解的偏差所致。当我们对他人有了更多理解后,也就更能理解我们之间的关系。本节课从"冰山理论"出发,向学生解释了误会和偏见本质上是一种负面投射。"投射"是大脑自动化思维的产物,但是我们可以通过觉察和反思去避免自己的负面投射伤害他人,也避免自己被他人所伤。

从课堂氛围来说,本节课始终站在中立的角度去看待人际关系中的投射和被投射现象,为学生营造一种安全的课堂氛围。课堂没有让学生去判断这些投射是否正确,而是让学生接纳投射,认识到自己应该对自己的投射行为负责,引导学生以一种客观理性的视角去看待人际关系中的误解和偏见。这样安排教学环节,使学生不会因为自己曾产生类似的投射行为而感到有压力,而是更加专注于对自身投射行为的觉察和反思。

从学生学情来说,高一年级的学生已经具备一定程度的自省能力,已经拥有独立思考和判断的能力,同时也开始关注自己的内心世界和自我价值。在人际交往方面,他们需要的不单是道德的说教和简单的交友方法论,还需要了解自己和其他人做出某些行为的原因。简单来说,他们需要理解人际交往过程中的一些现象是怎么回事,理解交往过程中的偏见和误解是如何发生的。

【 专家点评 】

本节课的亮点主要体现在以下三个方面。

1.教学目的"实","实"在专业、深刻。投射效应是心理学上一种认知心理偏差现象。要把该概念讲准、讲透,引导学生辩证地、一分为二地去看待自己和他人,教师需要有深厚的专业知识背景。本节课通过自由联想活动,帮助学生有效参与到代入角色、感受投射的过程中，成功激发学生学习的兴趣。此外，学生通过了解罗夏墨迹测验，感悟不同的人在对待同一件事时，产生不同投射的背后原因。将高深的心理学原理逐步拆解后，"冰山理论"的深刻内涵就很好理解了。

2.课堂环节"实"，"实"在紧凑、有用。整个课堂的中心教学环节安排紧凑，"冰山理论"学习、"投射大会"和"反投射系统"三个部分的重点教学任务一气呵成，课程逻辑结构清晰、环环相扣，能促使教师有效开展课堂教学，引导学生深入思考。

3.活动设计"实"，"实"在觉察、反思。在课程设计的两个活动"投射大会"和"反投射系统"中，教师的问题设置能控制在学生的最近发展区，所设置的问题都是发展学生高阶思维的关键问题。"投射天使"与"投射恶魔"形象的创设，体现了辩证、一分为二的思维方式，它能很好地帮助学生觉察投射的两面性。"两只眼睛"的设定促进学生反思过往经验，为日后解决类似问题筑建新的心理基础。

（点评嘉宾：潘虹，广州市财经职业学校学生科副科长，

广州市特约心理教研员）

【参考文献】

［1］袁章奎.中小学心理教育中投射辅助类工具的应用与发展［J］.教育与装备研究，2016
　　（12）：16-19.
［2］张艳.高中生涯规划课程中表达型心理投射技术的应用［J］.中小学心理健康教育，2020
　　（17）：26-29.

【学案纸】

人际关系中的隐形弹幕

姓名：_____ 班级：_____ 学号：_____

一、投射现象背后的"冰山模型"

人物	冰山的表面—— 小男孩看到了什么	冰山的下面—— 小男孩可能有什么经历、欲望、情感
男孩 A	爸爸的汽车、爸爸的船、爸爸的飞机、爸爸给妈妈买的大衣	
男孩 B	污渍、日期	
男孩 C	一个小男孩被吃掉的故事	

二、"投射大会"

投射天使	投射恶魔

三、"反投射系统"

写出你曾经被负面投射所伤的事件，并运用"反投射系统"的"两只眼睛"分析这件事。

事件：（因为什么事？对方说了什么话？）

_____

_____

_____

第一只眼：看见他人投射背后可能是什么。

第二只眼：看见真实的自己是什么样的。

青春修炼秘籍——人际交往边界

广东省佛山市第一中学　蓝伊琳

东南大学　谢真语

【驱动问题】

如何引导学生探索自己的人际交往边界？

【基本信息】

适用学段：高中一年级

准备道具：学案纸

【设计思路】

《中小学心理健康教育指导纲要（2012年修订）》提到，高中心理健康教育要帮助学生正确认识自己的人际关系状况，培养人际沟通能力，促进人际间的积极情感反应和体验。美国心理学家爱德华·霍尔提出了"人类空间关系学"，他划分了人际交往的四种距离，各种距离都与双方关系的亲密程度相关联[1]。基于上述人际关系理论，本节课关注人际关系中的交往距离。课程首先通过人际交往的热身活动引出日常生活中的人际交往边界，然后选择心理距离和空间距离作为探索人际交往边界的维度，并引入时间距离作为扩展，来帮助学生思考人际关系距离在情感、态度和行为上的体现，最终帮助学生找到自己与他人的人际交往边界。

【教学目标】

1.情感目标：体验不同亲密程度的人际关系所带来的感受，提升人际交往的边界感。

2.认知目标：明白空间和时间维度会影响人际关系的亲疏，觉察自己人际关系圈的状况与人际交往的边界。

3.行为目标：学会处理因人际交往边界引发的人际冲突问题，并尝试找到让自己感到舒适的人际交往边界。

【教学思路】

坐标对对碰 → 绘制"人际坐标图" → 人际坐标动图 → 做人际关系的"棋手"

【教学过程】

一、坐标对对碰（5分钟）

老师：同学们好久不见，平时大家都是怎么打招呼的？（老师邀请2～3个学生现场示范）接下来我们来看看不同国家的人是如何打招呼的吧！（老师呈现视频）

视频简介：各国人民打招呼的方式，包括点头、握手、贴脸、拥抱等。

老师：同学们，你们一般会用什么方式和身边的同学打招呼呢？我们现场演练一下。

老师播放音乐。音乐播放期间学生可以随意走动，并任意选择视频中的打招呼方式和其他同学问好，音乐结束前，每个学生应当和不少于10个同学打招呼。

老师：完成任务的同学请举手，接下来我要邀请几位同学来分享，你和所有人打招呼的方式一样吗？你选择了哪些打招呼的方式？有什么讲究吗？

学生举手回答。

教师小结：我们现在所处的这个空间，不仅有教室这一物理场，还有我们的人际关系场。在和他人打招呼的过程中，我们会发现，当面对不同的同学时，可能因为性别不同或关系的亲疏程度不同，我们打招呼的方式也是不同的。对打招呼方式的选择其实和我们与对方的人际交往边界有关。今天，我们将一起认识自己的人际关系状态和人际交往边界。

设计意图：通过热身活动活跃课堂气氛，引出主题。

二、绘制"人际坐标图"（10分钟）

老师：我们与他人相处的空间状态，揭示了我们与他人之间的互动关系。美国人类学家爱德华·霍尔提出了人际距离理论，即人与人之间面对面接触时，会保持不同的距离，距离分为亲密距离、个人距离、社交距离和公共距离等。如果将空间和心理作为两个重要的维度对你的人际关系进行定位，你会如何定位呢？请大家在学案纸上第一部分的"人际坐标图"里，填写你想到的伙伴的代号，并写下你们之间可以进行的行为活动或产生过的特别回忆，例如，一起手拉手出去玩，或者坐在一起都觉得很尴尬，等等。

学生完成后在组内进行分享。

教师小结：刚刚老师看到同学们都在不同坐标上写出了一些朋友的代号，也看到同学之间进行了分享。"人际坐标图"代表了你们自身的人际关系网，每个人的关系网都独一无二。

设计意图：通过自我探索和小组分享的方式，引导学生体验不同人际关系带来的感受，帮助学生觉察自己的人际关系状态。

三、人际坐标动图（15分钟）

老师：现在请同学们在你刚刚绘制的"人际坐标图"里选择一位同学，回忆你们刚认识时他所处的坐标位置。随着时间的变化，我们的友谊也会发生变化，人际关系是动态的。例如，我们和同班同学的心理距离、空间距离会随着时间的变化而变化，有可能距离越来越近，当然也有可能越来越远。面对这些变化，我们可以怎样应对呢？我们一起来看下面两个故事，讨论如何帮助主人公处理自己的人际边界问题（老师展示以下两个故事）。

故事1：小A有一个相处九年的好朋友，但是上高中后，自己和好朋友并不在同一所学校。又因为学业繁忙，两人联系的频率也少了很多，小A感觉和好朋友渐渐疏远了。后来，小A和这位朋友又因为误会而发生了矛盾，两人便不再联系，这让小A觉得非常难过。（亲密好友变成普通朋友）

故事2：高中分班以来，小B和小C是很好的朋友，他们一直一起吃饭，一起回宿舍。这学期，小C和隔壁班的小D也成了好朋友，但小B对小D很陌生。现在，一起吃饭、回宿舍的两个人变成了三个人。小C和小B的关系虽然依旧要好，但是小B每次看到小C和小D在自己身边畅聊，就觉得有些不是滋味，心情很复杂。（亲密好友多了其他好友）

学生在小组内头脑风暴，提出切实可行的方法。

老师：同学们在平时遇到过这样的情景吗？当时你们的感受如何？

学生分享感受。

老师：故事中主人公和朋友的关系为什么发生了变化？关系具体发生了怎样的变化？请左边的小组讨论故事 1，右边的小组讨论故事 2，每个小组有 6 分钟的讨论时间。大家以主人公小 A 和小 B 为第一视角，绘制故事中主要人物的"人际坐标图"，并标注坐标的变化。

学生在小组内讨论和分析。老师在黑板上画出"人际坐标图"，以便学生进行演练和分析，之后邀请小组代表在黑板上绘制故事中主要人物的"人际坐标图"，并分享绘制的理由。

老师：如果同学们可以移动黑板上定格的坐标位置，进而让小 A 和小 B 感到舒适，你会怎么移动呢？

学生举手发言。

教师小结：当我们遇到人际问题时，我们"人际坐标图"中人物的空间距离和心理距离也会发生变化。同样，空间距离和心理距离的变化也表明我们与朋友的关系发生了变化。我们可以在"人际坐标图"中清晰地看到一段关系的发展和变化。如果我们能主动调整人际坐标，则会使我们和朋友之间的相处更为融洽。

设计意图：通过小组讨论，引导学生理解"人际坐标图"，学会处理人际问题，并将处理方法运用于学习和生活中。

四、做人际关系的"棋手"（10 分钟）

老师介绍完成学案纸第二部分"人际交往'棋手'任务"的规则。

第一步：请你回忆并书写一个你曾经面对的人际关系问题，思考随着空间距离或者心理距离的疏远，你们的关系发生了什么样的变化，后来你们又是怎样处理的？如果没有发生人际关系问题，请你书写一个近期关于人际相处的烦恼。可以匿名。

第二步：在"人际坐标图"中标出你们关系的坐标变化及你期待发生的距离变化。

第三步：如果要达到这种期待，你可以在认知、行为和态度上做出哪些调整呢？

学生填写学案纸并分享。

教师小结：同学们，时间虽然不是人际交往的敌人，但是我们的关系确实会受到时间和空间距离的影响。厘清自己与他人的交往边界，能让我们都成为人际关系的"棋手"。

设计意图：使学生学会运用恰当的方式面对和处理人际关系中的问题，学以致用，进一步厘清自己的人际交往边界，和同学建立更健康、更和谐的人际关系。

【课程迭代】

本节课对学生在人际关系中普遍存在的困扰——"边界问题"——进行了深入探讨。为了让学生在安全、轻松的氛围中交流心得，笔者特意挑选了两个具有代表性的例子供学生讨论。这样做不仅能避免学生对自我暴露的担忧，为他们营造一个安全、无压力的讨论环境，同时还帮助学生更深入地理解自己生活中的人际关系，学会灵活调整人际边界。

与之前的版本相比，本节课变动最大的部分当属"人际坐标动图"环节。最初的设计中，笔者计划让学生分小组进行角色扮演，模拟处理友谊中的危机情境。然而，这一环节所需时间远超过 15 分钟，不利于课程的整体安排。同时，学生表演的剧情质量也参差不齐。于是，笔者对该环节进行了相应的调整，将其改为学生讨论并在黑板上演示人际坐标变化的方式，来展现友谊中可能出现的各种危机情境及其处理方式。这样的调整不仅节省了时间，更让每个学生都能成为人际关系中的主动参与者，仿佛是人际关系棋局中的"棋手"一般，深刻体验并理解人际关系中的互动性。通过这样的改变，课程能帮助学生更好地应对关系变化带来的挑战，提升他们处理人际关系的能力，在日常生活中建立更健康、更和谐的人际关系。

【教学反思】

高中生处理人际关系的能力相对较弱。在日常的心理辅导中，笔者接触到许多因为人际关系困扰的孩子，他们对友谊又渴望又依赖，但是又面临诸多问题，因此在心理课上引导学生探索自己的人际交往边界，帮助学生提升应对人际关系变化的能力具有重要意义。

本节课旨在让学生学会觉察自己人际关系圈的状况，寻找自己与他人的人际交往边界，并尝试解决自己遇到的人际关系问题。课程安排的活动十分有趣，引入的案例贴合学生学情，能够引起学生共鸣，促使教学目标的达成。同时，本节课充分利用团体的力量，使学生能够在小组讨论中，聚焦自身生活中的典型人际关系案例，共同寻找到适合自己的人际交往方式。课堂为学生的表达营造了接纳和安全的氛围，鼓励学生积极分享。

本节课存在一定的不足之处。第一，本节课需要学生深入探索自身的人际交往现状并反思自身遇到的人际交往问题，这对学生的任务理解能力和语言表达能力有较高的要求，在实际授课过程中，教师要为学生做好示范、耐心讲解。第二，本节课依据人际距离理论展开，引导学生对自身的"人际坐标图"进行探索，但由于"人际坐标图"是将抽象的"关系亲密度"以空间距离和心理距离的形式呈现，具有一定的绘制难度，因而可能会让一些学生感到无从下手。为此，教师可以在理论讲解部分举一些贴近班级生活的、生动形象的例子，帮助学生理解。同时，教师也要注意平时人际关系不良的孩子们的课堂反应，可以通过提前分组、亲自示范等方式来避免有些学生出现无人打招呼或无法融入小组活动的状况。

【专家点评】

1. 主题切入点契合学生心理发展需求，具有重要的现实意义。本节课从人际边界的角度切入，帮助学生认识自己的人际交往情况和人际相处边界，学会如何在日常生活中进行恰当的表达，落实了学生的现实需求。

2. 课程新颖。课程以空间距离和心理距离为不同的坐标维度，通过量化的方式，帮助学生评估自己的人际交往状态。课程紧紧围绕"人际坐标图"开展活动，从了解他人的人际危机情境到思考自身的人际变化，由人及己，将绘制与讨论相结合，充分探讨了人际交往边界的困境及解决办法。学生掌握"人际坐标图"的绘制方法后，也可以在日常生活中评估自己的人际交往状态，进而调整自己的人际交往边界，做到学以致用。

3. 本节课注重学科整合，培养学生核心素养。把数学的坐标系内容融合在心理课堂中也是本节课的一大亮点。

（点评嘉宾：缪祝意，广东省佛山市禅城区心理教研员）

【参考文献】

[1]李雁晨,周庭锐,周琇.解释水平理论：从时间距离到心理距离[J].心理科学进展,2009（4）：667-677.

【学案纸】

青春修炼秘籍——人际交往边界

姓名：_____　　班级：_____　　学号：_____

一、填写"人际坐标图"（空间和心理边界）

以心理距离和空间距离的亲疏远近作为评判标准，在各个区域填写相应的内容。填写的内容包括：你想到的可以填在该区域的朋友的名字、昵称或代号，你经常与你朋友交往互动的方式。

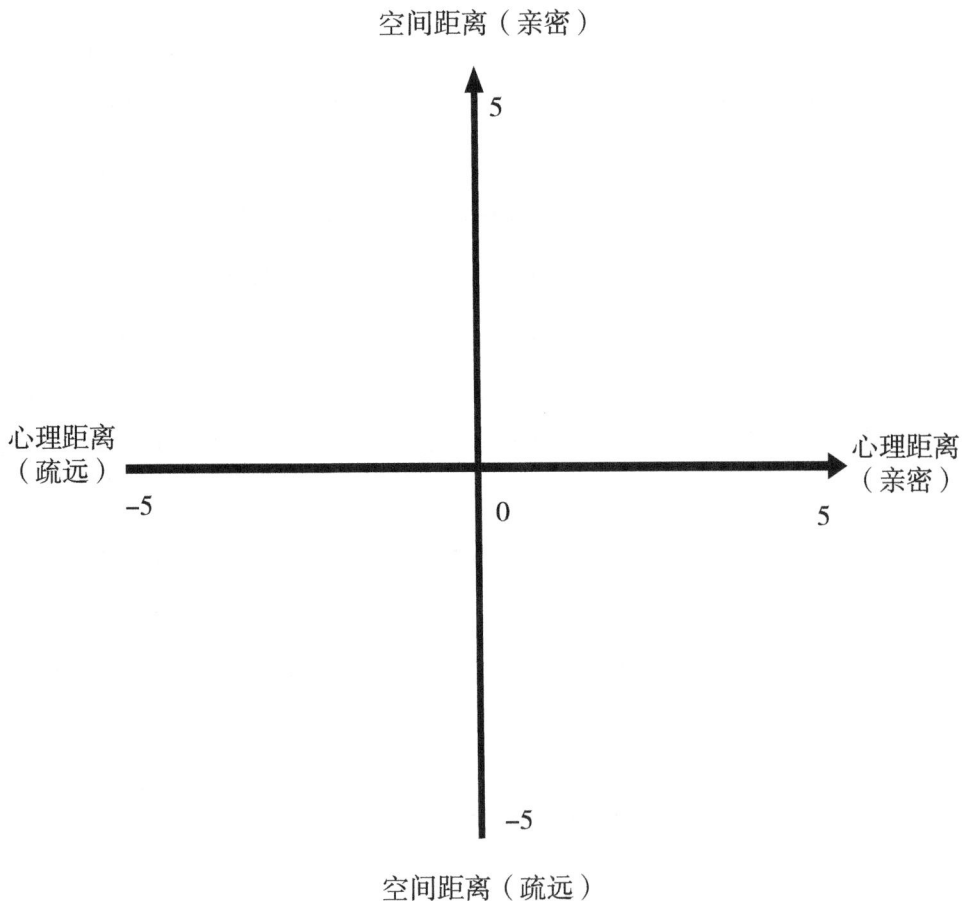

空间距离（亲密）

5

心理距离
（疏远）
-5

心理距离
（亲密）
5

0

-5

空间距离（疏远）

二、人际交往"棋手"任务

第一步：请你回忆并书写一个你曾经面对的人际关系问题，思考随着空间距离或心理距离的疏远，你们的关系发生了什么样的变化，后来你们又是怎样处理的？如果没有发生人际关系问题，请你书写一个近期关于人际相处的烦恼。

第二步：在下面的"人际坐标图"中标出你们关系的坐标变化及你期待发生的距离变化。

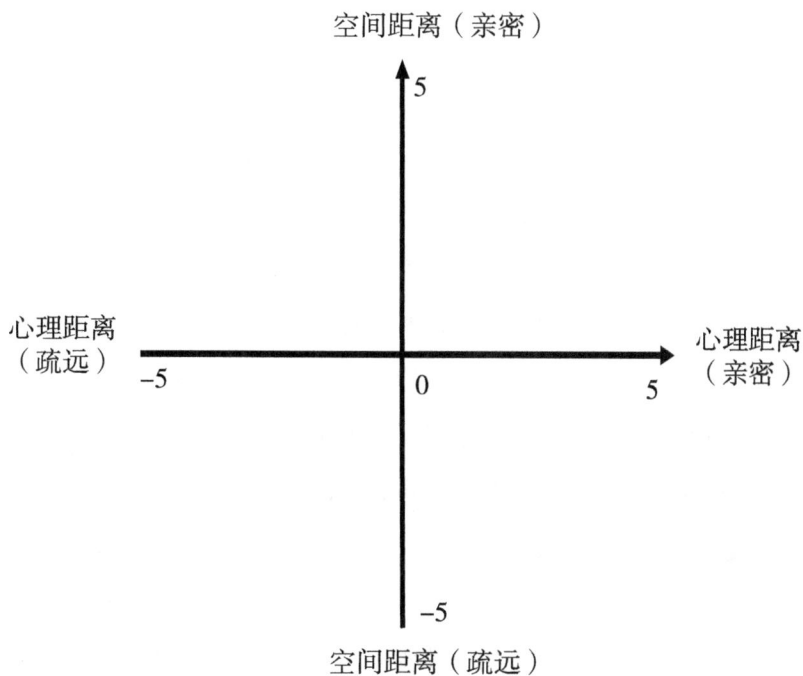

第三步：如果要达到这种期待，你可以在认知、行为和态度上做出哪些调整呢？

解密爱情

湖南省常德市第七中学　梁平

【驱动问题】

如何引导学生用更成熟的、全面的视角看待爱情？

【基本信息】

适用学段：高中二年级

准备道具：学案纸

【设计思路】

高中生生理发育日趋成熟，心理上也进入了爱慕异性的时期。在这一时期，他们渴望了解异性，对爱情充满好奇。在与异性交往的过程中，学生一方面会对异性产生好感或迷恋，另一方面又会因为爱情而感受到诸多烦恼。例如，学生可能会因为自身与爱慕对象之间的差距而感到自卑、迷茫和受挫。其实大部分时候，高中生对爱情的认识都很片面[1]。但在现实生活中，很少有家长、老师会和这个年纪的孩子来谈论什么是爱情。本节课旨在通过介绍美国心理学家罗伯特·斯滕伯格的"爱情三要素"理论，澄清和辨析爱情的概念，引导学生思考爱情的真谛，感受爱情中各要素的地位和作用，提高对爱情的理解，进而为学生今后的恋爱乃至婚姻幸福奠定正确的价值观基础[2]。

本节课设计遵循"认知建构—角色体验—观点辨析—情感升华"的基本思路，通过热身活动、欣赏视频、角色体验、讨论分享等方式，让学生在开放而安全的课堂环境中畅所欲言，碰撞思想和观点，在情境体验中领悟爱情的真谛，用更成熟、全面的视角看待爱情，构建积极的爱情观。

【教学目标】

1. 情感目标：在坦诚交流、观点碰撞中丰富对爱情的认识，构建积极的爱情观。

2. 认知目标：了解斯滕伯格的"爱情三要素"理论，理解爱情的内涵，明白迷恋与爱情的区别，学会用更成熟、全面的视角看待爱情。

3. 行为目标：保持对美好爱情的追求，思考爱情的真谛，为爱成长。

【教学思路】

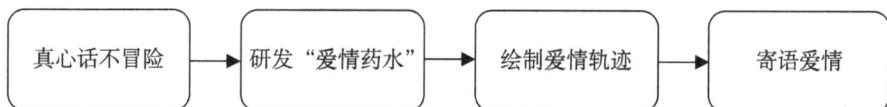

真心话不冒险 → 研发"爱情药水" → 绘制爱情轨迹 → 寄语爱情

【教学过程】

一、真心话不冒险（5分钟）

老师：我们先来做一个"真心话不冒险"活动，请大家听好活动规则。活动开始后，请大家闭上眼睛，我会提出以下几个问题，大家用手势做出回答。如果答案为是，请你把掌心朝向老师，如果答案为否，把掌心朝向自己。直到老师提问结束，你才可以睁开眼睛。

问题1：你是否憧憬过自己的爱情？

问题2：你是否有过心仪的异性？

问题3：你是否已经有过追求异性的行动？

学生闭眼，通过手势做出回答。

教师小结：回答第一个问题时，我看到大部分同学都是把掌心朝向老师，说明大家对爱情都会有所憧憬；回答第二个问题时，有一半同学掌心朝向老师，说明不少同学多多少少都经历过心动的感觉；回答第三个问题时，只有少部分同学掌心朝向老师，看来行动派毕竟是少数。由此可见，在我们心中，对异性的好感与好奇已经开始在心底悄悄发芽。在面对让自己怦然心动的异性时，也有同学可能已经想要品尝爱情的滋味。那么，爱情到底是什么？今天我们就一起来"解密爱情"。

设计意图：通过三个问题的设置，引发学生的好奇心，吸引学生的注意力。闭着眼睛回答问题的方式也保护了学生的隐私，营造了安全的活动氛围。另外，对爱情的提问也让学生意识到，其实大家都对爱情有憧憬或想象，这对青春期的学生来说是再正常不过的事情，为接下来的爱情探讨做好了铺垫。

二、研发"爱情药水"（15 分钟）

老师：小 A 同学从小痴迷于各种声音，他在高一时就迷上了同班女孩小 B 的声音，但是他很困惑。小 A 到底遇到了什么困惑呢？请同学们一起来看视频。

学生观看视频《从未有过的感觉》。

视频简介：小 A 是一个高一男生，他从小对各种声音着迷。在一次语文课上，他听到同班女孩小 B 朗读课文的声音，立刻着了迷。从那以后，他迷上了小 B 的声音。"不知怎么的，我被她的声音迷住了，对我来说，其他声音似乎变得不那么重要了。这种感觉，我还从来没有过。"他说，"真的，她的一举一动都那么吸引我。"

老师提出以下问题。学生发表自己的观点。

问题 1：小 A 对小 B 的感觉究竟是什么？

问题 2：迷恋和爱情有什么区别？

老师：有同学提到，迷恋可能是短暂的，爱情却是长久的。还有同学认为，迷恋是只能看到对方的光环，对对方的了解不够全面，而爱情是建立在双方彼此了解的基础上的，既欣赏对方的优点，也能接纳对方的不足。看来每个人都有对爱情的看法。如果要你来研发一种"爱情药水"，来给其他人解释爱情的滋味，那你会在药水中加入哪些成分？比如关心、渴望、冲动等。请同学们以小组为单位进行探讨。

学生以小组为单位进行讨论交流，小组记录员记下本小组同学提到的所有"爱情药水"的成分。

老师：看到每个小组都记了很多"爱情药水"成分，现在我将请小组派代表来说说，本小组都研发了哪些成分，并说明为什么是这些成分。

学生小组代表发表看法。

老师：每个人都希望爱情药水里面能包含很多美好的成分，如关心、承诺、陪伴等。可是现实中我们往往需要做出取舍，现在我们要对爱情药水的配方进行精简，只能留下三种成分，你会留下哪三种？为什么？

学生举手回答。

老师：在小组研发爱情药水及同学们的分享环节中，你有什么发现？请同学们来谈谈自己的看法。

学生举手回答，例如，有的学生发现每个人对爱情的理解不一样，在爱情中看重的成分也各有不同。

教师小结： 在讨论中我们进一步理解了爱情的内涵，也发现每个人对爱情的理解既有共性的地方，也有个性的部分。

设计意图： 引导学生从同龄人的故事出发探讨迷恋和爱情的区别，帮助学生明白迷恋与爱情的差异，在坦诚交流、观点碰撞中丰富学生对爱情的认识。

三、绘制爱情轨迹（20 分钟）

老师：刚刚我们都选择了"爱情药水"中自己认为最重要的三种成分，这三种成分其实也代表着我们对爱情的期望，以及希望从爱情中获得的心理满足。一份好的爱情到底是什么样的？让我们一起来了解美国心理学家罗伯特·斯滕伯格对爱情的研究。斯滕伯格提出过一个广为人知的"爱情三要素"理论。他认为，构成完美爱情的要素有三种——激情、亲密、承诺。激情是指我们会被对方的外貌、气质所吸引，亲密则是指两个人能够相互沟通，能够经常分享彼此的内心世界，并得到对方的接纳。两个人知己知彼、亲密无间、无话不谈，内心距离越来越近，终于有一天，双方愿意为对方承担责任，并与对方保持恒久专一的关系，这就是承诺。让我们走进英国诗人伊丽莎白·勃朗宁的爱情故事，一起看看爱情三要素中的激情、亲密、承诺都有哪些具体的表现。

故事简介：伊丽莎白从小就喜欢读书写作，13 岁就出版了自己的第一本诗集。但不幸的是，15 岁时，她从马背上摔落，脊椎受伤，从此终生瘫痪。快 40 岁时，她出版个人诗集后收到了一个名叫罗伯特·勃朗宁的青年诗人的来信。勃朗宁比伊丽莎白小 6 岁，他深爱伊丽莎白的诗集。之后两人一直维持书信来往。1845 年，两人终于见面了。之后罗伯特·勃朗宁就对伊丽莎白展开了热烈的追求，丝毫不介意她久病瘫痪在床。在罗伯特的爱与鼓励下，伊丽莎白创造了自己的奇迹，她开始离开蜷缩了多年的屋子，先是被人抱着下楼，接着可以在别人的搀扶下下楼。第二年的春天，在病床上躺了十几年的伊丽莎白可以自己走到大街上了，爱情创造了生命奇迹。勃朗宁夫妇在一起度过了十几年的幸福生活，在她临终前，她并没多大病痛，也没有预感，只是觉得疲倦，于是她就依偎在爱人怀中永远睡去了。

学生举手发表自己的看法。老师在学生发表的观点基础上，对激情、亲密、承诺的具体表现做以下小结。

① 激情是生理层面，具体表现有外表、气质、魅力等。

② 亲密是心理层面，具体表现有沟通、支持、接纳、陪伴等。

③ 承诺是社会层面，具体表现有担当、责任、专一等。

老师：你们认为激情、亲密、承诺三要素在一段健康成熟的爱情中会如何发展？请大家以时间为横坐标，以三要素的发展程度为纵坐标，画一画这三者在爱情中的发展轨迹。

学生展示自己画的激情、亲密、承诺三要素在爱情中的发展轨迹，举手分享自己的观点。

老师：一般来说，激情在初见时感受最高，会随着时间流逝而下降，但激情的消退并不代表爱情消失。在一份好的爱情中，亲密和承诺随着交往的深入会升高，并能稳定在一个较高的水平，这种亲密和承诺会更深地连接彼此。"恋人"+"朋友"的关系将使爱情更为"牢固"，高质量的婚姻通常以可靠的伴侣型爱情为基础。基于斯滕伯格的爱情三要素，请同学们思考，高中阶段的我们能否满足双方对激情、亲密和承诺的需求？能否发展全面的爱情？

学生举手发表自己的看法。

教师小结： 刚刚很多同学都提到，高中阶段我们难以向对方做出负责任的承诺，因为承诺不只是口头的，还应在行动上具备履行承诺的能力。高中阶段的我们不管生理还是心理都还没有完全发育成熟，经济未独立，对未来的规划也还不确定，想法随时都能发生变化。现在说承诺，可能比较虚幻。但此时我们可以一起思考爱情的真谛，发展自己的美好品格，使自己成为一个更值得被爱的人，也为未来的自己能够承担一份完美爱情而蓄能。

设计意图： 设计"绘制爱情轨迹"环节，带领学生对爱情三要素进行更深入的思考，引导学生看到三要素在爱情发展中的变化，以及爱情中三要素的作用与影响，学会用更成熟、全面的视角看待爱情。

四、寄语爱情（5分钟）

老师：请每位同学写下你对爱情的新认识，以及对未来爱情的寄语。

教师小结：美国心理学家弗洛姆在《爱的艺术》中提到，爱是对我们所爱者的生命及其成长的关怀，这也可以用作真正爱情的衡量标准。让我们在这最美好、最需要充实自己的年华，不断努力完善自己。在未来更美好、更合适的时空，我们会遇到那个最契合自己的人，并和他一起体验一段激情、亲密、承诺"三位一体"的健康、稳固、持久的爱情。

设计意图：通过前期的观点碰撞与探讨，引导学生学会用更成熟、全面的视角看待爱情。通过"寄语爱情"环节，引导学生怀着对爱情的积极向往和美好想象，树立为爱成长的意识，发挥爱情在个人成长中的积极作用。

【课程迭代】

与之前版本相比，本节课最终版改动最大的地方在于对"爱情成分"的探讨形式，以及对探讨案例的选择。在之前的版本中，本节课采用了两个负面案例来探讨这是不是真正的爱情，希望引导学生意识到爱情不仅有美好，也有伤害，我们需要谨慎对待。但是对正处于青春期的少男少女来说，过于暴露爱情可能带来的伤害，难以引导学生建立积极的爱情观。于是本节课将负面案例替换成更积极、更有趣、更富有创造性的"研发'爱情药水'"环节。在该环节中，每个人都可以发表自己对爱情的看法，也可以在小组探讨中看到他人心中爱情的模样，在探讨中丰富对爱情的认识。同时本节课通过对"爱情药水"成分的取舍，引导学生澄清自我在爱情中最重要的需求。在此基础上，课程再引出斯滕伯格的爱情三要素也就更自然。本节课没有说教，更多的是让学生在交流探讨中进行观点碰撞，启发学生领悟爱情的真谛，激发学生为爱成长的积极能量。

【教学反思】

爱情是一个永恒而宏大的主题，也是高中生很感兴趣的话题。为激发大家的讨论热情，笔者引入了"研发'爱情药水'"环节，鼓励学生表达自己。在小组探讨交流中，笔者看到了学生对爱情丰富的认识与理解。然后课程引出斯滕伯格爱情三要素理论，并采用了伊丽莎白·勃朗宁的爱情故事让学生从中分析激情、亲密、承诺所代表的具体含义，对爱情三要素有初步的了解。在"绘制爱情轨迹"环节，学生绘制的爱情三要素发展轨迹图各具特色，充分展示了他们对爱情的理解。该环节给予学生充分的表达机会，让学生在探讨中碰撞思想和观点，也进一步明晰自己想拥有的爱情，建立较成熟的爱情观。本节课经过前期的分析探讨，在最后引导学生树立为爱成长的意识，保持对美好爱情的追求，思考爱情的真谛，为爱成长，用合适的方式体验爱情的美好。这样的课程设计可以在不知不觉中引导学生建立积极的爱情观。

【专家点评】

本节课的亮点主要体现在以下三个方面。

1. 选题贴合实际。爱情是青春期学生成长中绕不开的敏感话题，也是容易让学生产生情感困扰的议题。本节课引导学生理解爱情的内涵，学会用更成熟、全面的视角看待爱情，建立积极的爱情观，对学生的成长具有现实指导意义。

2. 素材选用得当。本节课所使用的素材，如视频《从未有过的感觉》、斯滕伯格爱情三要素理论、诗人伊丽莎白·勃朗宁的爱情故事等，都运用得恰到好处，很好地推动了教学的发展，引导学生对爱情的理解逐步深入。

3. 课堂开放度高，预设少，生成多。教师将心理学原理融入活动，如研发"爱情药水"环节，富有趣味，能激发学生讨论热情。同时教学过程中话题讨论充分开放，注重课堂中生成的资源，在尊重、信任的课堂氛围中不知不觉达成了对学生爱情观的引导。

（点评嘉宾：曾凡梅，湖南省常德市教育科学研究院心理健康教研员）

该课曾在 2018 年湖南省教师教育学会举办的教育教学成果评选中荣获二等奖

【参考文献】

［1］邵巧倍，施霄霞，赖婷婷.当代高中生恋爱观现状的调查研究［J］.中小学心理健康教育，2020（23）：18-24.

［2］贾茹，吴任钢.论罗伯特·斯腾伯格的爱情三元理论［J］.中国性科学，2008（3）：10-12+46.

【学案纸】

解密爱情

姓名:_____　　班级:_____　　学号:_____

激情、亲密、承诺这三个要素在一段健康成熟的爱情中会如何发展？请画一画这三者在爱情中的发展轨迹。

| 三要素发展 程度 | 爱情轨迹 |

时间

沟通，让我们更好地享受爱

福建省南平第一中学　杨广墅

【驱动问题】

如何培养学生与家长之间积极沟通的能力？

【基本信息】

适用学段：高中一年级

准备道具：学案纸

【设计思路】

随着高中生独立意识的增强，他们与家长在学业规划、作息习惯等方面常常产生冲突。面对家长的唠叨，孩子们往往选择沉默或顶嘴作为回应，而家长则因看不惯孩子的某些行为而继续唠叨。这种恶性循环不仅加剧了亲子矛盾，还可能影响学生的正常学习与生活，甚至导致家庭矛盾升级，出现孩子离家出走等极端行为。

高一学生正处于亲子冲突的高发阶段，也处于辩证逻辑能力和共情能力迅速发展的时期。因此，教学生如何与家长进行有效沟通，是解决"因爱互伤"问题的关键途径。本节课旨在通过强调沟通的重要性，引导学生积极面对和处理与家人的矛盾，学会运用良好的沟通方式解决亲子冲突，从而更健康地成长。

【教学目标】

1.情感目标：愿意积极地面对、了解、处理与亲人之间的矛盾。

2.认知目标：反思"因爱互伤"现象的原因，理解合理沟通的重要性。

3.行为目标：掌握并运用有效的沟通技巧，尝试处理生活中遇到的"因爱互伤"的相关问题，促进家庭和谐。

【教学思路】

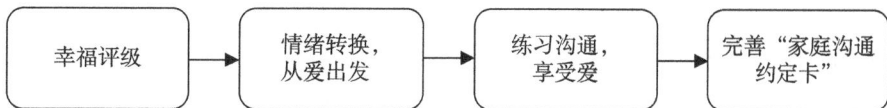

幸福评级 → 情绪转换，从爱出发 → 练习沟通，享受爱 → 完善"家庭沟通约定卡"

【教学过程】

一、幸福评级（5分钟）

老师：同学们，给大家1分钟的时间，回忆最近与家中长辈相处时，哪些事情给你留下了深刻的印象。同时，请大家根据这些回忆，对自己与家人相处状态的满意程度打个分，其中1分代表非常不满意，5分代表非常满意。

学生分享故事，并根据自己的感受评分。

老师：近期，一些同学和我分享了自己和家长相处的困惑。经过他们的同意，老师分享其中几个例子，看看你们是否也有类似的困扰。

例1：本来课程内容就听得不太明白，回到家后，家人还责备我成绩一直上不去，说我总是不把学习放在心上，这让我感到又委屈又气愤，甚至一度都不想学了。

例2：最近总是和爸妈吵架，尽管知道他们是为我好，但我就是忍不住想和他们顶嘴，吵完架后我又感到后悔，但下一次还是会吵架……

例3：父母看到我使用手机就会表现出不满，认为我总在玩手机而不学习。但实际上，我使用手机只是为了和朋友们聊聊天，使自己放松一会儿，并没有沉迷其中，但他们总是不给我解释的机会。

教师小结：对这些例子，大家的感受可能不同，这很正常，因为每个人的家庭环境和过往经历都不同。但是，身为高中生的我们都面临一个共同的问题，那就是如何更好地与父母沟通。接下来，我们将一起探讨这个问题。

设计意图：列举同龄人发生的真实事例，使学生产生共鸣，让他们更加深入地感受本节课的主题，同时提高学生参与课堂讨论的积极性。

二、情绪转换，从爱出发（10分钟）

老师：许多同学都和老师说过自己与父母吵架的经历。但是同学们，你们知道吗？其实我们以后与父母相处的时光，远比我们想象中的要短暂得多。我们来根据以下公式算一算。

公式：90天（寒暑假总和）×6年（剩余学生年份）+14天（工作后假期）×30年（父母平均剩余寿命）

学生分享对于计算结果的感受。

老师：在高中阶段，大家会因为与父母的争吵而感到苦恼。事实上，父母都是爱着我们的。而且，我们能够与父母相处的时间并不算长，与父母相处的每一刻都值得珍惜，不要让不恰当的沟通方式阻碍了你们之间爱的流动。良好的沟通就像一座桥梁，能够让我们更好地理解和感受彼此的爱。现在请大家花三分钟的时间，选取几个与家人发生矛盾的故事，将其以简洁的语句填写在学案纸"沟通方法探索任务单"的"探索任务 1"中。如果你回想不起来发生过什么矛盾，也可以尝试分析刚才课堂上提到的三个事例。

学生完成填写并交流分享。

教师小结：我们与父母争吵的原因，往往并不是双方之间发生了什么矛盾，而是我们沟通的方式、态度不合理。发现沟通中存在的问题，改进沟通方式，让我们一起"好好说话"。

设计意图：通过展示具体的数字和事实，让学生深刻地认识到与父母相处时间的有限，从而更加珍惜和重视与父母的沟通，对接下来将要学习的沟通技巧产生兴趣。

三、练习沟通，享受爱（20分钟）

老师：首先，我们来审视一下自己平常沟通时存在的问题。重新回顾第一个环节中的例1，我们一起深入分析其中的沟通困境。

学生举手分享。

老师：那么，同学们有没有什么好的沟通策略愿意分享给大家呢?

学生举手分享各自的沟通经验。

老师：从大家的分享中，老师总结了一些沟通的妙招。当我们和父母发生矛盾时，我们可以这么做（老师分享以下步骤）。

步骤1：遇到矛盾时，如果你情绪激动，首先尝试保持冷静，可以通过深呼吸或暂时离开现场的方式来避免冲突升级。待双方情绪稳定后，再进行下一步。

步骤2：

①在内心回顾事情的起因，如"父母在用餐时为何会批评我的学习态度"。

② 尝试换位思考，理解父母的立场和想法，如"他们是不是觉得我学习效率低下是因为我分心做其他事情"。

③ 识别双方对事情看法的差异，即识别矛盾的核心所在，如"父母可能并不了解我学习上的困难，他们误以为我在偷懒，而实际上我是真心需要帮助"。

④ 展开有效的沟通，解释自己的困境，并请父母提供建议和支持，共同寻找解决问题的办法。

老师：我们和父母在沟通中遇到矛盾的原因有很多，大致可以归为三类，一是父母对我们有误解；二是父母情绪不稳定或表现出莫名其妙的脾气；三是父母指出的问题确实存在，但我们一时难以接受。刚才我们讨论了第一种情况的处理方法，那么对于后两种情况，我们又该如何应对呢？

学生讨论并分享自己的见解。

老师：由此可见，要想实现有效的沟通，掌握一定的沟通技巧至关重要。现在，请大家回顾自己之前填写的内容，设想一下如果再次遇到类似的情境，你会如何运用这些技巧来改善与父母的沟通呢？请把你的具体步骤填写在学案纸"沟通方法探索任务单"的"探索任务2"之中。要尽量写得详细哦。

学生填写学案纸并分享自己的沟通策略。

设计意图：通过具体案例分析，引导学生认识到科学沟通方式在处理家庭矛盾中的重要性，并鼓励学生现场思考并分享自己的沟通策略，即时生成、展示和讨论。

四、完善"家庭沟通约定卡"（10分钟）

老师：我知道你们可能会想，如果父母也能听听这堂课的内容就好了，对吧？你们的这个想法非常有道理。为此，我在学案纸的最后给大家准备了一个心理小工具——"家庭沟通约定卡"。如果你觉得有必要，可以在接下来的日子里参考其中的内容，将其应用到实际生活中去。

学生认真填写"家庭沟通约定卡"。

老师：在结束本节课之前，我想和大家分享一首歌曲——《尽管我们手中空无一物》。希望这首歌能够给大家带来一些启示。

学生观看歌曲的MV（音乐视频），感受歌曲中的情感与深意。

教师小结：同学们，很多时候，我们与家人之间的矛盾都源于彼此表达爱的方式出现了问题。让我们学会用沟通的方式，去好好享受这份爱吧。

设计意图：通过分享感人至深的歌曲，进一步激发学生的情感共鸣，增强他们运用有效沟通方法的意愿，升华本课的主题。

【课程迭代】

在先前版本中，课程在每个环节结束后都设计了一个使用不同颜色卡片投票表决的活动，旨在让学生即时表达他们的感受和看法。例如，在第二个环节让学生表态是否愿意和家长加强沟通。然而，部分学生反馈这一活动有时会让他们感到"出戏"，即这种形式的互动打断了他们沉浸于课堂内容中的情感和思绪。基于这些反馈，笔者对课堂流程进行了精简，删除了那些过于表演化的环节。这样做的目的是让学生能够更加专注于课堂过程中的思考和感受，避免不必要的干扰。

【教学反思】

本节课的教学设计紧扣高中生"明理且共情"的心智特点，旨在通过情理交融的方式促使他们掌握有效沟通的方法，激发他们沟通的主动性，引导他们积极与家长进行沟通。在实际授课中，本节课展现出以下优点：第一，课程内容紧密结合学生实际需求，针对性和可操作性均较强，有效达成了教学目标；第二，教学设计内容丰富，条理清晰，层层递进，有助于学生逐步理解并掌握知识。

然而，本节课也存在一些不足之处。由于与父母的争吵通常是学生不愿意谈论的话题，他们可能对自我暴露的风险存在担忧，而这对教师与学生关系、课堂的氛围提出了更高的要求。为了使学生能够全身心投入课程内容，教师需要多次强调保密原则，并努力营造轻松舒适的课堂氛围，否则课堂在学生讨论问题、提出沟通策略环节就容易陷入冷场。

【专家点评】

本节课的亮点主要体现在以下两个方面。

1.课程内容紧密结合高一学生的实际情况，充分利用他们逻辑能力发展成熟和共情能力强的特点，通过引入常见的事例，有效激发学生与家人沟通和学习沟通技巧的积极性。

2.本节课的教学策略多样且灵活，针对不同类型的沟通矛盾，分别介绍了相应的沟通技巧。在温馨舒适的课堂氛围中，学生能够深刻体会沟通技巧的重要性，并将所学内容迁移至日常生活中，实现学以致用。

（点评嘉宾：周秀杰，福建省南平市教育研究院心理健康教研员）

该课曾获南平市 2021 年中小学心理健康优质课比赛高中组一等奖

【学案纸】

沟通，让我们更好地享受爱

姓名：＿＿＿＿＿＿　　班级：＿＿＿＿＿＿＿　　学号：＿＿＿＿＿＿＿

沟通方法探索任务单

探索任务 1

请回忆并整理最近发生在你身上的与家人的矛盾事件，按照以下表格内容，用简洁的语句填写相关信息。

事件	起因	过程	结果	感受

探索任务 2

现在，请回顾上述表格中你填写的内容，并从中挑选一个矛盾事件，设想一下，如果你再次身处当时的场景，你会采取什么行动以改善与父母的沟通效果？请在下面的方框中详细列出你的步骤，确保你的想法尽可能具体呈现。用时：4 分钟。

冷静避战 ← 情绪激动 ← 发生矛盾 → 情绪还行 → 维持冷静

回放事件

换位思考

思考本质原因

展开沟通

家庭沟通约定卡

亲爱的家人们：

为了让我们的家更加和谐、更加幸福，我们共同约定，将沟通作为我们生活中重要的习惯！

首先，我们确定以下关于沟通的具体细节。

我们约定的沟通时间：＿＿＿＿＿＿＿＿＿＿＿＿＿＿＿＿＿＿＿＿＿＿＿

我们将选择的沟通地点：＿＿＿＿＿＿＿＿＿＿＿＿＿＿＿＿＿＿＿＿＿＿

我们计划沟通的话题：＿＿＿＿＿＿＿＿＿＿＿＿＿＿＿＿＿＿＿＿＿＿＿

我们将采用的沟通方式：＿＿＿＿＿＿＿＿＿＿＿＿＿＿＿＿＿＿＿＿＿＿

我们还需要明确，当我们在沟通中发生矛盾时，双方都应遵循以下原则。

＿＿＿＿＿＿＿＿＿＿＿＿＿＿＿＿＿＿＿＿＿＿＿＿＿＿＿＿＿＿＿＿＿＿＿

＿＿＿＿＿＿＿＿＿＿＿＿＿＿＿＿＿＿＿＿＿＿＿＿＿＿＿＿＿＿＿＿＿＿＿

＿＿＿＿＿＿＿＿＿＿＿＿＿＿＿＿＿＿＿＿＿＿＿＿＿＿＿＿＿＿＿＿＿＿＿

第四章

社会适应

社会适应单元的主要目标在于帮助学生适应不同阶段的学习和生活环境。通过学习积极心理学理论中的理念，学生能够应对在不同阶段可能面对的升学、人际、生活等方面的挑战与困难，提升自身应对挫折、独立生活的能力。

在社会适应单元中，常见的心理主题包括适应新环境、适应学业难度和升学压力、适应集体生活、提升心理弹性、平衡学习与休闲娱乐等。这些主题通常从两方面帮助学生提升适应能力：一方面，从心态上帮助学生提前做好准备，接纳可能出现的困难；另一方面，从方法上引导学生积极挖掘自身以及周围的资源，采用恰当的方式应对问题与挑战。

步入高中，丰富的社团活动、多样的选科组合，使学生有更多自主选择的空间，但选择的自由也给学生带来了对"不确定性"的担忧。与此同时，高中学科数量和学习强度大大增加，这使高中生更需要建立自我效能感，树立对未来的希望。大部分学生在高中阶段，也会首次面对住校所带来的集体生活对自己生活习惯、人际交往的冲击。

《打开生活这颗蛋》通过"开蛋"的比喻，帮助初入高中的学生接纳高中生活中的不确定性。《高中生活特调果汁》以"果汁"为载体，从积极心理学 PERMA 模型的五个维度来探讨积极适应高中生活的方法。《种下我的花》关注高一下学期的开学适应问题，以"五步脱困法"为基础，在"种花"的过程中增强学生面对新学期的信心和力量。《一场宿舍风波》通过教育戏剧的形式，以一场宿舍风波故事，帮助学生更好地理解人际交往中的内在需求，学会适应高中集体生活。《流量"剧本杀"》则在课堂中创设"传媒公司争流量"这一场景，让学生深入了解网络虚假信息的特征，提高学生识别虚假信息的能力。

在本单元中，老师或是通过巧妙的隐喻，或是通过教育戏剧中的招式，将心理课变得更为"形象化"，也更贴近学生生活需求。

打开生活这颗蛋

广东省深圳市龙岗区华中师范大学龙岗附属中学　刘亚洲

【驱动问题】

如何提升学生对不确定性的包容度？

【基本信息】

适用学段：高中一年级

准备道具：10 颗鸡蛋（3 颗生鸡蛋、7 颗熟鸡蛋）、学案纸

【设计思路】

高一学生在进入新环境时，需要面对充满不确定性的校园生活，这使他们容易产生适应不良的问题。学生增加对不确定性的包容度，以积极的心态面对生活，可以提升对校园生活的适应能力。心理学研究发现，不确定性会促使人进一步了解信息，获得自我成长[1]。

根据埃里克森的人格发展阶段理论，高一学生处在自我同一性的整合期。自我意识的飞速发展会使学生对自我产生更多的负面评价。因此，帮助学生认识到不确定性是一种常态，进而积极面对不确定性，对学生的成长十分重要。

本节课根据接纳与承诺疗法引导学生在面对新环境带来的不确定性时，学会接受自己内心的焦虑、紧张等感受，关注当下的生活目标，积极采取行动，为所当为[2]。本节课通过游戏活动引导学生对不确定性产生积极的体验，通过绘画的方式引导学生表达情绪，并且在课程总结环节，依据焦点解决短期治疗的理念，让学生挖掘过往成功经验，感受自己应对不确定性时的积极力量，唤起学生的积极情绪。

【教学目标】

1.情感目标：体验不确定性带来的感受，提升解决问题的信心，以积极心态应对不确定性。

2. 认知目标：了解高中生活存在哪些不确定性，认识到不确定性的存在是普遍而短暂的。

3. 行为目标：找到适合自己的、积极应对不确定性的方式，并运用到高中生活中。

【教学思路】

【教学过程】

一、捏蛋游戏（5 分钟）

老师：今天我们课前先来玩一个热身小游戏——捏鸡蛋！老师这里有 10 颗鸡蛋，其中 7 颗是熟鸡蛋，3 颗是生鸡蛋，生鸡蛋里面可能有 1 颗是臭鸡蛋！现在我们邀请 5 位同学上台，请他们随机选取 1 颗鸡蛋，然后用最大的力气、最快的速度捏爆它！你们猜，谁会捏到臭鸡蛋呢？

学生在捏蛋时，老师会用一个盆子接住碎鸡蛋，并提前准备好纸巾。10 颗鸡蛋中其实并没有臭鸡蛋，老师这样讲述只是为了增加游戏的不确定性，并给学生留下悬念。学生完成游戏后，老师提出以下问题。

问题 1：你捏蛋前的心情是怎样的？

问题 2：捏到生鸡蛋和熟鸡蛋的同学心情分别是怎样的？

问题 3：你生活中有没有类似的时刻？

问题 4：台下观看的同学心情是怎样的？

学生举手回答。

教师小结：在游戏中，大家都很紧张。捏蛋时，有的同学觉得自己很倒霉，有的同学觉得自己很幸运，有的同学替台上的人紧张，有的同学跃跃欲试，有的同学庆幸捏到生鸡蛋的不是自己。无论是台上还是台下的同学，在面对未知的一颗蛋时，都会感到紧张。其实，面对生活中的不确定性也是如此。刚刚进入高中的我们，生活中有哪些不确定性呢？假如高中生活是一颗蛋，我们"捏蛋"会有哪些结果呢？会不会真的有"臭鸡蛋"出现呢？

设计意图：使学生在游戏中体验面对不确定性时的感受，激发学生兴趣，引出本课主题。

二、假如生活是一颗蛋（10分钟）

老师：虽然大家已经进入高中一段时间了，但高中这颗"蛋"好像还没有完全打开。请结合你之前对高中的想象及你进入高中后的感受，在学案纸"假如生活是一颗蛋"部分画出你的高中生活之"蛋"，并思考，高中生活对你而言有哪些不确定性？你可以将其写或画在蛋中。

学生完成之后，老师请学生先在小组内分享，寻找小组成员共同认为的不确定性，并分享自己面对这些不确定性时的情绪。当小组分享完后，老师邀请学生在全班面前分享。

老师：你有没有遇到过同样的经历？你是否有不同的感受？

学生举手分享。

老师：在进入高中前，有的同学担心高中住宿舍会不习惯，有的同学担心在食堂会吃不好，有的同学担心学习会跟不上，还有的同学担心交不到朋友。看来，对于同学们来说，这些不确定性主要来自人际、生活、学习三个方面。不过，每个同学对不确定性的反应也不一样。

教师小结：在进入一个全新的环境时，我们会担心自己在人际、生活、学习方面遇到问题，这种担心是非常正常的。但是，不同的准备状态或不同的心态会给我们的真实生活带来不一样的结果。现在，让我们一起来探索如何正确打开高中这颗"蛋"。

设计意图：使用绘画的方式让学生进行情绪表达，并且通过学生之间的分享，引导学生理解不确定性在生活中是普遍存在的。

三、开蛋的准备姿态（15分钟）

老师：让我们思考一下，用什么姿态打开这颗充满不确定性的高中生活之"蛋"，可以将未知事物带来的负面影响降到最低？换句话来说，我们可以做哪些准备来应对生活中的不确定性？

学生在学案纸上自己刚刚画的蛋旁边写出自己应对不确定性的方式，然后小组讨论分享。老师总结学生的回答，在黑板上将应对方式归纳为以下三种。

应对方式1：做好准备，提振信心。例如，提前预习学习内容，提前了解宿舍情况，提前了解班级同学的姓名和爱好。如果我们提前做好准备，就更有信心面对不确定的生活。

应对方式 2：接纳结果，摆正心态。不管高中生活如何，我们都要试着去接纳它，不过分幻想，也不歪曲事实。我们不一定能改变生活，但是我们可以摆正自己的心态。

应对方式 3：回归当下，继续前行。我们需要意识到，不确定性的存在只是暂时的，我们当下可以做一些力所能及的事情，帮助自己在生活中奋力前行。

教师小结： 我们的成长道路上充满了不确定性，我们需要学会接纳当下对不确定性的感受。在面对不确定性的过程中，我们会越来越成熟，能够学会调整心态，关注当下。

设计意图： 通过学生小组讨论的结果，引导学生思考总结应对不确定性的方法，增强学生面对不确定性的信心。

四、我是"开蛋"小能手（5分钟）

老师：回想一下，你之前面对过哪些不确定性？你是如何应对的？例如，中考来临前，你是如何调整好自己的心态的？请结合这些时刻及刚才做的"开蛋"准备，为自己写一句鼓励的话，让自己更好地迎接高中生活！

学生思考并填写学案纸"我是'开蛋'小能手"部分后，老师邀请所有学生上台把鼓励的关键词写在黑板上。

教师总结： 感谢各位同学的分享。看着这些积极的话语，我确信，无论大家的高中生活有多少不确定性，大家的勇气和信心始终都是确定的。我相信，只要我们怀抱着积极的态度，那我们一定会拥有美好的高中生活。

设计意图： 通过回忆成功调整心态的经历，唤醒学生面对不确定性的积极情绪，并利用简短的鼓励话语，增强学生面对不确定性的信心。

【课程迭代】

本节课总共进行了两次修改，这是第三版。第一版的课程没有采用"鸡蛋"的导入，而是直接导入不确定性，这导致学生在理解不确定性、围绕高中的不确定性作画时没有达到预期效果。因此第二版课程在热身环节设置了捏蛋游戏，让学生直接体验面对不确定性时的感受，帮助学生理解不确定性。同时，课程也沿用了"生活是一颗蛋"的比喻，使教学主题更加清晰、有趣。在第二版课程的授课过程中，笔者明显感觉到学生更有热情，他们会更轻松地面对不确定性，并且更乐于分享。第三版课程增加了最后的赋能环节。笔者希望学生能在课堂中收获更多的积极感受，并将这种感受延伸到课后，因此学生不仅要自己书写鼓励的话语，也要关注黑板上其他同学书写的鼓励的关键词，这样的环节设置营造了积极向上的课堂氛围，使得学生能够感受到满满的正能量。

【教学反思】

本节课主要针对高中生刚进入高中，可能不适应高中生活的问题，贴近学生学情。总体来说，本节课有以下两个优点。

第一，课堂趣味十足。本节课将面对生活的不确定性形象地比喻为"开蛋"的过程，同时在热身环节设置了捏蛋游戏，活动新颖有趣，激发学生参与课堂的积极性，学生在思考环节中可以真诚地分享自己目前所存在的适应问题。

第二，运用团体动力。课堂利用小组分享和集体板书的方式增加集体的凝聚力。在小组分享环节，教师引导学生分享自己遇到的不适应事件，让学生了解到，不确定性的存在是非常正常且普遍的。在集体板书环节，全班同学一起在黑板上书写鼓励的关键词，达到集体激励的效果。

当然，本节课也存在不足之处。首先，本节课需要学生分享自己遇到的不适应事件，也需要学生分享自己应对不确定性的方法，这些都需要教师不断启发学生思考，通过对学生提问，引导学生进行课堂生成。

【专家点评】

本节课主要有以下三个亮点。

1.切入口小，立意新颖。本节课没有笼统地谈适应问题，而是选择以"不确定性"为切入口，精准地捕捉到了高中适应期最让学生困扰的感受，即面对未知的高中生活有很多的不确定性，主题立意新颖。

2.比喻形象，趣味性强。将生活比作一颗蛋，把面对不确定性形象化为"开蛋"，生动贴切，使得整节课妙趣横生，极大地激发了学生学习的兴趣和参与的热情，并让学生更好地代入情景。

3.课堂开放，现场生成。整个课堂无论是画蛋、梳理应对方式，还是回忆不确定性等环节，都是开放式的，给学生很多自主思考的空间。这也让本节课的魅力体现于丰富的学生生成中，让学生真正成为课堂的主人，促进学生整合自我同一性。

（点评嘉宾：陈静雯，广东省深圳市龙岗区教育科学研究院专职心理健康教研员）

该课曾获 2022 年深圳市龙岗区中小学心理学科

青年教师基本功比赛教学展示环节第一名

【参考文献】

［1］周爱保，周鹏生.人际交往的不确定性减少理论（URT）述评［J］.心理科学，2008（6）：1499-1501.

［2］朱俊芳，杨彦涛，蔡莹莹，等.基于认知行为疗法的接纳承诺疗法在青少年情绪障碍中的应用［J］.齐鲁护理杂志，2023（19）：134-137.

【学案纸】

打开生活这颗蛋

姓名:＿＿＿＿＿＿ 班级:＿＿＿＿＿＿ 学号:＿＿＿＿＿＿

一、假如生活是一颗蛋

二、我是"开蛋"小能手

1.回忆之前的经历,在面对不确定性时,你是怎么做的?

2.对自己说一句鼓励的话,让我们在打开高中生活这颗"蛋"时更有勇气!

高中生活特调果汁

广东省深圳市龙岗区教育科学研究院　陈静雯

【驱动问题】

如何帮助学生积极主动地适应高中生活？

【基本信息】

适用学段：高中一年级

准备道具：学案纸、彩笔

【设计思路】

高一新生面临着学业、人际、环境、生活的重大改变，不少同学由于心理准备不足、应对经验不足等，出现心理不适应的状况，甚至出现情绪波动、人际退缩、缺乏成就感等问题。因此，如何帮助学生在高中入学阶段接纳自身不适应状态，促进学生积极主动地调整和适应高中生活，是本节课重点探讨的问题。

本节课以积极心理学 PERMA 模型[1]为理论框架。PERMA 模型认为，幸福是人在积极情绪、投入、人际关系、意义和目的、成就这五个维度上充分发展的结果。要帮助高一新生适应高中生活，本质上是要帮助其获得对高中生活的积极情感体验，培养其积极的心理品质，助力其收获幸福感。所以本节课以"果汁"为载体，从积极情绪、投入、人际关系、意义和目的、成就五个维度探讨帮助学生积极适应高中生活的方法。

【教学目标】

1.情感目标：觉察自己高中适应期的心理状态，提升对暂时不适应状态的接纳度，树立积极主动适应高中生活的意识。

2.认知目标：了解初入高中不适应状态的具体表现及可能原因，认识积极主动适应的重要性。

3.行为目标：学会从积极情绪、投入、人际关系、意义和目的、成就五个维度来调整状态，适应高中生活。

【教学思路】

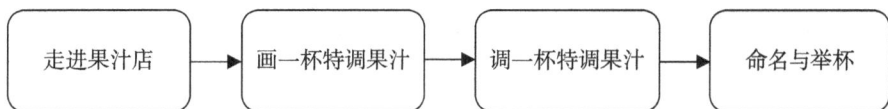

走进果汁店　→　画一杯特调果汁　→　调一杯特调果汁　→　命名与举杯

【教学过程】

一、走进果汁店（3分钟）

老师：小A同学是一名高一新生，他想点一杯奶茶，意外走进了一家神奇的"××生活果汁"饮料店。这个饮料店拥有一台高科技果汁机，只要将限定词"××"输入完整，果汁机就能自动读取输入者大脑中的某些信息，生成与之匹配的、独特的特调果汁。小A同学想了想，输入了"高中"两个字，1分钟后，他拿到了一杯"小A同学的高中生活特调果汁"。请大家回答两个问题：第一，猜一猜小A同学的这杯特调果汁可能是什么味道的？第二，果汁机到底提取了什么信息，才能配制出独特的、与个人生活匹配的果汁？

学生举手回答。

老师：每个人在新环境中的感受都是独一无二的，可以说，有一千个小A同学，就有一千种不同口味的"高中生活特调果汁"。

设计意图：通过引入"小A同学的高中生活特调果汁"的故事，创设问题情境，使学生觉察自己初入高中的感受，从而引出本节课的主题。

二、画一杯特调果汁（12分钟）

老师：如果你也走进了"××生活果汁"饮料店，果汁机可能会给你生成一杯怎样的高中生活特调果汁呢？请你按照以下几个步骤，在学案纸上画出自己的特调果汁。

步骤1：想一想。你的高中生活特调果汁可能是什么味道的？它可能由哪些成分组成？这些成分各自占比多少？果汁的甜度、温度是怎样的？

步骤2：画一画。选择不同颜色的彩笔，为你的果汁的不同成分着色。按照成分占比，画出你的特调果汁。再用文字或数字标明成分及占比、甜度、温度等。

步骤 3：评一评。你对自己当前这杯特调果汁的满意程度如何？0 分代表"非常不满意"，10 分代表"非常满意"，从 0 到 10，你会给它打多少分呢？请将你的评分写在学案纸"初评满意度"处。

学生绘制自己的高中生活特调果汁，并进行打分。

老师：请以六人为一小组，每位组员在组内分享自己的高中生活特调果汁及其背后的故事。

学生在小组中进行分享，之后小组派代表在班级内进行分享。

老师：在刚刚的小组分享中，大家有哪些发现？

学生举手回答。

教师小结：大家刚刚升入高中，感到不适应是一件非常正常的事情。短暂的不适感是由大脑的"保护反应"带来的，它提醒着我们要对新环境保持警觉，这能起到保护自我的作用。短暂的不适感也提醒了我们在新环境里要给自己缓冲的时间，更从容地寻找方法、调整状态，以更好的状态适应新环境。

设计意图：通过绘制特调果汁，引导学生将抽象的高中适应状态具体化、形象化，帮助学生更加清晰地觉察自己的适应状态。

三、调一杯特调果汁（20 分钟）

老师继续讲述小 A 的故事。

小 A 同学尝了一口自己的特调果汁，感觉非常"苦涩"。初入高一，小 A 感到上课节奏明显加快，课堂上很难学懂全部内容；学习内容非常多，每天都写不完作业；自己很想躺平，但每周的周测结果都让自己不得不面对现实。这些事自己想想就觉得苦涩。对小 A 来说，难以适应的除了学习，还有宿舍生活，自己每天上洗手间、洗漱都要排队，厕所还要轮流打扫，东西要放到指定位置……小 A 每天都很想家，想念爸爸妈妈无微不至的照顾，也想念大大的床和自由的时光。每到夜深人静时，小 A 的鼻子都酸酸的，感觉自己很委屈。因为这些事，小 A 每天都提不起精神，感觉环境很"卷"，自己"卷不动也躺不平"。

老师：听完了小 A 的故事，请大家以六人为一小组，对以下四个问题展开讨论。

问题 1：小 A 的"苦涩"感，主要来源于哪些方面？

问题2：导致小A不适应的原因可能是什么？

问题3：如果持续这种不适应的状态，可能会出现什么情况？

问题4：对小A目前的状况，你有什么建议？

学生分小组讨论并分享讨论的结果。

老师：小A的苦涩感主要来源于对学习和住宿生活的不适应。不适应的客观原因是，与初中相比，高中在学业、生活等方面确实有很大的变化。主观原因则包括高中生活与自己的预期不符、自己的心理准备不够、人际支持不足等。刚刚每个组的同学也为小A提出了很多好建议，我们不妨给这些方法做个分类。

老师用不同颜色的笔，将黑板上记录的学生的回答进行分类并画圈。根据黑板上的五种圈，将解决方法总结为以下五类。

第一类方法：放下"不甘心"，调整情绪，调整心态。这些方法其实都建议我们要以更积极的情绪来改善不适应的状态。

第二类方法：及时了解真实的高中生活、重新制定目标和计划、合理规划时间、专注当下等。这些方法都告诉我们要做出转变行动来改善不适应的状态。

第三类方法：向学长学姐求助、交新朋友、加入社团等。这些方法都建议我们要构建新的人际关系，通过积极的关系改善不适应的状态。

第四类方法：反思高中生活的变化，给挫折、打击赋予积极的意义。这些方法都建议我们可以改变认识事物的角度，看到其积极的一面，从而改善不适应的状态。

第五类方法：在当下积累成功适应的经验，搜索自己过往成功适应的经验等。这些方法都建议我们通过感受积极的成就以提升自信，改善不适应的状态。

老师：总结来看，这五类调整方法分别对应积极情绪、投入、人际关系、意义和目的、成就。如果我们将这五类调整方法，和调制果汁的方法一一对应，会出现怎样有意思的结果呢？"积极情绪"对应"调整甜度"；"投入"对应"调整原料配比"；"人际关系"对应"调整温度"；"意义与目的"对应"命名和包装"；"成就"对应"调整原料"。由此可见，我们的不适应状态，是可以通过积极调整来改善的，而调整的主动权就在我们自己手中。请大家再看看自己的高中生活特调果汁，并思考以下问题。

问题1：此刻的你是否想调整它的原料、配比、甜度或温度呢？如果你要进行调整，请写出具体的调整内容，和实际生活中调整自我的策略。

问题2：现在的你对自己的特调果汁的满意程度如何呢？0代表"非常不满意"，

10代表"非常满意"，从0到10，你会打多少分呢？请将你的评分写在学案纸"复评满意度"处。

学生决定是否调整，然后进行打分。

设计意图：通过对案例的深度分析，引导学生探索不适应高中生活的原因和解决策略，将解决策略进行分类并和果汁调制一一匹配，让策略形象化，便于学生理解和记忆，增强课堂的趣味性。

四、命名与举杯（5分钟）

老师：刚才大家都经历了一场高中生活特调果汁的神奇调制之旅。现在，大家不妨猜一猜，小A同学的原型是谁？

学生举手回答。

老师：同学们的答案都是正确的，因为小A的原型可以是任何一个高一同学。其实，小A就是十五年前的我自己。我的高中适应期很长，困难也很多，但是那段主动积极尝试、调整和适应的日子却成了我最珍贵的青春记忆，也让我收获了很多适应新环境的方法和勇气。我将自己的高中生活特调果汁命名为"遇见更好的自己"。同学们，你们此时都处在高中生活的适应期，如果在刚刚的环节中，你还没有给你的高中生活特调果汁命名，现在就请为它命名吧！请写在学案纸空白处。

学生自由书写。

老师：请同学们举起自己绘制的特调果汁之杯，把它贴近你的脸。你可以大声念出你的"特调果汁"名字，也可以在心里默默地念，老师会给大家拍张纪念照片！现在就让我们一起为自己的高中生活干杯！

设计意图：教师进行自我暴露，让小A同学的故事回归真实生活，引导学生将课堂所学知识运用于实际生活中，并通过果汁命名和干杯仪式，为学生适应高中生活积极赋能。

【课程迭代】

本节课在修改时改动最大的地方是第三部分——"调一杯特调果汁"环节中的学生适应问题案例的选择。第一版课程在该环节呈现了三个同学的故事，分别从学习、生活和人际方面展现同学们遇到的适应问题，然后全班一起探讨。但是实际上课时笔者发现，这一环节的时间不足以完成对三个案例的研究；第二版课程将该环节三个故事的探讨任务分给了不同小组，每个小组只讨论一个故事，最终小组在班级内汇报。但是从课堂反馈来看，绝大部分同学遇到的适应问题都不是单一的，在实际的讨论中，小组也突破了单一故事的限制，变成了综合讨论高中的不适应问题。因此第三版课程将以往课堂中同学提到的典型适应问题直接整合成了一个故事，嫁接到小 A 身上，通过学生对小 A 故事的多角度分析，促进学生高效完成课堂研讨，这也与本课开头和结尾处的小 A 故事形成呼应，让创设情境贯穿课堂始末。

【教学反思】

本节课将高中生活比喻成一杯"特调果汁"，通过分析"果汁"成分和自己对其的喜爱程度，帮助学生觉察自己的适应状态；通过"果汁"的分享和案例探讨，帮助学生了解导致适应问题的常见原因和积极调整的策略。其中，用调制特调果汁的五个过程与积极心理学 PERMA 模型中的五个维度一一对应，既让复杂的理论生活化、生动化，便于理解，也增加了课堂的趣味性，让学生乐于学习。另外，小 A 同学的高中生活故事情境贯穿课堂始终，从分析到解惑，增加了学生的学习兴趣。结尾处教师的自我暴露，也给予学生新的力量。

本节课的授课难点在于如何让学生建立"特调果汁"这一比喻与适应状态之间的联系，如果教师在课上过多解释为什么要用"果汁"来比喻适应状态，反而容易让学生感到疑惑。笔者建议课堂不用过多解释比喻的来源，而是在创设情境后就直接让学生在绘画中感受自己的适应状态，环节的深入也以对适应状态的探讨为主，在环节的最后再回归到最初的比喻上。

【专家点评】

本节课以积极心理学为指导，通过案例情景引发情感共鸣，并以比喻的方式表现主题，营造了安全的课堂氛围，以个性化适应策略探讨并归纳有效应对不适应状况的方法，帮助学生积极主动地适应高中生活，具有很好的教育意义和实践价值。本节课主要有以下三个亮点。

1. 案例情景引共鸣，催化动力齐探索。本节课通过小 A 的故事，让学生感受到每个人都可能经历不适应，这种共鸣有助于学生减少孤独感，获得更多的心理支持。同时课程采用"特调果汁"的比喻引导学生理解和探讨如何改善适应状态，这种比喻新颖且贴近学生生活，能够激发学生的兴趣，提高学生的参与度。通过将抽象的心理学理论与学生熟悉的生活日常相结合，引导学生更好地理解和记忆课程内容。

2. 积极心理为导向，学生主体深互动。本节课以积极心理学为理论支撑，在课堂最后，教师分享了自己的高中适应经历，这也为学生提供了一个积极的引导。同时，本节课尊重每一位同学的主体性与参与度，以"特调果汁"为外化载体，鼓励学生进行自我反思和自我激励，通过活动和分享增强学生的自我认同感和目标感，也增强了学生的社交技能和团队协作精神。这也充分体现了学生为主体，教师为主导的新课程理念。

3. 反思归纳促行动，个性方法接地气。本节课关注学生的表达和分享，引导学生进行全班范围内的分享和反思。同时，通过对学生分享的关键词进行记录和归类，加深学生对问题的理解，帮助他们从中找到适合自己的应对策略。教师鼓励学生在学案纸上自行决定是否调整"果汁"的原料、配比、甜度或温度等，体现了个性化适应策略的运用。同时，课堂并非停留在策略的探讨层面，还提供了针对不适应状态的实用性建议，有助于学生将课堂所学应用到实际生活中，实现知行合一。

（点评嘉宾：高志，广东省深圳市教育科学研究院心理健康教研员）

【参考文献】

[1]马丁·塞利格曼. 持续的幸福［M］. 赵昱鲲，译. 杭州：浙江人民出版社，2012.

【学案纸】

高中生活特调果汁

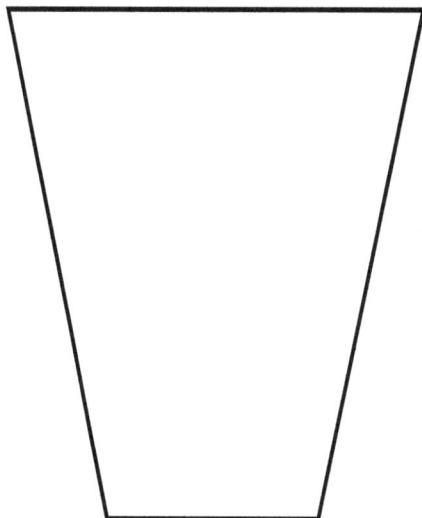

成分及占比：

甜度：

温度：

初评满意度（0~10）：

是否调整：（ ）是（ ）否

如有调整
- 果汁调整策略为：

- 实际生活调整策略为：

复评满意度（0~10）：

种下我的花

上海市敬业中学　姚项哲惠

【驱动问题】

如何适应长假后新学期的学习生活？

【基本信息】

适用学段：高中一年级

准备道具：学案纸

【设计思路】

《中小学心理健康教育指导纲要（2012年修订）》提出，要帮助学生进一步提高承受失败和应对挫折的能力。这对需要返校开学、步入新学期的学子来说尤为重要。不少学生在经历一个长假后，面对开学的第一反应往往都是"真不想开学""我做不到早起"，等等。可见，学生往往被问题所限，容易忽略自身的资源和行动。正是大脑存在"我不想""我做不到""我不行"等思维模式，才导致学生无法以积极状态开启新学期的学习生活。

本节课以"五步脱困法"为基础，旨在打破学生的问题框架，转变其消极的思维方式，促使其做出积极改变。通过困境、改写、因果、假设、未来五个步骤，引导学生将面对困难时消极的心态，转变为积极进取的态度，并学会制定清晰的改善目标、寻求切实可行的行动策略。整节课以"种花"为隐喻，将"五步脱困法"化身为"种花锦囊"，引导学生改写困境、分析因果、积极假设、落实行动，增强面对新学期的信心和力量。最后以种下"新学期之花"呼应主题，引导学生积极地进行自我赋能。

【教学目标】

1. 情感目标：树立面对新学期的积极态度，增强适应新学期的信心，增加对新学期学习的向往之情。

　　2.认知目标：觉察自身在新学期适应中存在的困难，了解"五步脱困法"。

　　3.行为目标：掌握"五步脱困法"，尝试使用"五步脱困法"解决适应问题。

【教学思路】

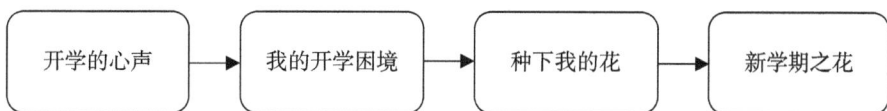

【教学过程】

一、开学的心声（2分钟）

老师播放视频《学生开学的真实心声》。学生观看视频。

视频简介：记者在校园门口采访学生对开学的感受、对新学期的期待等。

老师：看了这个视频你有怎样的感受？如果用一个词语代表你的心情，它会是什么？

学生举手回答。

教师小结：不管开学时你是什么心情，新学期已经来临，我们都希望自己可以有所收获，有所成长。春天伊始，校园里有许多花儿竞相开放，让我们也为自己种下一朵花，为新学期埋下积极的"种子"。

设计意图：通过视频进行导入，活跃课堂气氛，引出课程主题。

二、我的开学困境（6分钟）

老师：愿望很丰满，现实却很骨感。很多同学在新学期伊始都遭遇了一些困难，小A正是如此。

老师展示小A的故事。

故事简介：小A因为假期里生活作息混乱，睡得晚、起得也晚，导致开学后每天早上都起床困难，好几次都差点要迟到，来不及吃早饭。他到了教室后感觉头脑昏昏沉沉的，听课效率也不佳。小A认为自己是"夜猫子"，不适合早起，觉得新学期实在太痛苦了！

老师：新学期并不一定完美，我们会遇到不少困难，它们阻碍着我们的学习与成长。你在新学期适应中遇到的困难是什么？或者说，你有怎样的担忧？请把它写在学案纸"开学种子"处，写完后在小组内分享。

学生完成学案纸内容，然后小组讨论并分享。

教师小结：新学期，大家面临着各种各样的困难，我们的生活中都有一颗"不完美的种子"。我们能够做些什么，让"不完美的种子"积极成长呢？接下来，让我们一起继续探索。

设计意图：通过案例讨论，引发学生共鸣，并引导学生联系自身经历分享开学困扰，为"五步脱困法"的第一步做准备。

三、种下我的花（22分钟）

老师：小A在新学期初期遇到不少困难，他的"开学种子"并不完美，但他获得了一份"种花锦囊"，据说即使是"不完美的种子"，也可以在"种花锦囊"的帮助下茁壮成长。那么"种花锦囊"该如何使用呢？请大家在小组内讨论，如果你们是小A，会如何使用锦囊里的这些工具和资源？

老师展示"种花锦囊"，如下。

"松动困难铲子"：它可以"松动"脑海中的固定想法，增强自己解决问题的信心。你觉得小A该如何"松动"困难？（教师启发学生认识到，面对困难时我们需要转变自身想法——那些让我们感到困难的事情，我们只是暂时做不到，并不代表我们永远做不到）

"分析困难农药"：它可以对困难产生的原因进行分析，从而"对症下药"。你觉得小A面对的困难是怎么产生的？其中哪些是容易改变的？（学生进行归因分析后，由教师进行归因讲解，引导学生明白，如果想解决困难，就需要找到原因，并分析哪些原因是可控制、可改变的）

"乐观应对阳光"：它能够帮助自己建立积极乐观的心态，相信自己有能力应对。你觉得怎样才能增强我们的信心？（教师启发学生：我们可以通过总结成功经验、积极归因分析等方式增强自信心）

"积极行动水壶"：花朵的成长需要持续的浇灌，困难的应对也需要积极的行动。在全面分析原因后，我们可以从哪些因素入手来改变现状？我们可以做的一件小事是什么？（教师启发学生：行动需具体化、可实施）

学生小组讨论并分享。

老师：在帮助小A使用"种花锦囊"种植"开学种子"之后，也请大家将这些"工具和资源"应用在种植自己"不完美的种子"上，有针对性地解决开学适应难题。请大家完成学案纸"种花锦囊"的内容。

学生思考并完成学案纸后，在组内进行分享，相互补充"工具和资源"的用法并写在学案纸上，之后由小组代表分享。

教师小结：这份"种花锦囊"又称"五步脱困法"，能够帮助我们在困境中理清思路，更好地适应学习生活。我们通过集体的智慧帮助小A的"开学种子"茁壮成长，也相互启发，解决自己的开学困境。相信大家的"种子"都能在自己的努力下成长为我们希望的样子。

设计意图：通过案例分析掌握脱困方法，并结合自身情况进行实际应用，转变问题思维，落实积极行动。

四、新学期之花（10分钟）

老师引导学生想象自己的"新学期之花"会如何生长，并让学生画在学案纸上。

*引导语：*请将你的身体调整到舒适的坐姿，轻轻地闭上双眼。双手放松，自然地放在大腿或膝盖上，双脚平放于地上。现在请把注意力放到呼吸上，轻轻地吸气，慢慢地吐气……面对新学期，我们内心有一颗"种子"，即使我们有担忧和不确定，即使这颗"种子"不那么完美，但它也带来了希望和力量。请你仔细观察属于你的"开学种子"，它长什么样？在播种过程中会遇到哪些困难？遇到困难也没关系，今天我们收获了一份"种花锦囊"，里面有"松动困难铲子""分析困难农药""乐观应对阳光"和"积极行动水壶"。请你拿着"松动困难铲子"为"开学种子"松松土，使它有更多生长的空间。很好，接下来，我们可以为它喷洒一点"分析困难农药"，来保护它不受侵扰。请你再感受一下周围的环境，想象有一束温暖的阳光照射到自己和这颗"种子"上，你感到暖暖的，"种子"也在用力地生长。它迎着阳光，破土而出，请你仔细观察它的样子。当然，花朵的成长还需要持续的浇灌，请你为它浇浇水。它又进一步生长，慢慢绽放出美丽的花朵。请你仔细观察一下，这朵花是什么颜色的？具体长什么样子？它承载着你对新学期怎样的期待与希望？很好，请继续仔细地观察它，你还可以凑近闻一闻它的花香，也可以感受一下它的触感。很好，即使是"不完美的种子"，在我们的努力下，它也可以生长、绽放，长成我们期待的样子。接下来，轻轻地、慢慢

地把注意力放回到自己的身上，做几次深呼吸，轻轻地睁开眼睛。

学生根据冥想，在学案纸上画下"新学期之花"，并在边上写下花语，也可以邀请小组成员为自己的花写下祝福，为新学期积极赋能。

教师小结： 形态各异的"新学期之花"让我们充满希望和期待。即便我们遇到困难，即便我们拥有的是一颗"不完美的种子"，我们也可以通过科学的方法和自身的努力种好它，让自己在新学期收获成长。

设计意图： 通过设计"新学期之花"环节，引导学生种下希望与期待，增强对新学期的信心，帮助学生相互赋能、自我赋能。

【课程迭代】

本节课以"种花"为隐喻，通过"种花锦囊"引导学生掌握"五步脱困法"，整个课程的教学过程形象生动。在最初版的设计中，本节课没有采用小 A 的案例，而是让学生直接依据"锦囊"的步骤书写自身问题，并思考解决问题的方法。但这一设置的效果并不理想，没有案例作为参考时，学生写下的内容往往显得空洞，也难以将方法落实到具体行动。于是，笔者选择在课堂中先呈现小 A 的案例，引发学生共鸣，之后再以小 A 为例，介绍"种花锦囊"中每一种"工具和资源"的具体用法，随后让学生进行小组讨论。通过对小 A 故事的理解，学生能够更好地理解与应用"种花锦囊"。同时，在此基础上，学生可以将"种花锦囊"中的"工具和资源"应用于自身实际，起到良好的效果。在学案纸的设计上，笔者也花了一定的心思，使之既能清楚呈现脱困步骤，又能让学生沉浸于课堂情境中，最终种出"新学期之花"，积极迎接新学期。

【教学反思】

本节课尝试引导学生转变面对困难的思维方式，寻找解决困难的方法，做出积极改变的行动。课程参考"五步脱困法"，内容包括困境、改写、因果、假设、未来等，教学生为新学期的自己赋能。

从教学设计来说，活动环节联结紧密，层层递进。在开启有关开学的话题后，以学生书写"开学种子"的方式呈现其开学困扰，为下一阶段活动做准备；以案例分析引发学生共鸣，并引出"种花锦囊"，启发学生一步步地解决所遇到的困难。在此基础上，教师引导学生结合自身情况，对"种花锦囊"进行迁移与应用。最后，"新学期之花"的课堂环节让学生为自己种下希望与期待，增强其对新学期的信心。

从课堂氛围来说，学生能积极参与，相互支持。课程通过"种花锦囊"创设了生动的情境，营造了良好的课堂氛围，学生能有所思考和感悟。最后的"新学期之花"环节则起到画龙点睛的作用，为学生积极赋能。

总体来说，本节课亮点较多。如将"五步脱困法"比喻为"种花锦囊"，形象有趣，贴近生活，增加了学生在课堂上的参与度。又如，课程活动设计丰富，通过视频、案例、书写、冥想等活动，将困境及脱困的过程可视化，让学生能够一步一步地解决困难。

本节课也存在一些不足。例如，本节课从学生面临的开学适应问题入手，但有一些学生认为自己没有遇到适应问题，因而在课堂中难以投入，游离于课堂之外。因而，笔者建议，在开展此课程之前，教师可以先询问班级里是否有完全没有开学困扰的同学，并在小组研讨应对开学困扰的方法时，邀请这些同学现身说法，为大家分享自己应对开学的经验。这样既照顾了全体学生，又能让学生从身边同学身上收获相关经验，使获得的方法、技巧更有说服力。

【专家点评】

本节课的亮点主要体现在以下三个方面。

1. 主题新颖，氛围良好。本节课用"种花"的过程比喻新学期适应的过程，生动形象，具有趣味性。将心理学知识与形象化的活动相结合，帮助学生在生动有趣的情境中转变思维方式，同时紧扣新学期开学这一学情，积极营造良好课堂氛围。

2. 内容丰富，逻辑紧密。高一学生进入新学期存在迷茫、困惑、不安等特点，本节课结合这些特点设计了"开学的心声""我的开学困境""种下我的花""新学期之花"四个主要环节，分别带领学生在开学适应性困境中做到觉察、认知、克服，并且带领学生对美好的学习生活进行展望。活动丰富，环环相扣。

3. 导向积极，结构清晰。本节课通过教学设计，启发学生面对困难时积极转变想法，认识到那些让自己感到困难的事情只是暂时做不到，而非永远做不到。同时，课程引导学生进行正确的归因分析，找到自己能控制、能改变的原因。此外，课程启发学生通过总结成功经验、积极归因分析，引导学生增强自身的自信心，使自己变得更加积极乐观。最后，课程用绘制"新学期之花"的方式，使学生的期待与愿望可视化，增加学生的希望感，为新学期积极赋能。

（点评嘉宾：刘金艳，上海市卢湾高级中学心理高级教师）

【学案纸】

种下我的花

姓名：＿＿＿＿＿＿　　班级：＿＿＿＿＿＿　　学号：＿＿＿＿＿＿

开学种子

> 我担心做不到＿＿＿＿＿＿＿＿＿＿＿＿＿＿＿＿＿＿

种花锦囊

"松动困难铲子"
用途：松动脑海中的固定想法，告诉自己未来有能力解决难题。

用法：
到现在为止，我暂时未做到
＿＿＿＿＿＿＿＿＿＿＿＿＿＿

"分析困难农药"
用途：分析自己难以解决问题的原因，从自己能控制的原因入手。

用法：
我暂时未做到＿＿＿＿＿＿
可能是因为＿＿＿＿＿＿＿

"乐观应对阳光"
用途：相信自己只要针对原因找到方法，就有能力应对困难。

用法：
当我＿＿＿＿＿＿＿＿＿＿
我就可能＿＿＿＿＿＿＿＿

"积极行动水壶"
用途：用实际行动去应对困难，改变从行动开始。

用法：
为了更好地应对困难，我可以做的一件小事是＿＿＿＿＿
＿＿＿＿＿＿＿＿＿＿＿＿＿

新学期之花

花语、祝福

一场宿舍风波

广东省深圳市龙岗区横岗高级中学　张单单

【驱动问题】

如何帮助高中生更好地处理宿舍人际冲突？

【基本信息】

适用学段：高中二年级

准备道具：布条、名牌贴、马克笔

【设计思路】

《中小学心理健康教育指导纲要（2012年修订）》指出，高中阶段学生要正确认识自己的人际关系状况，培养人际沟通能力，促进人际间的积极情感反应和体验。笔者在实际工作中发现，高二学生同伴关系复杂，但同伴间的冲突较少以直接爆发的形式呈现，多以间接的方式存在，如冷暴力、小团体孤立、阴阳怪气、背后说闲话等。这种被动攻击的方式影响了同伴信任，阻碍了同学间建立真诚和谐的友谊关系，严重的情况下甚至可能引发群体孤立及校园欺凌。因此，本节课围绕这一学情开展教学，帮助学生认识被动攻击行为，探索被动攻击下的感受与真实自我。

萨提亚将一个人的"自我"比喻成一座冰山，人们看到的只是露出水面的很少一部分行为，更大一部分的内在世界则藏在水下，像冰山一样。整个"冰山"包括行为、应对方式、感受、观点、期待、渴望、自我七个层次。能够被外界看到的只有行为或应对方式，而更深的感受、观点、期待、渴望、自我等藏在水底[1]。本节课引导学生认识被动攻击行为，使学生看到行为之下自己和他人的感受、观点、期待、渴望以及真正的自我，帮助学生学会认识自己与他人，理解自己与他人。

在教学方法上，本节课主要采用体验式教学，并融入了一些教育戏剧的元素。宿舍生活是高中生活中的重要组成部分，高中生的同伴冲突多由宿舍问题引发。所以，在素材选择上，本节课选择了宿舍冲突的情境。课堂先创设具体的故事情境，通过"定格画面"形式引导学生进入情境和角色，接着通过教育戏剧的"良心巷"形式，让学生在角色扮演中将自我的想法以角色对话的形式呈现出来，最后总结生成，提炼升华。

【教学目标】

1.情感目标：增加对自我、他人及关系的理解与信任。

2.认知目标：认识被动攻击行为，理解被动攻击行为背后的需求；

3.行为目标：学会在遇到冲突时更好地觉察人际关系和自我，学会换位思考，解决冲突。

【教学思路】

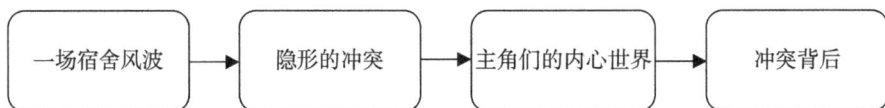

【教学过程】

一、一场宿舍风波（5分钟）

老师：同学们，今天我们的课堂要从一场宿舍风波说起。

故事简介：小红和小白住在同一间宿舍，两个人平时相处友好。但是，小红比较勤奋，早起晚睡，是宿舍里每天第一个走的，晚上还要挑灯夜读。而小白最近学习压力大，睡眠质量差，宿舍里有一点动静就会被惊醒。因此，小白睡觉时经常被小红的动静影响，烦躁难忍。这天早上，宿舍所有成员都还在睡梦中，小红关门发出了"砰"的一声，惊扰了所有人，更惹怒了小白。连着好几天，小红找小白吃饭、说话，小白都不想搭理小红，同时小白还开始以一系列间接的形式表达不满。小红感觉到了异样，心中五味杂陈，不知道该怎么办。

老师：大家猜一猜，小白会用什么间接的形式表达不满？

学生举手回答分享。

设计意图：通过教师讲宿舍冲突故事导入，引导学生进入问题情境。

二、隐形的冲突（10 分钟）

老师：请同学们选择一个间接表达不满的形式来进行情景演绎。以小组为单位，每个人可以充当故事里的任意一个角色。大家有 30 秒的时间可以自由演绎。演绎时间到时，请小组成员定格成一个画面。当老师拍你肩时，你需要以角色身份说出你的一句感受。准备时间 3 分钟。

学生讨论准备。两组学生上台自由演绎，并回答问题。

老师：小白和小红处于冲突中吗？为什么？

学生举手回答。

老师：刚才同学们有两种观点。一种观点认为他们不处于冲突中，因为他们表面看起来还挺和谐的，没有爆发争吵等；另一种观点认为他们处于冲突中，因为两人心里都挺不爽，心有芥蒂。其实老师认为，小红和小白处于一种隐形的冲突中，两人以间接的、迂回的、别扭的形式表达不满与愤怒，表面看起来风平浪静，实则暗流涌动。

设计意图：通过定格画面，呈现冲突情境，引导学生走进故事，认识被动攻击行为。

三、主角们的内心世界（15 分钟）

老师：是什么让小白没有直接沟通，而采用间接的形式表达不满？

学生举手分享。

老师：其实小白一方面想主动说出需求，另一方面又有顾虑。让我们一起走进小白的内心世界。

老师以教室中间为界将全班划分为两组。请 A 组学生扮演不想主动沟通的声音，B 组学生扮演想主动沟通的声音，每个学生用一句话表达主角此时的内心活动。A 组和 B 组轮流交替对话。后一个学生可以回应或反驳前一个学生说的话。句式统一为"我不想主动沟通，因为……"或"我想主动沟通，因为……"。

老师：刚刚我们探讨了小白的内心世界，现在我们走进小红的内心世界，看看是什么让小红在遭受被动攻击后，没办法直接戳穿对方的被动攻击行为，直面问题？小红的内心世界发生了什么？

学生举手分享。

老师：小红的内心也有两种声音，一方面想主动沟通，另一方面又有顾虑。

学生 A、B 组交换，B 组学生扮演不想主动沟通的声音，A 组学生扮演想要主动沟通的声音。每个学生用一句话表达主角的内心活动，句式统一为"我不想主动沟通，因为……"或"我想主动沟通，因为……"。A 组和 B 组轮流交替对话。后一个学生可以回应或反驳前一个学生说的话。

教师小结：我们一起总结小白和小红的需求和顾虑（如下所示）。

	小白	小红
可能的感受	生气、不满、担忧、纠结	莫名其妙、困惑、生气
可能的需求	希望对方能在自己休息时动作轻点 希望被体谅、照顾 想要维持关系 发泄情绪	希望被尊重 希望被友好对待 想弄清楚状况 希望维持关系
可能的顾虑	担心吵架，没办法应对冲突 担心关系破裂 担心说了需求对方也没法满足 担心给对方留下矫情的负面印象	担心被拒绝 担心对方没把自己当好朋友 担心自己被讨厌

设计意图：通过教育戏剧中"良心巷"的形式，走进两位主角的内心世界，探索梳理被动攻击的原因。

四、冲突背后（10 分钟）

老师：总体来看，两位主角的担心、顾虑背后，可能存在对什么的怀疑？

学生举手分享。

老师：可能是对关系存在怀疑，对他人存在怀疑，对自己存在怀疑。两位主角的担心与顾虑是否会受到对方行为态度的影响？

学生举手分享。

老师：是的，两人当然可能会受到对方影响。被攻击者可能会因为被这样对待，而开始用被动攻击作为回应。同学们，透过被动攻击的行为，我们可以看到这些行为背后可能是我们对直接沟通存在担心和害怕，而这种顾虑可能会形成一种恶性循环。这些担心、害怕等负面情绪之下，可能是我们对关系、他人和自己存在的不信任。当我们用间接的形式表达不满和攻击时，也就把整个关系置于迷雾之中，他人会看不清自己，自己也会看不清他人，这会阻碍人与人之间的联结、理解和信任，导致人际间的矛盾与冲突。可能一件小事就能让我们的关系越来越远。

教师小结： 每一场冲突都是增进关系的契机，信任需要勇气。有时候，更亲密的关系更需要勇敢地直接沟通。请珍惜那些跟你直接表达不满的朋友们吧！

设计意图： 通过分析两个主角内心深层次的顾虑，引导学生看见"担心"和"害怕"的背后可能是对关系、他人、自我存在的不信任（如下所示），使学生觉察自己内心的担忧。

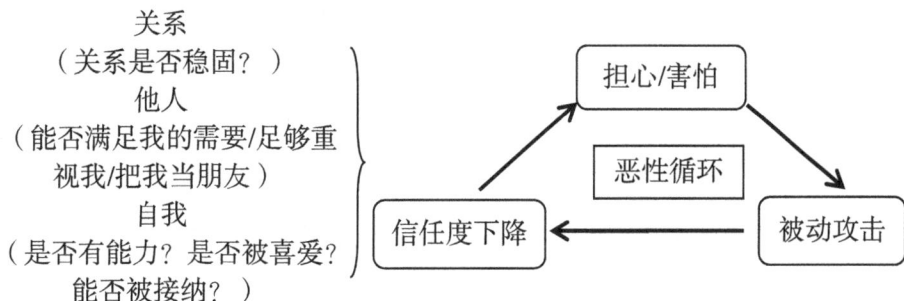

```
关系
（关系是否稳固？）        ┌──────────┐
他人                    │ 担心/害怕 │
（能否满足我的需要/足够重   └──────────┘
 视我/把我当朋友）      ↗      ┌──────┐    ↘
自我                        │恶性循环│
（是否有能力？是否被喜爱？ ┌────────┐  └──────┘  ┌────────┐
 能否被接纳？）          │信任度下降│←────────│被动攻击│
                        └────────┘          └────────┘
```

【课程迭代】

本节课主要探讨高二学生的间接冲突、被动攻击，并看见被动攻击背后可能蕴藏的自己的担忧和恐惧。在设计课程的过程中，笔者想过通过绘画、戏剧等多种形式来呈现间接冲突下的心理活动，最后，笔者选择了用教育戏剧的"良心巷"形式呈现。一开始，笔者只呈现了小白的"良心巷"部分，但是后来笔者发现，小红其实也是化解冲突僵局的关键突破点。现实生活中，"小红"这样的学生常常也会受到"小白"这样的学生的影响，也采用间接的形式表达不满，这让沟通变得更加困难。所以，笔者最后让学生代入了两个角色以探讨主角的内心世界。这样不仅可以让学生学会换位思考，也可以让学生更真切地体验到被动攻击对关系双方的影响。实践教学中笔者也发现，修改完善后的版本让学生的体验更深刻，课堂效果也更好。

【教学反思】

本节课由一场宿舍风波的案例切入，通过教育戏剧的形式，探索冲突之下两位主角的行为、感受、内心的需求和顾虑，直至看见冲突之下的自我和他人，增进学生对自我和他人的理解和信任。本节课的优点有以下三点。

1. 选题贴切，学生有共鸣。本节课探讨的是高中生人际交往中的同伴冲突话题。高中生同伴关系复杂，同伴冲突也很复杂。据学生们反馈，他们也想知道该如何更好地应对被动攻击这种隐形的冲突。所以，本节课以此为主题开展教学，既是教学形势所需，也非常切合学生的兴趣和需求，能激起学生的共鸣。

2. 方法新颖，学生有生成。本节课主要运用了教育戏剧中的"定格画面""良心巷"等方式教学，教学方法新颖。在戏剧素材选择上，本节课以宿舍同学作息方式不一致作为冲突的素材，素材来自学生的真实反馈，这让学生能迅速代入情境，产生共鸣。关于这个情境，学生有很多话可以说，表演也非常生动真实，活灵活现，这也为本节课的有效开展奠定了基础。通过教学戏剧的"良心巷"，学生开始觉察冲突之下自己的担心与顾虑、期待与需求，以及内在的自我。此外，本节课通过两次换位的角色扮演活动，引导学生学会换位思考，使他们不仅理解自己，也理解他人。以戏剧形式设置课堂活动，能让学生在安全的氛围下表达自我，生成很多有价值、有深度的信息，探索自我与他人。

3. 引导深入，学生有收获。本节课将理论与现实结合，运用了萨提亚的"冰山模型"，通过观察冲突中的行为方式，去觉察和探索冲突之下自己和他人的感受、需求和顾虑。通过戏剧和设问的方式，层层递进，抽丝剥茧，引导学生深入思考，看见隐形冲突下对关系、他人和自我的信任问题，进而增进对自己和他人的认识与理解。根据学生反馈，这节课增进了他们对自己和他人的理解，他们也更愿意鼓起勇气信任自己和他人，开展更直接的沟通。

本节课依然存在一些不足之处。第一，本节课展开阶段的"定格画面"环节在实施时会有些阻碍，学生表演时会有些拘谨，此时需要老师做更多的示范并加以鼓励，同时简化表演的技术。在实施这节课的时候，老师可以先找两个同学进行示范，创设表演的氛围。同时，老师也可以提供一些道具，如名牌贴，帮助学生找到角色，方便学生进行表演。第二，本节课主要侧重于引导学生觉察和探索自己为何会用间接的形式表达不满，在此过程中，学生能逐步看见和理解冲突下的自己与他人，但本节课在方法上却并未做太多指导。笔者建议，可以在这节课之后再开设一节课，重点探讨如何建立信任、友爱的同伴关系，为学生提供方法上的指引。

【专家点评】

本节课是帮助高中生解决人际冲突的课程，教师运用教育戏剧的方式很好地将学生的所思所想在课程中进行呈现。本节课主要有以下三个亮点。

1. 切入口小，以小见大。本节课选择以人际冲突中的"被动攻击"为切入口，精准地找到了高中生人际交往的痛点和难点，也贴合高中生的自我发展特点。作者结合萨提亚的"冰山模型"，对被动攻击行为之下的感受和想法进行层层递进的深入分析，最后总结出人际冲突中更直接的沟通策略，以小见大，立意新颖。

2. 戏剧贯穿，引人入胜。整节课以故事贯穿始终，选择的故事也是高中生日常生活中常见的案例，学生的代入感强，参与度高。通过对教育戏剧中的"定格画面""良心巷"等方式的灵活运用，极大地调动了学生参与课堂的热情，也能引发学生的共鸣。

3. 层层剖析，富有深度。对一个常见的"宿舍风波"进行深度剖析，发现其中存在的"恶性循环"，帮助学生在冲突中看见关系，也看见自己。整节课非常有深度，能给予学生很多有关人际交往的启发。

（点评嘉宾：马菁，广东省深圳市龙岗区龙城高级中学心理科组长、高级教师）

该课为 2023 年 5 月深圳市龙岗区高中、中职心理学科教研活动公开课

【参考文献】

［1］刘安帅，刘悦宝. 浅用"冰川理论"帮助高中生化解人际冲突［J］. 天天爱科学（教育前沿），2019（4）：70.

流量"剧本杀"

杭州观成实验学校　吕剑晨

【驱动问题】
如何提高学生识别网络虚假信息的能力？

【基本信息】
适用学段：高中一年级

【设计思路】
　　高中阶段的学生思维活跃，好奇心强，对新鲜事物充满探索欲望。随着智能手机的普及，网络已然成为高中生获取信息、生活娱乐的重要平台。但是，网络信息的复杂性和多样性使高中生在使用网络时面临诸多挑战，尤其是网络虚假信息的泛滥，会对高中生的认知、情感和行为产生不良影响。由于年龄和经验的限制，高中生往往缺乏一定的辨别能力，容易受到网络虚假信息的误导。《中国学生发展核心素养》将社会参与纳入学生核心素养之一，强调学生应养成现代公民所必须遵守和履行的道德准则和行为规范。因此，提高高中生的网络素养，培养他们辨别网络虚假信息的能力，帮助高中生认识复杂的社会环境对他们的心理健康发展具有重要意义。本节课旨在通过"剧本杀"的形式，寓教于乐，帮助学生学会识别网络虚假信息，掌握辨别网络虚假信息的方法。

【教学目标】
　　1.情感目标：培养对网络虚假信息的理性态度，增强面对网络虚假信息的自我保护意识。

　　2.认知目标：理解网络虚假信息的特征，掌握辨别网络虚假信息的方法。

　　3.行为目标：学会识别网络虚假信息，提高识别网络虚假信息的能力。

【教学思路】

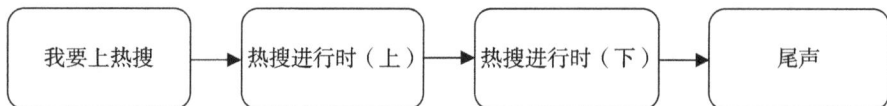

我要上热搜 → 热搜进行时（上）→ 热搜进行时（下）→ 尾声

【教学过程】

一、我要上热搜（3分钟）

老师：大家有没有玩过"剧本杀"游戏？有些同学可能玩过，有些同学可能没玩过。今天这节课老师将带大家体验一次心理课版的"剧本杀"。我们的主题是"我要上热搜"。游戏规则非常简单，就是各个小组把自己代入某传媒公司员工的角色，服从要求，不惜一切代价地为公司赚取流量值。

设计意图：创设问题情境，激发学生兴趣。

二、热搜进行时（上）（20分钟）

老师：在当今社会，流量等于金钱。为了博取流量、占据热搜榜，众多传媒公司的员工都在摩拳擦掌，你也是其中一位。胜过对手，占据热搜，让自己公司的新闻获得关注，这是你在这场"流量战争"中唯一能做的事情！

（一）初步策划

老师：你们初入某传媒公司就赶上公司业务不景气。看到自己所在公司的新闻最近一条热搜都没上，公司领导，也就是我，把你们通通叫到办公室严厉批评了一顿。我给你们下了死命令，如果本月公司新闻再上不了热搜，就要把你们全部开除。为了达成目标，你们把小组成员都叫了过来。接下来，你们需要分配手中的热力值来助力以下新闻上热搜。热力值如果被分配到更有可能上热搜的新闻，你小组就会获得更多的流量值。获取流量值最多的小组将获胜。注意，本轮每个小组有100点热力值，每个新闻可以分配的热力值为0～100点。你分配给某条新闻的热力值越多，它越有可能被关注，也越有可能获得高流量并进入热搜榜。现在请你们为以下四条新闻分配热力值，热力值会以一定的比例转换为流量值。当大家分配完后，我会告诉大家各小组本轮获得的流量值。

新闻1：高一某班学生荣获数学建模比赛一等奖。

新闻2：某班同学A和某班同学B传出绯闻。

新闻 3：某班班长周末频繁出入奢侈品商店。

新闻 4：某班同学 C 在班级群里发"恶搞熊猫"表情包。

学生小组讨论如何分配热力值，然后派代表分享本组热力值的分配情况。

老师宣布各小组获得的流量值结果。

本轮热力值与流量值的换算公式为：小组流量值 = 新闻 1 热力值 ×10 + 新闻 2 热力值 ×40 + 新闻 3 热力值 ×20 + 新闻 4 热力值 ×20。

（二）再接再厉

老师：你们按热力值投放 4 条新闻后，取得了不错的反响。现在，你们决定策划新一波热搜。接下来，你们需要分配手中的热力值，助力以下新闻（老师自行准备 4 个新闻标题）上热搜。请注意，本轮每小组拥有 200 点热力值。

学生小组讨论如何分配热力值，然后派代表分享本组对各个新闻的热力值分配情况。

老师宣布新一轮各小组获取的流量值结果。

本轮热力值与流量值的换算公式为：小组流量值 = 新闻 1 热力值 ×45 + 新闻 2 热力值 ×55 + 新闻 3 热力值 ×10 + 新闻 4 热力值 ×50。

（三）乘胜追击

老师：恭喜你们！经过一个星期的精心策划，你们负责的新闻取得了不错的成绩。但请大家戒骄戒躁，继续完成新一轮的策划。此时，我突然告知你们，公司出台了竞争策略，本轮共有 500 点热力值，但我只会将它交给其中一个组。你们决定在我面前大显身手，势必拿下这轮的热力值！本轮的任务是策划以下事件，让它成新闻热点，获得的关注越多越好。

事件简介：小 D 偷偷告诉你，他看到班里一名男生经常在下课后找隔壁班的一名女生借书，甚至听说他们还一起报名了周末的兴趣班。

学生分组小组讨论如何策划这起事件，然后分享。老师根据学生"制造"的热点新闻的质量，选出一组为优胜组。该小组获得流量值为：500×30=15000。

设计意图： 通过创设"传媒公司争夺流量"这一和现实紧密联系的游戏情境，使学生完全沉浸在活动中，能够站在传媒公司员工的立场去思考如何通过制造新闻热搜赚取流量值，了解网络虚假信息的特征。

三、热搜进行时（下）（22 分钟）

（一）粉墨登场

老师：经过三轮比赛，有人欢喜有人忧。正当此时，我忧心忡忡地将你们叫到办公室，说公司的竞争对手——"大嘴巴"公司——近一周多次登上热搜榜！这对公司来说是严重的威胁。你们知道"大嘴巴"公司以擅长发布虚假信息出名，于是纷纷去他们发布的热搜底下评论。请一定记住，每个人的账号都是实名制！你们要尽可能地抨击"大嘴巴"公司的虚假信息，同时评论的内容一定要客观、真实、理性！本轮我将根据大家评论的质量，提供 15000 ~ 40000 流量值奖励。

老师呈现以下"大嘴巴"公司发布的信息，让学生进行小组讨论，然后派代表分享。

信息简介：海水被污染，食用盐无法食用。2023 年 8 月，"核污水导致食用盐无法食用"的传闻在网上传播，一段民众现场"抢盐"的视频疯传。

老师根据学生的评论情况分发流量值。

（二）清朗行动

老师："大嘴巴"公司的恶劣行径得到了制裁，但本行业也受到了相关部门的关注，开展了一场轰轰烈烈的网络环境整治"清朗行动"。领导赶紧要求公司所有人整改公司所发布过的诸多新闻热点！请你辨别以下新闻（老师自行准备几个歪曲事实或耸人听闻的新闻标题）是否歪曲了客观事实，如果是，尽力还原真相。还原最符合实情的小组会获得相关部门助力的热力值。

学生分小组讨论后派代表进行分享。

老师：这些新闻可能使用了夸张、断章取义、拼凑、模糊、过度解读、捕风捉影、道听途说、个例代替群体等方式来歪曲事实。

四、尾声

老师：抛开传媒公司的工作不谈，你也只不过是普通人中的一员，每天也都被热搜榜上的一些信息蒙骗。为了你心中的那份理智，你觉得该如何做才能从众多信息中识别出虚假、夸张的内容？如何才能用审视的眼光看待网络信息？

学生分小组讨论后派代表进行分享。

教师小结：同学们，身处信息爆炸的时代，我们要特别警惕网络中的虚假信息。

有些人为了吸引眼球或追求点击率，不惜歪曲事实、夸大其词。我们应当学会擦亮双眼，不轻信、不盲从。遇到有疑问的信息，要冷静思考，多方求证，通过权威渠道验证其真实性。我们要培养识别虚假信息的能力，提高警惕性，避免被虚假信息误导，共同维护健康、清朗的网络环境。

设计意图：通过识别、拆穿虚假新闻的套路，培养学生理性面对网络虚假信息的态度，让学生树立自我保护意识。让学生理解虚假信息常用到的歪曲事实的方式，提高学生识别虚假信息的能力。

【课程迭代】

本节课在设计之初定下了主体框架，后续只对游戏剧情、新闻热点、流量计算等内容进行了优化修改。流量值的引入让学生对自己热力值的投入回报有了更直观的认识。当教师在每轮游戏结束后公布小组获取的流量值时，课堂上充满了此起彼伏的惊叹声。为了使游戏的可玩性更高，避免学生因为在某轮环节获得的流量值较多，从而让其他小组觉得再也追不上的情况，课堂尽量营造一种"你追我赶"的氛围。因此，笔者花了较多的时间去平衡每个环节的热力值，以及热力值与流量值的兑换公式，以激发学生在游戏中的竞争意识。

【教学反思】

本节课以游戏为主体，让学生在游戏中有所收获和感悟。学生通过认真完成课堂任务，逐步了解网络虚假信息的特征，掌握识别网络虚假信息的方法。从实际授课效果来看，本节课很好地达成了笔者预设的教学目标，基本每个班的学生都能积极踊跃地参与课堂讨论活动。

本节课将"剧本杀"剧情分成"上""下"两部分。上部分活动中，学生必须扮演传媒公司员工，当每轮获取的流量值关乎他们小组的"实际利益"时，为了赚流量、博眼球，他们可能会降低道德底线，制造出夸张的新闻热点标题。而如果教师只是在课上告诉学生要学会识别网络虚假信息，不信谣、不传谣，那么这节课上起来可能就更像思政课了。上部分"初步策划""再接再厉""乘胜追击"三个环节的目的是给学生创设真实的问题情境，激发他们参与活动的兴趣，使学生切身感受虚假信息是如何诞生的。

如果说上部分是给学生营造沉浸式的学习氛围，那么下部分就致力于促进学生真实学习的发生。"粉墨登场"环节引入了"竞争公司"这一形象，使学生在需要拆解、批判网络虚假信息时，既不会觉得太"出戏"，又能实质性地思考：我该如何用客观、真实、理智的态度去抨击网络上的虚假信息。在"清朗行动"环节，课堂更是让学生去审视自己小组制造过的虚假新闻热点，分析网络虚假信息的特征及传媒公司常用的歪曲客观事实的方式。最后，在"尾声"阶段，课堂再次让学生转变身份，从传媒公司员工回归到自己本身，谈一谈该如何提升自己识别虚假信息的能力，使学生能够反思自己在本节课游戏中的经历，总结课堂收获。

【专家点评】

本节课是一节独具匠心的心理课，充分展现了教师在教学设计和课程实施方面的专业素养与创新精神，其优点主要体现在以下三个方面。

1. 本节课立意新颖，紧贴学生生活。在网络信息大爆炸的时代里，提高学生明辨是非的能力，帮助他们学会区分"事实"和"观点"，非常重要。本节课正是敏锐地捕捉到这一点，引导学生思考流量背后的问题，学会理性看待网络虚假信息，这有助于培养学生的批判性思维和独立思考能力。

2. 本节课真正做到了以学生为主体，为学生创设自然生长的情境，促进学生的真实学习。在教学过程中，整节课学生都全身心地沉浸在"剧本杀"游戏里，在游戏中积极地为自己小组的热力值分配、客观评论等出谋划策。这能促使学生自己发现问题、解决问题，促使真实学习的发生。

3. 本节课的创意性也值得称赞。授课老师巧妙地通过"玩"的方式，让学生在轻松愉快的氛围中学会识别网络虚假信息。课堂采用"剧本杀"这一深受年轻人喜爱的游戏形式，将心理教育融入其中，使学生在游戏中自然而然地了解网络虚假信息的制造过程，从而达到提高警惕性的目的。这种寓教于乐的方式，不仅激发了学生的学习兴趣，还让他们在玩乐中自然而然地掌握了识别虚假信息的方法，起到了事半功倍的效果。

（点评嘉宾：姚立新，浙江省杭州市教育科学研究院心理健康教研员）

第五章

学会学习

学会学习单元的主要目标在于培养学生的学习兴趣和学习能力，引导学生养成良好的学习习惯，掌握学习策略，提高学习效率。通过了解与学习相关的心理知识，学生能够发现自己在学习中存在的种种问题，并运用所学的技巧和方法，有效地克服困难和挑战，提升自己的学习能力，取得更好的学习成果。

　　学会学习单元的主题包括提升学习动力、学会提问、培养创造性思维、积极应对学习压力、掌握学习策略等。学生在学习的过程中常常会感到枯燥，也会遇到瓶颈，这些主题可以帮助学生树立对学习的正确认知，激发学生的学习兴趣，培养学生在学习中的自信心，引导学生利用所学的学习策略提升学习效率。

　　高中阶段，学生的抽象思维能力进一步发展。这一阶段的学生能对自己的思维进行自我反省和自我调控，确保思维的正确性和高效率。首先高中生面临着学业压力增加的问题，对此他们可能感到焦虑，教师需注重引导学生积极面对困难和挑战。其次，部分高中生的时间管理能力尚且不足，难以合理安排学习时间和课业任务，导致学习效率不高，教师需给予学生恰当的时间管理策略的指导。最后，由于学科知识的复杂性，教师需要帮助高中生调整学习策略，掌握相应的技巧，从而促进记忆效率的提升，改善复习的效果。

　　《时间之镜》通过"绘制时间之镜"的方式提升学生的时间洞察力，并通过"小步子"问句引导学生找到高效管理时间的方法。《觉察学习状态，迈向更好的自己》从青少年历奇辅导的视角出发，引导学生勇敢跳出学习的安全舒适区、平稳度过压力焦虑区、成功抵达成长信心区，克服焦虑，收获成功的喜悦。《让海马体"开门"》结合脑科学理论，引导学生理解记忆的规律，掌握记忆的方法，提升学习效率。《"学者荣耀"》结合"心流"理论和 SMART 目标管理原则，帮助学生通过设置恰当的学习目标，激发自己的学习动力，取得更好的学习效果。《精准分析，有效提分》结合 SK 试卷分析法，教会学生如何分析试卷，总结归纳错误，整理知识点，提高复习效率。

　　本单元课程从多种视角进行切入，探讨了高中阶段学生可能面临的学业难题，紧紧围绕着高中生可能面临的学业压力、遇到的学业瓶颈等话题，注重改进学生的学习策略。在实践过程中，我们希望读者能够进一步结合本校学生的实际情况，适度调整课程内容，让学生找到更适合自己的学习方法。

时间之镜

福建省泉州惠南中学 钟建芳

【驱动问题】

如何提升学生的时间管理能力？

【基本信息】

适用学段：高中一年级

道具准备：学案纸、彩笔、黑色水笔

【设计思路】

《中小学心理健康教育指导纲要（2012年修订）》指出，高中年级心理健康教育的主要内容包括帮助学生掌握学习策略，开发学习潜能，提高学习效率等。高中生在学习上常常出现时间管理问题，例如，他们对感兴趣的学科投入时间多，对不感兴趣的学科投入时间少，考试时会出现时间不够用、拖延等现象。因此，心理课需要帮助高一学生树立科学的时间管理观念，提升对时间的管理能力与效能感，挖掘提高时间管理能力的潜在资源。

有研究表明，时间管理能力的提升有助于个体提高自身学习效率[1]。因而，帮助学生提升对时间的管理能力与效能感，学会科学管理时间有重要的现实意义。影响时间管理的因素有很多，其中学生对时间的感知和管理是极为重要的因素之一[2]。时间洞察力理论认为时间洞察力是个体对时间认知、体验和行动的能力，是一种相对稳定的人格特质。时间洞察力作为人类重要的动机因素之一，对个体理解过去、把握现在、展望未来有重要作用。

本节课通过创设情境，引导学生觉察自己的时间管理模式，发现其中可能存在的问题，同时让学生评估自己的学习状态，寻找科学管理时间的策略。另外，本节课还采用"小步子"行动，让学生掌握时间管理的方法与技巧。

【教学目标】

1.情感目标：体会提升时间管理能力的成就感与效能感。

2.认知目标：觉察自己过去的时间使用情况，发现当下的时间使用状况中可以调整的部分。

3.行为目标：了解聚焦未来时间管理的"小步子"行动，学会科学地管理时间。

【教学思路】

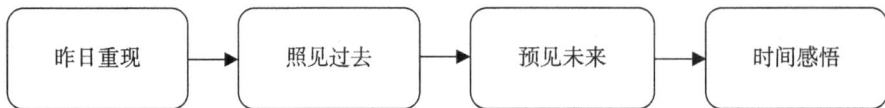

【教学过程】

一、昨日重现（6分钟）

老师在黑板上呈现一组同心圆，让学生思考该图形可能代表什么。

学生举手分享。

老师：接下来我们将通过一个游戏来揭开同心圆的神秘面纱。请同学们根据老师陈述的内容做动作，如果以下描述与你的真实情况符合，请你拍两下手。

陈述内容：早上6点已经起床。早上7点半开启早读且活力满满。上午9点半课间操提不起精神。课上到一半，肚子饿了。下午英语课，因为回答问题十分完美而心里乐开花。傍晚6点吃过晚餐心情不错。晚自习时，被班主任叫到门外问话，心有余悸。晚上12点还在挑灯夜战。

学生参与游戏，根据老师陈述的内容拍手。

老师：其实，黑板上的同心圆是一个时钟，它同时也是一面"时间之镜"。别看它现在只是一个平面图，它其实深不可测。它很真实，忠于珍惜它的人，我们能从它的身上看到自己的时间印记。这节课，让我们一起走进"时间之镜"，看看我们在流逝的时间里留下的成长印记。

设计意图：游戏导入，激发学生兴趣，引出课程主题。

二、照见过去（15分钟）

老师：假设通过手中的这面"时间之镜"，我们可以看到自己所拥有的24小时，那么，现在请大家闭上眼睛，跟着老师一起回顾过去的 24 小时。

老师播放背景音乐，引导学生进行冥想。

冥想指导语：昨天的清晨，伴随着闹铃的响起，你的一天开启了。睁开眼的那一刻，你的心情如何？当你身处教室开启早读时，你的状态如何？当你上课时，你想到了什么？当你与同学合作，完成原本想要放弃的任务时，你是否为自己感到骄傲？晚自习时你被一道数学题难住，花了很多时间还未解出答案时，你又是什么感受？当你结束一天的学习，躺在床上准备休息时，你脑海中浮现了什么？就在过去的这 24 小时里，每个人都经历了不同的事件，感受到不同的心情。不同的心情可以用不同的颜色或形状来表示，这些都是时间留下的印记。

老师请学生在学案纸圆圈①中用关键词写出一天内经历的活动名称；在学案纸圆圈②中用颜色填涂的方式表达自己做这一活动时的心情。

学生根据活动要求，用文字、颜色或图案的方式记录自己过去 24 小时内的时间使用情况，绘制"时间之镜"。

老师：通过"时间之镜"，我们照见了过去。每种颜色仿佛诉说着不同的故事，流淌出不同的心情，它们记录了过往的点点滴滴，真实地呈现了我们的时间使用情况。请大家在小组内分享作品，看看其他人绘制的"时间之镜"，并用一个关键词或一句话表达自己完成"时间之镜"的感受。

学生小组内互相传阅学案纸，依次分享绘制心得。

教师小结：我们从"时间之镜"中照见了自己的过去，看到了时间留下的印记和自己真实的状态。在绘制过程中，有人心生欢喜，有人感慨遗憾，有人充实，有人无奈，有人收获颇丰，有人感到无趣。但时间的神奇之处在于，它对每个人都是公平的，你怎样对待它，它就怎样回馈你。

设计意图：通过绘制"时间之镜"，引导学生了解自己过去一天中时间的使用情况，感悟自己做不同事件时的心情。

三、预见未来（20 分钟）

（一）评估现状，发现力量

老师：这面"时间之镜"代表着我们过去一天的时间管理情况。作为"时间之镜"的主人，如果你给时间管理情况打分，很满意是 10 分，不满意是 1 分，你会打几分？

请你将分值写在学案纸"时间之镜"的正中间的圆圈里。

学生写下自己的分数。

老师：相信打分高的同学一定是做了什么，或者有什么资源或力量给了你支持。接下来，请大家挖掘能提高自己时间管理能力的潜在资源，也可以发现能帮助自己加强时间管理的方法。请大家用关键词的形式将能帮助自己加强时间管理的资源或方法写在刚刚打分的圆圈里。

学生在学案纸上写出关键词，并举手发言。

老师根据学生发言进行板书，归纳日常生活中能帮助学生加强时间管理的资源或方法。

教师小结：每个同学对自己过往的时间使用情况有不同的满意程度，但同学们都尝试运用了自己认为有助于时间管理的资源、方法等。如果我们有效利用了资源和方法，我们的"时间之镜"就会更接近于自己满意的模样。

设计意图：通过评量技术，引导学生对"时间之镜"的满意度进行评估，帮助学生发现时间管理过程中的成功经验及自身潜藏的资源。

（二）同伴互助，积极赋能

老师：请大家在小组内部交流分享，当小组成员的时间管理资源和方法给你留下深刻印象或得到你的认可时，请你对其给予肯定，并在他的学案纸上写上"+1"。你也可以从自身角度补充有助于科学管理时间的方法与经验。

学生小组内交流讨论。

老师：通过刚才的分享交流，你觉得什么资源、方法对我们的时间管理是很有帮助的？

学生举手分享。

教师小结：为了使自己对时间使用情况更加满意，我们可以做的还有很多。例如，使用"番茄时钟法"提高自己的专注力，高效管理时间；在感到疲惫时听一段音乐、看一会儿书、享用自己喜欢的食物；在遇到困难感觉无法坚持时，寻求家人与同伴的支持。当然也可以说一些自我鼓励及暗示的话语，提醒自己不放弃。如果我们有效利用了这些资源、方法，我们的"时间之镜"就会更接近自己满意的模样。

设计意图：通过互相交流，引导学生借鉴他人在时间管理过程中用到的有效资源、方法等。

（三）聚焦行动，小步出发

老师：如果要增加对自己时间使用情况的满意度，你能做些什么？接下来，请你在"时间之镜"的外围画一个圆代表新的一天，让我们带着刚刚通过探索得到的资源和方法重新开启它。

学生在"时间之镜"外围画一个圆。

老师：请聚焦于晚自习这一时段，思考在晚自习中自己可以通过哪些微小的行动来进行改变，以提升自己的时间管理能力。请你用涂色或写字的方式来呈现。

学生完成"新的一天"的绘制并分享可以付诸实践的微小行动。

教师小结：不论是"时间之镜"的颜色发生了改变，还是时间分配情况有了细微的调整，又或者你在晚自习时多完成了一道题，这些都是微小改变的开始。在科学管理时间方面，我们可以做的还有很多。如果你问时间，以后的每一天是否都能比今天更让自己满意，我想它会告诉你：时间可以治愈的，是愿意自我改变的人。

设计意图：引导学生发现时间管理过程中可以调整的部分，并运用在上一环节中收获到的资源和方法寻找改进的对策。

四、时间感悟（4分钟）

老师：时间飞逝，转眼这节课也接近尾声。如果"时间之镜"会说话，你觉得它会跟你说些什么？

学生分享心得感悟。

教师小结：时间这面镜子，可以照见过去，预见未来，以后的每一天是否能让自己满意，决定权与主动权掌握在我们每个人自己手中，希望每个同学都能科学地管理时间，做"时间之镜"的主人。

设计意图：分享本节课的感受与收获，鼓励学生将学习到的经验与方法运用于日常生活中。

【课程迭代】

本节课初版课程是从帮助学生更加科学地管理时间这一角度出发，按照"觉察—评估—行动—改变"的环节推动学生对自己的时间使用情况产生认知。笔者刚开始设计主体活动时，采用的是24小时直尺图，其中，觉察的部分以直尺形式呈现在学案纸中的上半部分，评估和行动的部分单独呈现在直尺图下方。这个版本的内容较分散，主题也很直白，叫《××的时间管理》。在实际授课过程中，笔者推进教学环节时经常出现卡顿现象，这才意识到，如果学案纸内容分上、下两部分，会使本节课主题不够突出，让学生产生割裂感，容易打断学生的思路。

在征求了学生及同事的建议后，笔者受"心灵之境"的启发，对原版课程设计进行调整与修改。新版课程保留了教学设计的主体部分，但对学案纸进行了调整，将原来的直尺图改成圆形图，主题改成"时间之境"。但是，因为想体现学生可以通过时间这面"镜子"看清自己的时间使用情况，所以笔者又将主题中的"境"改成"镜"。这既创设了能让学生积极参与活动与创作的氛围，又让学案纸成为一面"镜子"，帮助他们看清过去、现在与将来。修改后的学案纸能够让课堂上所有的思考与活动在一个圆环里进行，课程环节的推进更加顺畅自然。

【教学反思】

本节课主题的设计灵感来源于笔者在日常咨询工作中看到的学生的困惑，他们常常反映自己在时间安排上力不从心、学习效率低，以致陷入时间不够用、分配不合理的困境。他们想要改变现状，却无从下手。因此本节课旨在帮助学生更好地觉察自己的时间使用情况，学会科学地管理时间。

本节课聚焦于高中生时间管理的困扰，教学目标明确具体，教学设计思路清晰。课堂对焦点解决短期治疗中评量技术的使用，让学生对"时间之镜"的满意度可视化，有助于提升学生对自己时间使用情况的认知，有利于推进后续教学。主题活动环节的设计依据是时间洞察力理论。活动层层递进，引导学生觉察自己过去的时间使用情况，发现当下可以调整和改变的地方，聚焦未来的"小步子"行动，树立有效管理时间的信心。

本节课的不足之处有以下两点。第一，课堂在时间管理策略方面缺乏教师的专业指导。学生在课堂上更多是在觉察自己的时间使用情况，或是学习其他同学的时间管理经验，而没有得到具体的时间管理策略的理论指导。对于这个问题，教师可以将具体的时间管理方法以课后阅读材料的形式发给学生，或者在课堂上对学生的讨论结果进行提炼后，帮助学生归纳总结方法，使学生能够学以致用。第二，课堂对于时间的觉察仅停留在对时间管理的满意度上，未能进一步探讨关于时间管理策略的评估等。未来，教师可以引导学生觉察可能干扰时间管理效率的因素，选择并实践适合自己的时间管理策略。

【专家点评】

本节课的亮点主要体现在以下三个方面。

1.深入分析学情，精准选择主题。本节课主题符合《中小学心理健康教育指导纲要（2012年修订）》的要求，聚焦于学生的实际困扰，符合当下学生的成长需求，具有重要的指导意义。

2.教学目标明确，逻辑思路清晰。围绕"觉察时间使用情况，寻找改变与调整的资源和方法"这一具体的教学目标，以"时间之镜"这一隐喻来创设活动情境，运用焦点解决短期治疗的评量问句、"小步子"行动等方式，借助冥想、绘画、小组讨论等教学方法，引导学生在自主探索活动中体验、感悟、生成，可谓"一镜到底"，一气呵成。

3.注重情感体验，推进团体动力。本节课主题是偏"认知"的时间管理，教师在清晰的逻辑推进中，也非常关注引导学生去感受自己的情绪，感受资源带来的能量，感受同伴赋能的喜悦，在师生互动、生生互动中不断催化团体动力，在积极情感体验中内化所学内容，增强自我改变的信心。

（点评嘉宾：庄娥霞，福建省泉州晋江市教师进修学校心理健康教育教研员）

【参考文献】

[1]吴玉婷.未来时间洞察力、时间管理倾向与学习投入的关系及干预研究[D].武汉：华中师范大学，2021.

[2]单欢欢，宋国世.时间洞察力理论研究及进展[J].中小学心理健康教育，2013（11）：4-6+9.

【学案纸】

时间之镜

姓名：_____ 班级：_____ 学号：_____

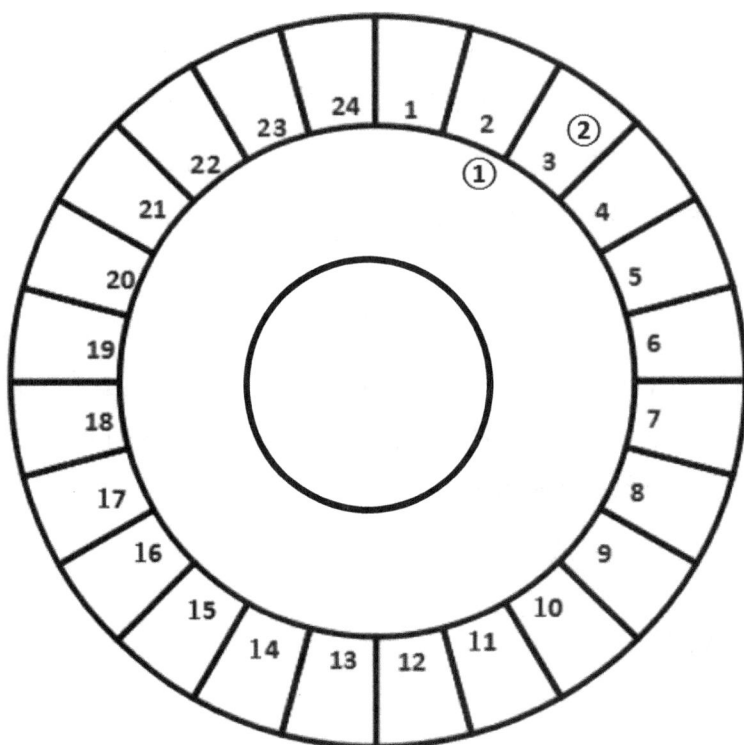

觉察学习状态，迈向更好的自己

北京市第一零九中学　林翔宇

【驱动问题】

如何帮助学生觉察自身的学习状态，并走出学习舒适区？

【基本信息】

适用学段：高中二年级

准备道具：盲盒、学案纸

【设计思路】

《中国学生发展核心素养》提到，学生应勤于反思，要有对自己的学习状态进行审视的意识和习惯，善于总结经验，并根据不同情况和自身实际状况，选择或调整学习策略和方法等。《中小学心理健康教育指导纲要（2012年修订）》也提到，心理健康教育在高中年级的主要内容包括引导学生掌握学习策略，开发学习潜能，提高学习效率等。

高中阶段学习科目增多、学习难度增大，当学生逐渐适应这一变化后，他们的学习状态也趋于稳定。学习成绩较好的同学虽然适应了当下的节奏，但他们也可能面对一些困难，如对不感兴趣的学科缺乏学习动力，有畏难情绪。成绩中等的同学可能会感觉自己没有动力、没有目标，学习对自己来说是沉重的负担，自己也难以看到努力的成效，有些气馁。成绩相对较差的学生则普遍认为自己学习不够自主，渐渐失去学习的信心。看起来，学生似乎学习状态稳定，但实际上，这是因为他们选择接受现状，停留在各自的舒适区。其实，每一类学生都有自己成长进步的空间。

《生命轨迹》一书提到[1]，成长的契机在于我们敢于踏出自己的"安舒区"（本节课根据授课情况修改为"安全舒适区"），向无尽的将来、无尽的可能性迈进。在离开自己的"安舒区"，到达"成长区"（本节课根据授课情况修改为"成长信心区"）的过程中，我们会进入一个"受压区"（本节课根据授课情况修改为"压力焦虑区"）。在"受压区"，我们会感到陌生和不安。当我们克服了这些焦虑、担忧、自我怀疑的情绪后，便能体验到成功的喜悦，收获成功的经验，从"受压区"进入"成长区"。

本节课旨在引导学生反思自己所处的成长区域，思考这个区域的特点和存在的挑战，引导学生探索新的努力方向，做出尝试行为，提升内在动力，增强自己的学习效能感，提高反思能力和解决复杂问题的能力。

【教学目标】

1. 情感目标：提升自主学习和持续投入行动的意愿。

2. 认知目标：觉察自己的学习状态和所处的成长区间，明确自己的学业现状。

3. 行为目标：掌握提升学习状态的方法，找到改变学习现状的突破口，制订行动计划并在学习中实践。

【教学思路】

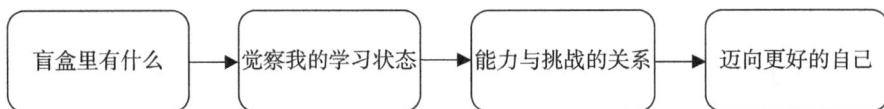

【教学过程】

一、盲盒里有什么（5分钟）

老师手拿自制盲盒，盲盒中提前放置不同形状、质地、手感的物品。老师邀请学生尝试伸手进去摸一摸，询问学生有何感受。

学生决定是否上台触摸盲盒里的物品。

老师向不同反应的学生分别提问以下不同的问题。

提问不愿意尝试的同学："你们的心情是怎样的？你为什么不想试试？"

提问伸手尝试的同学："你摸到了什么？现在你的心情是怎样的？"

提问好奇但还没尝试的同学："如果知道了里面是什么，你会不会愿意尝试一下？"

老师：我们学习的过程其实和在盲盒里触摸物品的过程有很多共同点，如面对的都是未知的、新鲜的甚至很有挑战性的事物。面对未知的事物，有人主动挑战，有人等待观望，有人害怕退缩，你是哪一种呢？

设计意图：通过盲盒活动激发学生的好奇心和学习兴趣。通过盲盒和学习在心理体验上的共同点自然过渡到本节课主题——"面对学业"。

二、觉察我的学习状态（13分钟）

老师：请大家觉察自己的学习状态。近期在学习时，你整体比较偏向于哪种状态？你常常出现的感受是什么？请你用两个形容词进行概括，并完成学案纸"学习状态卡"部分。

学生填写"学习状态卡"并分享。

老师：人的成长要经历三个区域，分别是安全舒适区、压力焦虑区和成长信心区。对于我们来说，成长的契机在于敢于踏出自己的安全舒适区，向未来无尽的可能性迈进。在到达成长信心区之前，我们必然会经历压力焦虑区，在那里我们会感受到学业的压力、个人的迷茫等。但克服这些焦虑和自我怀疑的感受后，我们就能体会到成功的快乐，收获成功的经验，并逐步进入成长的新阶段。结合你的状态和你书写的形容词，想一想你当下的学习状态位于哪个区域？

学生举手回答。

老师：大家请填写学案纸"个人完成"部分。想一想，你的学习状态当前位于哪个区域？在这个区域你要经历哪些舒适与不舒适的状况？如果一直留在这个区域，你又会面临什么样的挑战呢？接下来，请你用箭头在图上标出自己更想去的区域，并说明原因。

学生按要求填写学案纸。

老师：请大家在小组中分享自己目前所处的区域，然后总结本组成员的区域分布有何异同。并说说在小组分享中，你有何发现？你遇到了哪些挑战和阻碍？

学生在小组中进行分享，并思考问题。

教师小结：这个活动帮助我们进一步明确了自己在学习中所处的状态，更深入地理解了自己处于当下状态的原因和面临的挑战。

设计意图：引导学生觉察自身当下的学习状态，探讨自己所面临的学习挑战。

三、能力与挑战的关系（17分钟）

老师：美国积极心理学家米哈里·契克森米哈赖发现[2]，我们的能力和任务难度的高低会对我们的学习状态和感受产生影响。大家看看学案纸"能力与挑战关系图"。当我们的学习能力弱、学业任务难度低时，我们会出现淡漠的感觉。当我们的学习能力高、学业任务难度低的时候，我们会感觉无趣、松懈。而当学业任务难度逐渐变高，但我们自身能力却没有太多增长的时候，我们便会感到焦虑、担心。当学习能力高、学业任务难度也高时，我们会有掌控感，感受到愉悦满足的情绪，这就是"心流"体验。请大家观察自己所写的"学习状态卡"中的形容词，说说它和刚才所说的哪一种描述更加匹配？比较以后，请大家想一想，为了达到"心流"状态，是应该提高学习任务的难度，还是要提升自身的学习能力？

学生根据要求进行观察和比较，思考后举手回答。

教师小结：老师了解到大家平时在学习时，可能出现学习目标缺乏、学习动力不足、学习方法不当等情况，这其实就是当下我们要面对和解决的问题。我们要尝试借助身边的资源，进一步思考当下要如何做出努力。

设计意图：让学生从感性体验进入理性分析，使他们进一步澄清是什么原因让自己停留在当下的区域，其中无法突破现状的障碍又是什么。帮助学生找到自身学习问题的症结，引导学生思考自身有何资源，并产生改变的动力。

四、迈向更好的自己（5分钟）

老师：今天我们觉察了自己当下的学习状态，将来我们也可以常常进行这样的觉察和反思，让自己成为学习的主人。在这节课的最后，请你做出自己的选择——选择"虫虫卡"还是"蝴蝶卡"？选择"虫虫卡"代表自己想留在当下的状态和区域中，你需要思考为什么你想留在这里，是什么原因促使你做出这个选择？选择"蝴蝶卡"则代表自己想要做出调整和改变，你需要思考，你会采取怎样的行动，需要借助什么资源？卡片的选择没有好坏之分，你可以在全面觉察自己状态后做出最真实的选择。选择后，请完成学案纸"虫虫卡"和"蝴蝶卡"的内容。

学生思考并完成学案纸。

设计意图：帮助学生做出符合自己当下情况的选择，明确自己可以采取的具体行动，为自己赋能。

【课程迭代】

与最初版课程相比，最终版课程主要有三处优化修改的地方。

第一处是课程在导入环节加入了盲盒活动。在之前的课堂中，教师一开始就和学生聊学习，这让学生感到课程较为枯燥，不利于后续课程的推进。调整后的课程使用盲盒活动激发学生的好奇心和学习兴趣，并告诉学生"学习就是探索未知的世界"这一理念。

第二处是把"能力与挑战的关系"这一环节放在了课程即将结束的部分。在最初版设计中，这一环节放在了学生填写"学习状态卡"的活动前，而这时学生对自己的学习状态还没有进行深入的觉察和分析，过早地提供理论知识会阻碍学生进一步探索自己。

第三处是在"觉察我的学习状态"环节后半部分新增了让学生发现自己当下学习状态所处区域的内容。这样的调整首先让学生能够感受自己当前学习状态所处区域是否舒服，并标出自己想要前往的区域。当调整好自己的区域后，学生通过小组讨论了解了其他人的区域是如何调整的，这能使他们感受到团体动力。这样的设置让学生能更好地探索能力与挑战的关系，并为下一步的行动积蓄力量。

【教学反思】

本节课引导学生反思学习现状，找到学习问题的突破口，督促学生开始行动，做出改变。这个过程对学生的自我认知能力、学习效能感、反思能力、解决问题能力都有要求。因此，笔者建议本节课在高中二年级开展。

本节课最大的亮点是设计了多种创意工具，帮助学生觉察自己的学习状态。课程通过自制盲盒引导学生形象地发现学习与盲盒活动之间的共通之处，通过"学习状态卡"引导学生精准觉察自己当下的学习情绪和状态，通过"成长三区域图"引导学生明确自己所处的区域和想要努力达到的区域，通过"能力与挑战关系图"引导学生理解当下的学习状态是自身能力和任务难度共同作用的结果；通过填写"虫虫卡"或"蝴蝶卡"引导学生找到当下行动的指引。这些借鉴和自创的小工具不仅增添了课堂的趣味性，增加了学生的学习动机，有效推动了课堂进程，实现了教学目标，还在教学过程中提升了学生自我觉察、分析和解决问题的能力，促进了生生、师生之间的交流，让学生学有所获。

【专家点评】

本节课的亮点主要体现在以下三个方面。

1.教学目标的设定适合学情，且易于达成。学习进入瓶颈期、学习动机弱，是学生在高二阶段普遍面临的问题。教师从"觉察"这个角度切入，巧妙地促使学生自主探究自己学习的现状，引发学生对自己当下状态的思考，引导学生向着自己想要的状态做出改变。

2.以创意的活动设计突破教学难点。教师根据教学目标，运用"盲盒""学习状态卡""成长三区域图""能力与挑战关系图"等帮助学生理清思路、深度思考，高效达成课堂目标。同时，课程也通过个人书写、小组交流、全班分享等多种活动形式，调动学生的团体动力，提升学生的学习效果。

3.以个性化的指导开启有质量的对话。课程活动的设置及推进以学生为主体，学生在体验活动后会有不同的思考和生成。教师在课程设计中注重运用具体化、澄清、质询等技术带领学生进一步深入思考。教师的回应和个别指导具有针对性和有效性，同时锻炼了学生对认知活动的管理和调节能力，有效提升了学生的认知能力。

（点评嘉宾：朱虹，北京市东城区教育科学研究院心理教研员）

该课获得东城区 2023 年原创课程辅助资源征集评选一等奖、

优秀课堂教学设计一等奖

【参考文献】

［1］区祥江.生命轨迹——助人成长的十大关键［M］.香港：突破出版社，2000.

［2］米哈里·契克森米哈赖.生命的心流［M］.陈秀娟，译.北京：中信出版社，2009.

【学案纸】

觉察学习状态，迈向更好的自己

姓名：_____ 班级：_____ 学号：_____

学习状态卡

在近期的学习中，我常有的状态是 _____；
我联想到的场景是 _____；
所以，如果还能用两个词来形容这种状态，我会用 _____。

成长三区域图

压力焦虑区

安全舒适区

成长信心区

个人完成

1. 将自己的学习状态和具体表现写在左图中相应的位置。
我选择该位置的理由是

_____。

2. 处于这个位置，让我感到舒适的是 _____；
不舒适的是 _____。

3. 如果留在这个位置，我会面临的挑战是 _____。

4. 用箭头标出自己更想去的位置。
我选择该位置的理由是

_____。

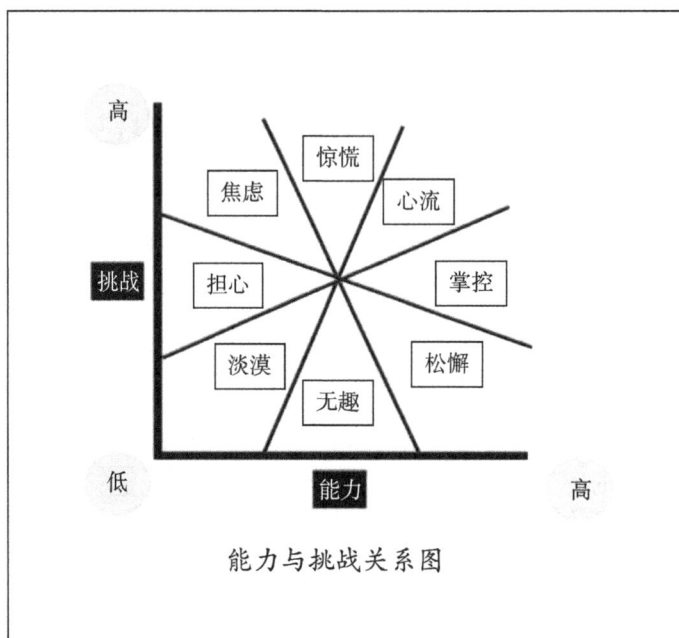

能力与挑战关系图

 虫虫卡

我要调整自己的状态或区域吗?

我要保留或坚持的理由是什么?

1.

2.

3.

蝴蝶卡

面对当下的状况,我要从哪里进行突破?
我的具体行动:

1.

2.

3.

让海马体"开门"

广东省中山市实验小学　李馥荫

【驱动问题】

如何引导学生了解大脑的记忆规律，探寻适合自己的记忆方法？

【基本信息】

适用学段：高中二年级

准备道具：学案纸

【设计思路】

《中小学心理健康教育指导纲要（2012 年修订）》要求高中生要掌握学习策略，开发学习潜能，提高学习效率。其中记忆一直是"学会学习"版块的重点内容。高中生学习压力大，课业任务重，需要记忆的内容多且难度逐渐加大，此时帮助学生掌握记忆技巧尤为重要。过去的心理课大多都采用系列记忆比拼游戏来引出记忆方法（如归类法、谐音法、组块法等），但单纯的方法介绍难以让学生在实际学习中加以运用。学生不理解方法背后的原理便去学习记忆方法，往往不得要领。

《考试脑科学》[1]一书提到，海马体作为短期信息处理区域和大脑皮质的"把关者"，优先接收和提取对生存有不可或缺意义的信息，例如，我们一旦摸到了滚烫的开水壶，这辈子都会记住不能用手触碰刚烧开水的开水壶。但是我们所学的学科知识常常是与个人生存没有直接关系的知识，要想让这些学科知识优先进入大脑皮质，就要学会"包装"这些学科知识，激发自己的好奇心以产生 θ 波（一种脑电波），唤醒杏仁核，让海马体"开门"。

高中生正值情绪、情感体验丰富的青春期，他们对伴随着强烈情绪体验的知识往往记忆更深刻。好奇心会给学生带来强烈的情绪体验，促使学生课前主动预习、课中专注学习。因此本课采取激发学生的好奇心以产生 θ 波、唤醒学生的杏仁核这两种方法，引导学生了解大脑的记忆规律，探寻适合自己的记忆方法。

【教学目标】

1. 情感目标：感受通过掌握高效记忆方法获得知识带来的愉悦体验。

2. 认知目标：了解脑科学知识，学习高效记忆方法。

3. 行为目标：强化使用高效记忆方法的行为，将高效记忆的技巧运用到实际生活中。

【教学思路】

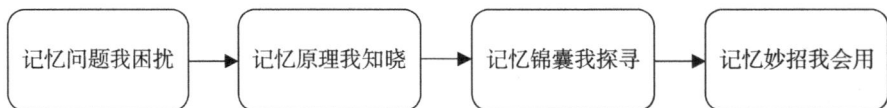

【教学过程】

一、记忆问题我困扰（5分钟）

老师提问以下问题，询问学生是否曾对记忆学科知识感到困难。

问题1：你有没有过这样的情况，前一晚觉得自己记住了全部的英语单词，第二天课上听写时却有很多写不出来？

问题2：你有没有过这样的情况，默写古诗词时，怎么也想不出下一句是什么？

问题3：在学习中，你有没有遇到过其他类似的记忆难题？

学生举手回答问题，思考自己在学习过程中遇到的记忆难题。

老师：老师可以感受到大家在记忆知识点这件事上都有很多苦恼。今天我们学习的主题是"让海马体'开门'"，那大家听说过海马体吗？其实，海马体是我们大脑中负责记忆工作的器官。今天我们就一起来揭开海马体的奥秘，了解如何让海马体"开门"。

设计意图：通过提问学生，切入学生的学习痛点，引出有关记忆的话题。

二、记忆原理我知晓（12分钟）

老师用PPT逐一呈现一组图片——按顺序翻出图片，每张图片呈现2秒。让学生记住图片的顺序。

学生记忆图片内容与顺序。

老师提问学生在记忆图片的过程中遇到了什么困难。

学生举手回答。

老师：在短时间内记住这些图片对同学们来说确实很困难，因为图片太多、毫无规律可言且呈现时间太短。在平常学习中，我们也常常遇到"知识怎么不进脑子"的问题。我们大脑里掌管记忆的部位叫作"海马体"，它是所有信息进入我们大脑的门户，是一个严格的"把关者"。它会不断筛选进入大脑的信息，这导致有些信息我们很容易记住，而有些信息我们很难记住。那么，我们怎样才能更高效地记住这些学科知识呢？为了牢牢记住考试的考点，我们需要对知识点进行"包装"，让海马体把学科知识当作重要的信息，从而"开门"让学科知识进入大脑。那么，我们该怎么"包装"呢？

设计意图：通过记忆图片的活动，引导学生感受记忆的困难，引出海马体的记忆原理，引导学生意识到运用脑科学原理来记忆知识的重要性，激发学生的学习兴趣。

三、记忆锦囊我探寻（18分钟）

老师引导学生回忆最近这两周自己印象最深刻的一件事，并思考以下问题。

问题1：为什么你对这件事情的记忆这么深刻？

问题2：在经历这件事情时，你的心情如何？

学生举手回答。

老师：当我们有情绪起伏时，我们的杏仁核就被激活了。杏仁核是情绪的"工厂"。很多记忆之所以难忘，是因为在记忆时我们的杏仁核被激活了，记忆的内容伴随着强烈的情绪感受。同学们，你们有没有伴随着强烈情绪的深刻记忆呢？

学生举手回答。

老师：其实，当我们有剧烈的情绪起伏时，我们的记忆往往会很深刻，其原因就在于，掌管情绪的杏仁核一旦被激活，海马体周围的神经元组织就会活跃起来。有研究发现，兴奋且紧张的情绪能使海马体更加活跃，从而加强记忆。因此，我们要巧用杏仁核来帮助我们进行记忆。例如，之前有一位物理老师带大家体验了"人体串联电路"，每位同学都被电了一下，发出了尖叫，他们也因此牢牢记住了这个实验过程和相关知识。恭喜大家获得了让海马体"开门"的第一个"锦囊"——激活杏仁核。那么接下来，请大家一起在活动中寻找让海马体"开门"的另外一个"锦囊"。

活动内容：教师用 PPT 呈现 15 张图片，图片内容是和数字有关的图案（例如，图片中有奥运五环，代表数字 5）。每张图片代表 1 ~ 15 中的一个数字，学生对图片内容进行记忆，记忆时间为 60 秒。60 秒后，教师切换 PPT，打乱图片顺序。让学生按照 1 ~ 15 的顺序依次说出代表数字 1 ~ 15 的图片。活动结束后组织学生分享讨论。

学生根据要求完成活动。

老师：第一轮活动中我们不知道一张图片代表一个数字，所以记忆起来毫无规律，很难按照顺序记忆图片。但是在第二轮游戏中，我们在浏览图片时，会好奇这张图片到底藏着什么数字，产生了疑问与联想。其实在大脑中有一种 θ 波，当好奇心出现的时候，θ 波就会出现。例如，当我们好奇油为什么总浮在水上时，θ 波就会激发我们深入了解相关知识的动力，帮助我们打开记忆与学习的"闸门"，增强我们的记忆力。这告诉我们，把知识包装成让自己感兴趣且有重要意义的信息，就可以让海马体"开门"。恭喜大家获得让海马体"开门"的第二个"锦囊"——启动 θ 波。同学们在活动中感受如何？

学生回顾活动，分享感受。

老师：在短时间内记图片确实会让我们感到紧张又兴奋。这种心情对大家记忆图片有什么影响呢？

学生举手回答。

老师：紧张又兴奋的情绪可以激活我们的杏仁核，这种情绪也有利于我们记忆图片，这就是刚才我们找到的第一个"锦囊"——激活杏仁核在记忆过程中的又一次妙用。

设计意图：通过询问学生所经历的伴随强烈情绪、记忆深刻的事件，引出让海马体"开门"的第一个"锦囊"——激活杏仁核。通过挖掘图片背后的数字信息，激发学生的好奇心，引出让海马体"开门"的第二个"锦囊"——启动 θ 波。之后，教师再询问学生在活动中的情绪感受，使学生体会唤醒杏仁核的妙用。此环节让学生在活动中学会让海马体"开门"的两个"锦囊"，寓学于乐。

四、记忆妙招我会用（10 分钟）

老师：了解让海马体"开门"的两个"锦囊"后，我们该如何在日常的学科学习中运用"锦囊"呢？请大家运用这两个"锦囊"来帮同学们解决以下记忆难题。

记忆难题1：记不住生物课上的伴X染色体隐性遗传病规律。

记忆难题2：记不住ambulance这个英语单词。

记忆难题3：记不住《琵琶行》这篇长诗。

记忆难题4：记不住化学元素周期表。

各小组学生分别抽取一个记忆难题，尝试运用"锦囊"解决实际学科学习中遇到的问题，并完成学案纸上的"记忆海报"。同时，将小组所讨论的方法进行分类，与相关的"锦囊"连线，看看是否能够匹配。

教师小结：这节课我们找到了让海马体"开门"的两个"锦囊"。我们可以利用杏仁核引发情绪，帮助我们活跃海马体、加强记忆；也可以利用好奇心启动 θ 波，帮助我们打开记忆与学习的"闸门"。通过同学们的分享，相信大家在之后的学习中遇到记忆困难时都能想到这两个"锦囊"。如果我们可以自如地掌握让海马体"开门"的技巧，那我们不仅可以将其用在学习中，还可以将其运用在生活中。

设计意图：通过让学生运用"锦囊"解决实际学习中遇到的问题，引导学生将本节课所学的知识运用到真实的学科学习中，达到学以致用的效果。

【课程迭代】

与最初版本相比，本节课最终版本改动最大的地方是"记忆锦囊我探寻"环节。在初版课程中，该环节由教师直接讲解海马体的工作原理，虽然辅以动画进行展示，但学生对原理的印象仅仅停留在知识获得层面，而无法深刻体会运用脑科学来帮助记忆的重要性。在最终版课程中，笔者在该环节加入了有趣的图片记忆活动，让学生切身体会缺乏科学记忆方法带来的记忆困难，激发学生想要了解让海马体"开门"的"锦囊"的兴趣，此时教师再讲解如何提高记忆力，学生也就更容易接受了。

在结尾的"记忆妙招我会用"环节，初版课程在介绍记忆方法后就进入了教师总结环节，缺少让学生将课上所讲的抽象方法与实际学科知识联系在一起的步骤。最终版课程选取了学生在学科学习时可能会遇到的实际记忆问题作为素材，帮助学生做好学习迁移。

【教学反思】

本节课旨在通过引导学生了解大脑的记忆规律，探寻适合自己的记忆方法。在教学设计上，笔者力求将抽象的记忆科学原理与高中生的实际生活相结合，通过课堂导入、原理学习、体验探索等环节，逐步引导学生深入理解和应用记忆原理。

本节课有以下优点。首先，通过询问学生在记忆学科知识时遇到的困难，切入学生的学习痛点，有效地激发学生的学习兴趣。其次，在"记忆原理我知晓"环节，通过记忆图片的活动，让学生直观感受到记忆的困难，进而引出海马体的记忆原理，使抽象的科学知识变得生动易懂。最后，在"记忆锦囊我探寻"环节，引导学生回忆让自己印象深刻的事情，通过探讨情绪与记忆的关系，帮助学生理解情绪在记忆中的作用，为学生提供探寻高效记忆方法的实践机会。

本节课的不足之处在于，课堂缺少检验学生是否真的能在学科学习的过程中运用所学记忆"锦囊"的恰当手段，这一方面是因为课堂容量有限，无法带领学生深入探讨，另一方面是因为课堂难以建立统一的标准来衡量不同学生在不同学科学习中的记忆情况。期待未来可以在这节课的教学基础上，督促学生坚持使用记忆"锦囊"，觉察记忆效果的前后变化，让学生更清晰地感受到所学"锦囊"的作用，获得学习的动力和信心。

【专家点评】

本节课很好地实现了教学目标，在选题、内容、教学互动等方面有以下亮点。

1. 选题精准，凸显心理教育价值。在选题上，本节课贴合高中生的学习需要，具有现实意义。对于高中生而言，高考和学习是生活中最重要的任务，"让海马体'开门'"属于学习方法主题下的记忆课程，教师从学生遇到的记忆难题入手，介绍提高记忆能力的两个方法，帮助高中生解决实际学习中的痛点。

2. 内容丰富，融合科学性与趣味性。本节课内容丰富，既有脑科学知识的介绍，又有记忆方法的实践应用，同时还融入了有趣的游戏元素，使整个教学过程既科学又生动。在认知目标方面，课程通过生动的讲解和实例分析，让学生了解了海马体在记忆中的作用和记忆的形成原理，使抽象的脑科学知识变得具体。在情感目标和行为目标方面，课程通过游戏的方式让学生参与进来，让学生在游戏中获取记忆"锦囊"，掌握记忆技巧，并感受到掌握高效记忆方法带来的愉悦体验。这种科学性与趣味性相结合的教学方式，既提高了学生的学习兴趣，又增强了教学效果。

3. 互动充分，促进学生积极参与。本节课互动充分，通过多个互动环节的设计，促进了学生的积极参与，引发了学生的深入思考。在"记忆原理我知晓"环节中，教师采用提问和讨论的方式引导学生思考记忆的形成过程，激发了学生的探究欲望。在"记忆锦囊我探寻"环节中，教师设置了小组合作的游戏任务，让学生在团队中相互协作、共同解决问题。在"记忆妙招我会用"环节中，教师则通过实际操作和分享交流的方式，让学生将所学的记忆"锦囊"应用到实际学习中。这些互动环节的设计不仅增强了学生的参与感和体验感，也培养了学生的合作精神和创新思维。

综上所述，通过这节课的学习，学生不仅能够掌握高效的记忆方法，还能够提升自身的情感认知和行为能力，为今后的学习和生活奠定坚实的基础。

（点评嘉宾：周芸婷，江苏省无锡市梁溪区心理教研员）

【学案纸】

让海马体"开门"

记忆海报

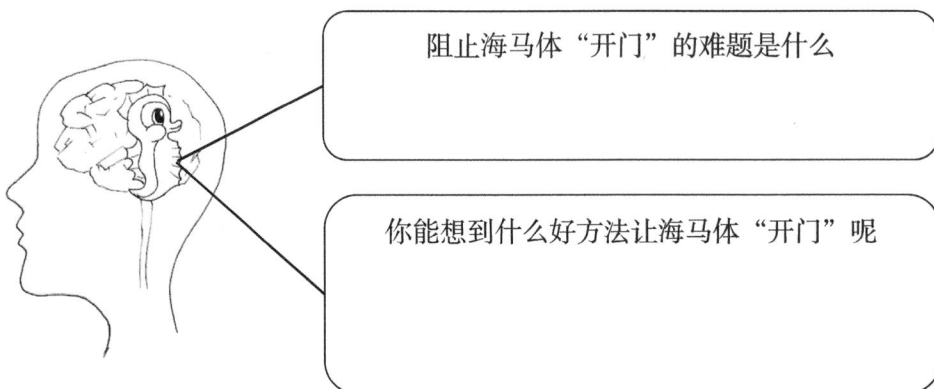

阻止海马体"开门"的难题是什么

你能想到什么好方法让海马体"开门"呢

尝试将小组讨论的方法写下来，并与本节课发现的两个"锦囊"连线配对吧。如果你觉得它不属于这两者，也可以将其连线归类到"其他方法"的锦囊当中哦!

唤醒杏仁核	启动 θ 波	其他方法

"学者荣耀"

广东省汕头市潮阳实验学校　杨楠

【驱动问题】

如何设置恰当的学习目标?

【基本信息】

适用学段：高中一年级

准备道具：信封

【设计思路】

《中国学生发展核心素养》提到的自主发展素养强调的是学生的自主性，要求学生学会学习，在学习过程中更多承担规划和指导自己学习的责任。《中小学心理健康教育指导纲要（2012年修订）》强调高中年级心理健康教育的内容包括帮助学生掌握学习策略，开发学习潜能，提高学习效率。大部分高一新生存在学习不适应的问题，其主要原因包括缺乏学习策略的指导、自主学习能力差等。教师应注重培养学生的自主能力，引导学生学会学习、提高学习效率。

本节课同时运用"心流"理论和目标管理的SMART原则作为理论支持。其中，"心流"理论是当代积极心理学研究的重要理论，它能用于描述学生的最佳学习状态[2]。处于"心流"状态的学生能进行高效的学习[3]。人们设计游戏时常使用"心流"理论，使游戏者在游戏时更易进入"心流"状态，以获得更好的游戏体验。

目标管理的SMART原则强调，目标必须是具体的（Specific）、可以衡量的（Measurable）、可以达到的（Attainable）、与岗位职责相关的（Relevant）、有明确截止日期的（Time-bound）。这五项原则确保了目标的明确性、可评估性和可实现性，有助于提升组织和个人的工作效率。学生在制定学习目标时遵循SMART原则，能确保自己的目标设置既科学又实用[4]。

本课旨在帮助学生设定学习目标、完善学业规划，使学习目标的设置和目标执行的过程都具备"心流"产生的条件，激发学生学习动机，提升其学习效率。

【教学目标】

1. 情感目标：产生探索目标设置的好奇心，回顾和感悟学习中的"心流"体验。

2. 认知目标：借助游戏设计所使用的"心流"原理，认识学习目标设置和管理的原则。

3. 行为目标：学会设置恰当的学习目标，并掌握高效执行目标的方法。

【教学思路】

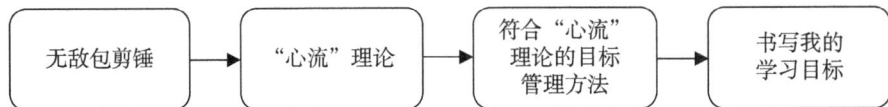

【教学过程】

一、无敌包剪锤（5分钟）

老师：今天，我们将用一个挑战拉开心理课的序幕——无敌包剪锤。

老师讲述以下规则。

①学生两两进行包剪锤对抗，赢家升一级，输家降一级。

②玩家等级分为0~5级，共6个级别，每位玩家每次须寻找与自己同一级别的玩家进行匹配对抗。

③最先升至5级的三位同学举手示意并获得奖励。奖励是有机会介绍自己喜欢的游戏。

学生根据规则进行游戏。

老师：（邀请获胜同学回答）你能不能说一说，当你在玩你喜欢的游戏时，你有什么样的表现，或者有什么样的感受？

获胜同学回忆玩游戏时的经历，分享自己的表现和感受。

老师：很多同学都提到，在玩喜欢的游戏时，感觉自己非常投入，时间过得很快。刚才大家在"无敌包剪锤"游戏时一定也深有体会。这种感觉，我们常常理解为"沉迷"。但心理学上对其有另一个角度的解释——"心流"状态。或许这个解释能给你带来许多启发。生活中有一款很火爆的游戏叫"王者荣耀"，今天，我们就借用这款游戏的名称，达成我们的"学者荣耀"！

设计意图： 活跃课堂氛围，激发学生学习兴趣，引出游戏话题，点明课程主题。

二、"心流"理论（15 分钟）

老师：请同学们在小组内讨论"游戏是如何让玩家沉迷的"。每个小组至少要给出三个理由。

学生根据要求进行讨论，而后分享。

老师：同学们的回答与游戏设计者的思路十分接近。心理学家米哈里·契克森米哈赖提出的"心流"理论，常被游戏设计师当成游戏设计的参考依据。他认为，人们在专注地进行某一种活动时，会产生心理上的最优体验，这种体验就被称为"心流"。（老师在黑板上呈现下面的坐标图）接下来请同学们仔细观察这个坐标图，图中横轴表示的是人们的能力和技巧，纵轴表示的是人们面对的挑战的难度，请大家分别说说，当我们处于不同的位置时，可能会有怎样的感受？你认为哪个位置最可能产生"心流"体验？

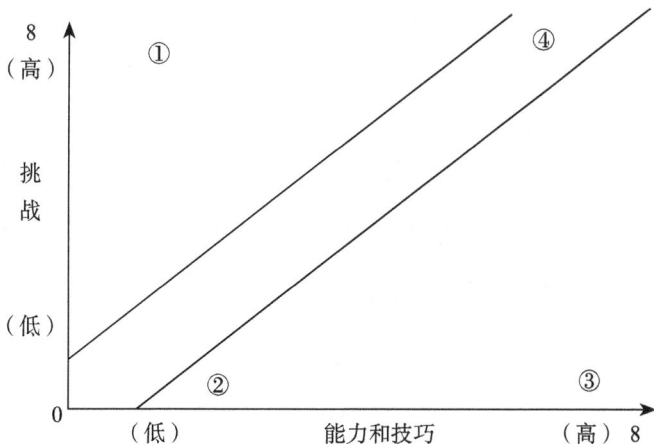

学生举手回答。

老师：这幅坐标图解释了我们的情绪体验与自身能力、任务难度的关系。在点①的位置，当我们的能力较弱，但挑战太难时，我们可能会产生焦虑的情绪；在点②的位置，当我们能力较弱、挑战太简单时，我们会感觉无聊或茫然；在点③的位置，当我们自身能力很强，但挑战太过简单时，我们会感觉厌烦；而在点④的位置，当我们能力强且挑战难度较高时，我们能够发挥自己的能力，专注地投入挑战，此时就会有较强的成就感。坐标系中间两条斜线所包含的部分，被称为"心流"渠道，当能力水平和挑战难度相匹配时，人们就会产生"心流"体验。结合这幅图，请同学们以小组为单位讨论能在学习中产生"心流"体验的方法。

学生小组讨论，派代表进行回答。

教师小结：是的，当我们在学习的时候，要先分析自己的能力和学习任务的难度，尽量避免做太难或太简单的学习任务，而是要做与自己能力匹配，或者难度比自己能力水平稍微高一些的任务，这样才能促使"心流"体验发生，让我们感觉学习像游戏一样有趣、有挑战性。

设计意图：通过解读游戏设计所运用的"心流"理论，引导学生理解情感体验与能力、任务难度的关系，了解"心流"产生的原理，并使用这一理论探讨学习中如何产生"心流"体验。

三、符合"心流"理论的目标管理方法（15分钟）

老师：如果想增强和丰富学习中的"心流"体验，我们可以给自己设置恰当的任务目标。这里有五个"锦囊"，每个"锦囊"装有一份提示线索，每份线索都能帮助大家理解目标设置的一条原则。每个小组负责探究一条原则，根据"锦囊"里的线索提示，分析其中蕴藏的目标设置原则是什么。小组探究得出答案后，选组内一名同学将答案写到黑板上，并说说这条原则可能给我们带来什么样的正向感受。

老师提前将五组线索分别装入五个信封，每组线索包含缺两个字母的英语单词和两个用中文描述的学习目标，可根据填补单词、查阅词典、分析目标的特点等方法，获得目标设置的原则。线索具体内容如下。

第一组线索：

① Sp_cif_c；

②好好学习／学好每一门科目，尤其是数学。

第二组线索：

① Me_sur_ble；

②学好数学／数学考试120分以上。

第三组线索：

① Att_ina_le；

②数学考试 120 分以上 / 拿到沃尔夫数学奖。

第四组线索：

① Rel_va_t；

②总目标是数学考试 120 分以上，小目标是长高 5 厘米 / 总目标是数学考试 120 分以上，小目标是完成 5 道数学练习题。

第五组线索：

① Ti_e-bo_nd；

②完成 5 道数学练习题 / 在第一节晚自习 50 分钟内完成 5 道数学练习题。

学生按要求将英文单词补充完整，并解释其中文含义，然后小组代表将讨论的结果写到黑板上，并分享该原则可能给学习者带来的感受。

教师小结：以上设置目标的原则叫 SMART 原则。第一，好的目标是明确的，我们知道自己要完成什么学习任务，这样能减少焦虑，获得确定性。第二，好的目标是可以衡量的，可以让我们更容易跟踪自己的进度，从而判断自己是否正在接近目标。越接近目标实现时，我们就越能体验到成就感和满足感。第三，好的目标是可以达到的，不能达成的目标只是幻想。而当达成学习目标后，我们会收获自信心，进而产生学习的热情。第四，好的目标是与岗位职责相关的。学习中，每一次作业、练习和测试的目标，都应该与该学科的学习成果紧密相关。这样，每一次小小的成功都能够带给我们满足感和自信心，让我们更有动力。第五，设定的目标要有明确的截止日期。实现学习目标的战线不能拉得过长，我们设置的目标最好是未来一个月内可以达成的，这样可以避免我们出现拖延的状况，增加对时间和学习任务的掌控感。结合 SMART 原则设置的学习目标，不仅能够促使"心流"体验的产生，更能够丰富我们的学习体验。

设计意图：通过设置线索帮助学生自主探究目标管理的 SMART 原则，理解这些原则对产生"心流"体验所起到的积极作用。

四、书写我的学习目标（12 分钟）

老师：请同学们尝试给每个学科写下一个学习目标，要求目标既符合 SMART 原则，又能够让你感受"心流"体验。

学生写下学习目标，并和同学分享。

老师：古语云，千里之行，始于足下。再小的目标，也要有行动。希望同学们设置好学习目标以后，能像打怪升级一样，攻克学习的难题，获得属于你自己的"学者荣耀"！

设计意图：鼓励学生利用所学知识，写下适合自己的、恰当的学习目标，并采取行动。

【课程迭代】

本节课的理论基础是"心流"理论和目标管理的 SMART 原则，主要目标是让学生学会制定学习目标，提高学习效率。在初版课程中，笔者用了较多篇幅去探讨游戏是如何使玩家产生"心流"体验的，这使学生的专注力一直在游戏上，对学习的部分置若罔闻。而且，为了解释"心流"理论与目标管理的 SMART 原则，教师不得不口头讲解，知识点抽象程度高，这就使课堂氛围较为沉闷，学生的学习效果大打折扣。

因此，笔者在第二个环节调整了对"心流"理论的讲解方式，改为简要介绍"心流"理论，并引入了坐标图来辅助理解。在此环节，教师先引发学生的思考，再基于学生的理解对"心流"进行解释，帮助学生更深入地理解"心流"体验产生的原因和相关的感受。而后再组织学生利用"五个锦囊"探索目标管理的 SMART 原则，激发学生的学习兴趣，使学生更能记住并理解该原则。经过调整，课堂气氛变得更加活跃，学生也能结合教师讲授的内容和自主探究的结果，更深入地理解如何通过设置学习目标促使"心流"体验的产生，让自己学习更专注。

【教学反思】

本节课以"学者荣耀"为主题，巧妙地融合了"心流"理论与目标管理的 SMART 原则，旨在引导学生学会设置恰当的学习目标，提高学习效率。

通过热身游戏和理论讲解，可以激发学生的学习兴趣和热情，使他们在轻松愉快的氛围中掌握学习目标的设置技巧。本节课的教学设计巧妙运用"心流"理论，引导学生认识到在能力与挑战相匹配时，可以产生最佳的学习状态。这种科学理论的引入，不仅提升了教学的深度，也为学生提供了有效的学习策略。同时，本节课教学设计注重实践性和可操作性，通过小组讨论和分享，让学生在实际操作中学会如何根据自己的实际情况设置合适的学习目标，并掌握高效执行目标的方法。

本篇教学设计的不足之处在于，高中生对"心流"理论和目标管理的 SMART 原则了解甚少，所以教师在讲解时还需结合一些生活中的例子，这就导致讲解时间较长，学生可能会走神或感到有些乏味。未来，课堂可以配合一些有趣的视频，或者邀请学生来进行互动，让讲解的部分更加生动。

【专家点评】

本节课有以下三方面亮点。

1.巧妙融合了"心流"理论与SMART目标管理原则，为学生提供了全新的学习视角。"心流"理论帮助学生理解学习任务的难度与自身能力的关系，理解学习的乐趣蕴含在一次次完成适合自身情况的挑战任务中。而SMART目标管理原则为学生设定恰当的学习目标提供了指导，有助于他们更有效地规划和管理自己的学习进程。本节课不仅拓宽了学生的视野，也让学生能够更深入地理解学习的本质和技巧。

2.教学设计注重学生的情感体验。通过热身游戏、讨论等环节，激发学生的学习兴趣和热情，让他们在探究"锦囊"的活动中体验到合作与学习的乐趣，从而增强对学习的信心和动力。

3.教学设计注重培养学生的实践能力和自我管理能力。本节课通过引导学生设置恰当的学习目标、掌握高效执行目标的方法，帮助他们建立起自主学习的意识，提高自主学习的能力。

（点评嘉宾：刘威，广东省汕头市教育局心理健康教育专家组成员）

【参考文献】

［1］米哈里·契克森米哈赖.心流：最优体验心理学［M］.张定绮，译.北京：中信出版社，2017.

［2］高玲，赵明.基于"心流"理论的"心理育人"实践研究［J］.秦智，2022（11）：78-80.

［3］王永固，张婷，李玮，等.基于心流理论的教育游戏设计框架要素研究——以特殊儿童言语学习游戏为案例［J］.远程教育杂志，2014，32（3）：97-104.

［4］友荣方略.SMART目标管理法：明确目标找准方向［M］.北京：人民邮电出版社，2022.

精准分析，有效提分

浙江省杭州市育海外国语学校　常艳静

【驱动问题】

如何提高学生考后分析能力？

【基本信息】

适用学段：高中三年级

准备道具：便利贴、学案纸；每位同学准备一张近期考试且批改了分数的试卷（同一张试卷）

【设计思路】

高三学生学习节奏紧张，学业任务紧迫，考后心理辅导是该年级心理课的一个重要课题。考后心理辅导是一项系统工程，它涉及调整考生的认知、情绪、行为、学习方法、复习策略、时间管理、人际关系等多个方面。其中，复习策略的指导对高三学生提高学习效率和学业表现有着不可忽视的影响。《浙江省中小学心理健康教育课程标准》也指出，心理健康教育应帮助高中生改善学习方法，让学生学会根据高中阶段的学习特点，掌握恰当的学习方法和学习策略，进一步提高学习效率。

SK试卷分析法是由北京师范大学心理学博士郭召良提出的一项高效的学习策略，旨在通过对试卷中的错误进行归纳和分类，帮助学生了解自己的薄弱点和下一阶段的努力方向，以提高复习效率和效果[1]。本节课从学生自身的试卷入手，引导学生做好考后试卷分析，针对问题找到恰当的复习策略，进而提高自己的复习效果。

【教学目标】

1.情感目标：感悟考后试卷分析的重要性，树立"精准分析可以有效提分"的信念。

2. 认知目标：理解 SK 试卷分析法的含义，认识到它对学习的作用。

3. 行为目标：学会使用 SK 试卷分析法分析试卷，并能将其运用到日常的学习中。

【教学思路】

考试的抓与逃 → 哪些分"逃走"了 → 把分数"抓回来"

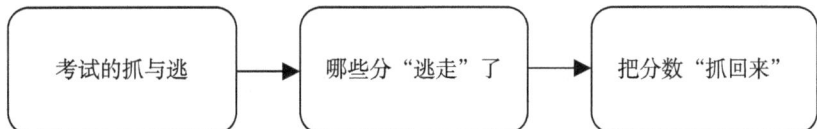

一、考试的抓与逃（5分钟）

老师：请每个小组围成一个圈，每位同学右手掌心向下，左手食指垂直向上且放在左边同学右手手掌下方。老师将会念一段话，当同学们听到"考试"一词时，迅速用右手抓握下面同学的食指，同时将自己的食指逃脱。

话语内容：上周，我们参加了本学期以来第一次大型考试，也就是我们的模拟考试。这是一次系统全面的考查，是对各门功课的阶段性考查，是一次有着重要意义的考试。

老师：请抓逃全都成功的同学举手。请抓逃失败至少一次的同学举手。同学们认为问题出在哪里，怎么做可以避免出错？

学生举手回答。

老师：请大家带着自己的反思继续我们的活动。请听下面一段话。

话语内容：考试前，我进行了认真周密的复习。我相信在测查中会取得理想成绩。现在，模拟考成绩出来了，下一次考试还会远吗？我只想静静。

老师：总结经验之后，第二次的练习结果有什么变化？

学生举手回答。

教师小结：当我们遇到失败时，只有找到问题所在，才能更靠近成功。学习和考试也是一样的。今天我们将一起从试卷中发现自己的问题，找到改善的方法，让考试发挥最大的价值，让自己获得真正的进步！

设计意图：通过活动把学生的注意力迅速集中到课堂中来，调动学生的参与热情。同时，用两轮练习引导学生注重反思和总结，引出课程主题。

二、哪些分"逃走"了（20分钟）

老师组织学生拿出提前准备好的试卷。

（一）理理我的错误类型

老师：请学生仔细查看失分的题目，将自己的"错误表现"描述出来，一定要描述得比较具体。（老师举例以下描述）

描述1：这道题目我其实会做，但看错了一条关键信息。

描述2：这道题目我运算化简时出错了。

描述3：这道题目我第一遍做对了，第二遍改错了。

描述4：这道题目我确实不会做。

每位同学将每道错题的"错误表现"和丢失的分数写在学案纸上。

老师：请小组内互相分享，汇总大家的"错误表现"，写在便利贴上。注意，一种"错误表现"写在一张便利贴上。

学生小组内讨论，然后派代表分享本组"错误表现"的汇总结果。

老师：通过大家的分享，我们看到了各种各样的"错误表现"。有的听起来很可惜，自己明明会做，却因为各种原因没有得分。接下来是比较重要的一步，请大家将"错误表现"进行归类。首先，根据"会做却做错"和"不会做、不确定"将它们分成两大类。其次，在"会做却做错"的一类中，再将"错误表现"相似的内容归为一类，例如，运算步骤省略过多，结果算错了，或者运算化简时出错了，或者在草稿上计算时出错了等，这些都归为计算错误。看看大家能归纳出几种错误类型。

学生小组将"错误表现"进行分类，派代表分享归类结果。

教师小结： 根据大家的分享，我们总结出了几种常见的错误类型。"会做却做错"的错误，就是我们会做，却因为考试时应用技能出现失误，我们把它叫作技能（Skill）缺失型错误，简称"S型错误"。"不会做、不确定"的错误，就是我们知识没有掌握到位，所以做错了或者做不出来，这可以叫作知识（Knowledge）欠缺型错误，简称"K型错误"。

S型错误有以下表现。

（1）审题错误：题目没有读完或没有仔细看题；看错或漏掉题目中的关键信息；审题失误；误以为考的是某个内容或题型，等等。

（2）计算错误：运算步骤省略过多；运算化简时出错；在草稿上计算出错，等等。

（3）抄写错误：草稿、试卷和答题卡之间抄错，等等。

（4）书写不规范：写错概念、术语、词语、数字；答题过程不规范，等等。

（5）其他：时间不够没做完，等等。

K 型错误有以下表现。

（1）第一遍做对了，后来改错了。

（2）第一遍做错了，后来改对了。

（3）回答不严密、不完整，等等。

（4）不会做题（回忆不起来知识点，缺乏思路）等。

（二）算算我丢失的分数

师：请大家在学案纸上 SK 试卷分析表中，将自己的每道错题进行错误类型归类。例如，S 型错误，写出具体的错误类别和原因；K 型错误，写出错误知识点，精确到章节、知识点，越详细越好。然后请你在汇总表中填写每种错误类型丢失的总分，其中，S 型错误按类别统计，K 型错误按章节统计。

学生完成学案纸的相关内容，派代表进行分享。

教师小结：同学们，考后错题整理并不是在试卷上标上醒目的符号，或者把题目和答案誊写在错题本上，而是要明确错因，避免再次出错。当我们对错误类型进行梳理后，会发现很多分数其实是可以拿到手的，我们要把属于我们的分数"抓回来"。

设计意图：学生从自己的试卷入手，总结"错误表现"，并通过小组讨论，将错误类型归类。从实践中归纳出理论，促使学生更深刻地理解 S 型错误和 K 型错误，为接下来的提分计划奠定基础。

三、把分数"抓回来"（20 分钟）

（一）写写我的提分计划

老师：找到失分的原因是提分计划的第一步。接下来，我们需要各个击破，才能确定努力的方向，探索针对性的方法，将分数"抓回来"。请大家针对自己的失分类型想一想未来的提分计划。由于课堂时间有限，你需要在 S 型错误中确定一个主要错误类型，在 K 型错误中确定 1 ~ 2 个主要失分章节，并将与之对应的提分计划写在学案纸上。

学生在学案纸上写下自己的提分计划。

老师：大家以小组为单位，将自己的学案纸按顺序传阅，同时每位同学为其他同学写出一条提分建议。

学生小组内互相写提分建议，派代表分享成果。

教师小结： S 型错误和 K 型错误的失分本质不同，因此相对应的改进方法也不同。

S 型错误有以下改进方法。

（1）思想上重视错误，不能因为觉得是自己的失误而对其不管不问。

（2）平时采取有针对性的训练。审题错误——慢审题、快解题。计算错误——草稿演算规范、复查。抄写错误——慢抄写、复查。书写不规范——学习标准答案步骤，进行书写用语规范练习。时间不够，会的没得分——掌握考试策略，做题时按先易后难的顺序进行。

（3）下一次考试前将自己需要注意的点用关键词的形式写下来，提醒自己。

K 型错误有以下改进方法。

（1）确定 1 ~ 3 个主要失分领域。

（2）先补大漏洞再补小漏洞。翻课本，学习该知识点，进行配套练习；有不明白的问题多请教同学和老师。

（3）找该类型题目进行演练。

（二）定定我的前行信心

老师：这是北师大心理学博士郭召良提出的 SK 试卷分析法，一种能帮助我们明确丢分原因和努力方向，从而有效提分的试卷分析方法。曾经有同学在高三复习阶段用这个方法让总分提高了 50 多分，有的同学甚至提高了 100 多分。它的有效之处就在于，能让你将有限的时间用在"刀刃"上，拒绝重复和无用功。在前行的路上，我们如果能看到自己的问题，就可以明确努力的方向，给自己必胜的信心。最后，请大家在学案纸的最下面为奋斗的自己写上一段鼓励的话，再和其他同学分享你所写的话。

学生写下一段鼓励的话语，而后进行分享。

教师小结： 考试的真正价值是帮助我们找到薄弱点，从而有针对性地提高。只有不断查漏补缺，我们才能稳步迈向成功。今天我们学习的 SK 试卷分析法非常实用有效。大家可以将其运用到自己接下来的学习中，让错题发挥更大的作用，让考试产生更大的价值！乾坤未定，你我皆是"黑马"！

设计意图： 在上一环节的基础上，针对错误类型寻找有效的提分策略。通过个人书写与小组补充相结合的方式，让每个学生明确下一步努力的方向，树立起"精准分析可以有效提分"的坚定信念，更加积极地应对接下来的学习与考试。

【课程迭代】

在初版课程中，笔者直接将 SK 试卷分析法讲给学生听，由学生任意拿出一张最近考过并批改了的试卷来分析。这样的设置使整节课比较沉闷，学生之间缺少互动和讨论，对错误类型的理解不够透彻，对提分方法也较多照搬老师的讲解，缺少自己的思考。因此在最终版课程中，笔者将试卷规定好是同一科目同一次考试的试卷，并在课堂中增加了小组讨论的环节，引导学生从自己的试卷出发，在小组中共同讨论"错误表现"，归纳错误类型，互相补充提分建议。这一举措充分激发学生参与活动的动力和思考错误的深度。他们不仅仅了解了 SK 试卷分析法，而且"创造"出了属于自己的SK 试卷分析法。

【教学反思】

考后心理辅导常见的课程主题是考后心态的调节、考后归因等，这些主题具有重要的意义和价值。但是，学习策略相关的主题同样重要，但较少有心理教师关注这方面的内容。学习策略对学生的学业表现有着直接的影响。本节课是一节有点"枯燥"但十分"有用"的课。"枯燥"指的是课堂话题聚焦在学习上，活动并不十分热闹有趣；"有用"则是因为课堂中的方法是"学了就会用、用了就有效"的策略。笔者认为，和学习有关的心理课，尤其是和学习策略相关的心理课，不能浮于表面，脱离学生实际，不能出现"课上学了很多方法、课后一个都不应用"的情况，而要具有强烈的可操作性和普遍有效性。基于此，本节课从高三学生的实际学习入手，帮助学生一步一步分析真实考卷的失分点，找到改善方法。因为课程逻辑清晰、层层递进，内容与学生息息相关，所以课程虽"枯燥"，但实际授课中，学生非常投入，收获很大。

本节课热身阶段通过"考试的抓与逃"，启发学生认识到反思的重要性。第二个环节"哪些分'逃走'了"让学生拿出自己的试卷，描述错题的表现，然后小组讨论，归纳错误的类型。这一环节由表及里、由浅入深，使学生对自己的错误类型理解更加深刻。当明确了自己的主要问题所在，接下来努力的方向就变得清晰可见了。第三个环节"把分数'抓回来'"引导学生探索适合自己的、具体可行的改善策略。如果说客观归因可以帮助学生缓解焦虑，那么理解错题的价值可以帮助他们平稳心态，知道自己该如何前进。所以，这不仅仅是一节学习策略方面的心理课，它在考试情绪调节方面也发挥着重要的作用。

【专家点评】

本节课是一节操作性强、实用性高的学习策略指导课，其亮点主要体现在以下三个方面。

1. 主题贴合需求，内容精准聚焦。高三学生面临着巨大的学习压力和繁重的考试任务，在有限的复习时间内，如何让考试发挥更大的价值是学生普遍关注和需要解决的问题。本节课旨在引导学生做好试卷分析，提高复习效率，增强考试信心，因此该选题有着显著的现实意义。心理课的内容忌宽泛、笼统，也不宜追求大而全。本节课采用小切口、深挖掘的方式，聚焦考后试卷分析，确保课程内容深入、具体。

2. 逻辑连贯清晰，环节有序推进。学生从一张真实的试卷入手，分析错题表现，归纳错误类型，明确提分计划。通过实践探索策略，从现象中提炼概念，层层递进，环环相扣，从而使课程内容得以有效实现，达到课程教学目标。

3. 方法可操作，成效易迁移。SK 试卷分析法科学、实用、有效，学生能在练习中逐步掌握分析方法，在讨论中深化理解相关知识，进而能够更加自如地将所学知识应用于实际学习中，从而实现学习效果最大化。

（点评嘉宾：朱艳娜，浙江省杭州市余杭区教育发展研究学院教育科研中心主任）

【参考文献】

[1]郭召良.高考其实很简单（学生篇）[M].北京：清华大学出版社，2010.

【学案纸】

精准分析，有效提分

姓名：_____　　班级：_____　　学号：_____

失分汇总表				
SK 试卷分析表				
考试科目			考试时间	
填写提示：请按照试卷题号顺序逐题分析填写				
题号	错误表现（具体描述）	丢失分数	错误类型（S/K）	错误原因归类
（示例）2	运算化简时出错		S	计算错误
（示例）5	知识点不会		K	函数

填写提示：请根据上表分析结果，将同类错误原因和错误知识点进行汇总，并填写

S 型错误		K 型错误	
错误原因	丢分	错误知识点	丢分
（示例）审题错误	10	函数	4
S 型小计		K 型小计	

解决办法	
S 型	K 型
1. 我的主要错误原因 2. 提分计划 3. 提分建议	1. 我的主要失分领域 2. 提分计划 3. 提分建议

我想对自己说

第六章

生涯规划

生涯规划单元的主要目标在于唤醒学生的生涯意识，使学生能够树立对生涯规划的正确态度和积极理念，主动进行自我探索和外部探索，明确自己在职业性格、兴趣、能力等方面的特点，了解与生涯发展相关的外部信息，掌握搜集与整合生涯信息的方法，培养生涯选择与生涯管理的能力，在此基础上能够尝试对自己的未来做出初步的规划，并在生涯的动态发展过程中不断实践和调整自己的规划。

　　在生涯规划单元中，常见的课程主题包括生涯意识的唤醒，关于职业性格、兴趣、能力、价值观的自我探索，关于大学、专业、工作等的外部探索，生涯决策的方法，生涯管理的能力培养等。这些主题旨在引导学生增加对自己的认识和对社会的了解，提高自己的生涯探索能力，同时学会整合各方面的生涯信息，选择适合自己的发展方向，最终调动自我发展的内驱力，有方法、有方向地为个人的发展做好积极的准备。

　　高中生生涯发展的主要任务是生涯探索和生涯准备。一方面，高中生的自我意识进一步发展，有建立自我同一性的迫切需求；另一方面，在新高考的背景下，学生会经历选科、填报志愿等生涯选择的关键节点。因此，高中阶段的生涯教育要引导学生在充分了解自己和外部世界的基础上尝试做出初步的生涯决定，提高生涯决策和问题解决的能力，为未来的升学和就业创造条件、做好准备。

　　本单元《多元升学路径》引导学生为自己挑选适合的升学路径，进而对高中阶段的学习和生活做好规划。《发现我的职业价值观》帮助学生澄清自己的职业价值观，掌握探索职业价值观的方法。《一颗螺丝钉的未来》用"螺丝钉的未来"隐喻"人生价值的实现"，引导学生在自我发展的过程中感受多元价值实现的可能性。《成就故事的力量》启发学生在成就故事中发掘自身优势，用成就故事推动自己的成就行为。《如何做出理性决策》借助"生涯决策平衡单"引导学生学会整理、加工信息的方法，学会在生涯决策的实际情境中做出理性的选择。

　　在本单元中的课例中，老师们从不同的切入点出发，选取了符合学生心理特点的教学素材，辅以情境体验、趣味活动、团体探究等生动的课堂形式，呈现出了各具风采的生涯课堂。在生涯课程的具体实践中，读者应积极学习先进的生涯理论，熟练地掌握各种生涯工具，从学生的实际需求出发，以理论为依据、以工具为载体，巧妙地创设学生乐于参与的生涯活动情境，这样才能让学生在体验中认同生涯规划的理念，感悟生涯规划的意义，主动以负责任的态度对待自己的生涯发展。

多元升学路径

北京市通州区潞河中学　刘亚茵

【驱动问题】

如何引导学生探索升入理想大学的多元路径？

【基本信息】

适用学段：高中一年级

准备道具：学案纸、不同招生路径的招生简章

【设计思路】

升学是高中阶段的重要任务。《国务院关于深化考试招生制度改革的实施意见》指出，要在 2017 年全面推进，到 2020 年基本建立中国特色现代教育考试招生制度，形成分类考试、综合评价、多元录取的考试招生模式，认可多种学习成果的终身学习立交桥。由此可见，多元的升学方式将成为今后高校录取的必然趋势。心理课教师也有必要引导学生在自我认识的基础上进一步探索与个人特质有关的教育与职业环境方面的信息，锻炼搜索、分析教育和职业信息的能力，制订未来发展所需的计划，规划职业生涯发展路径。

生涯认知信息加工理论认为，一个人如果能够认知生涯选择的内涵，就能够增进自己生涯选择的能力。解决生涯难题主要靠个人所掌握的内在自我和外部世界的知识，同时也得靠自己的认知运作去统合这两类知识。生涯教育的最终目标是增强学生的能力，使其成为生涯问题的解决者和决定者。本节课基于生涯认知信息加工理论，引导学生了解多元升学路径的信息，并让学生结合对自身特点优势的分析，选择适合自己生涯发展的升学路径，促进自我的生涯发展。

【教学目标】

1. 情感目标：以积极的态度面对多元升学路径和招生考试制度改革。

2. 认知目标：掌握获得不同升学路径信息的方法，增强了解生涯信息的动机。

3. 行为目标：选择适合自己的升学路径，制定高中学习和生活规划。

【教学思路】

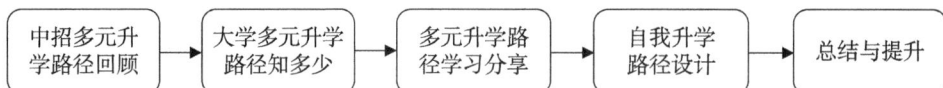

中招多元升学路径回顾 → 大学多元升学路径知多少 → 多元升学路径学习分享 → 自我升学路径设计 → 总结与提升

【教学过程】

一、中招多元升学路径回顾（3 分钟）

老师：从初中升入高中可以有哪些路径呢？

学生举手回答。

老师以北京中考为例，展示以下北京中考的升学路径。

路径 1：统一招生。

路径 2：特长招生（体育、艺术、科技）。

路径 3：贯通项目（高职 + 大学）、国际班。

路径 4：校额到校（分配生）。

设计意图：通过和学生讨论有关中考的多种升学路径，引导学生意识到升学路径是多元的。

二、大学多元升学路径知多少（10 分钟）

老师：不同学生可以通过不同的升学路径从初中升入高中，那么，你知道有哪些从高中升入大学的路径？

学生举手回答（强基计划、艺术特长生、高考统招等）。

老师：这节课我们就来一起了解高中升入大学的多元路径。我们以清华大学为例，清华大学本科招生网站上 2023 年 11 月公布了十一种升入清华大学的路径，分别是高考统招、保送生、强基计划、自强计划、数学人才培养计划、物理人才培养计划、美术学院、高水平艺术团、高水平运动队、定向生和飞行学员。那么，各个大学的录取批次有哪些呢？按照北京的录取批次来看，录取批次分为零志愿批、提前批、特殊类型、本科普通批、专科批次。选择不同升学路径的学生会在不同批次被录取。为什么我们需要在高一便了解多元升学路径？

学生举手回答。

老师总结学生的观点，展示北京地区近年录取数据，数据显示有一些学生是通过非本科普通批的路径被录取升入大学的。这让学生认识到，有一部分多元升学路径需要我们提早谋划，从高一就开始准备。

老师：为什么国家要建立如此多元的招生体系？

学生举手回答。

教师小结：《国务院关于深化考试招生制度改革的实施意见》提出，到 2020 年要基本建立中国特色现代教育考试招生制度，形成分类考试、综合评价、多元录取的考试招生模式，认可多种学习成果的终身学习立交桥。多元升学路径的背后是国家深层次的人才战略。因此，作为一名高中生，我们要了解信息，自我评估，抓住机遇，积极发展。

设计意图：调查学生对多元升学路径的了解程度，强化本课的主题。让学生对多元升学路径的政策意图有所了解，并通过相关录取数据引导学生树立关注多元升学路径的意识。

三、多元升学路径学习分享（20 分钟）

老师下发提前准备好的多种升学路径资料，让学生以小组为单位进行合作，一个小组了解一种升学路径。

学生以小组为单位共同阅读，讨论，学习本组的资料。

老师：接下来，我们请小组派代表分享本组所规划的升学路径。

学生小组派代表依次分享。

教师小结：各个小组的分享让我们了解了不同升学路径的要求。除了刚才分享的这些升学路径之外，还有很多升学路径（老师结合本地区的招生政策，简单介绍未分享的其他升学路径）。

设计意图：提升学生信息整理、分析和呈现的能力。帮助学生在短时间内初步了解多种升学路径。

四、自我升学路径设计（11分钟）

老师请学生在学案纸上列出自己初步计划要走的升学路径，并思考自己还需要收集哪些信息。同时让学生思考基于该升学路径，自己该如何规划三年的高中生活。

学生根据多元升学路径信息，初步选择适合自己的升学路径，思考并填写学案纸。

老师：接下来我们用一种特别的方式进行小组分享，每个组的同学从1开始依次编号，编号完成后请每组的1号同学坐到第一组的位置，每组的2号同学坐到第二组的位置，以此类推，大家按照自己的编号坐到对应的小组中，并在这个新组成的小组里进行小组分享。小组内分享时，每人有1分钟分享时间。小组分享结束后，老师会请几位同学在班级内进行分享。

学生重新分组后，小组交流并在班级分享。

教师小结：经过分享，大家有机会进一步了解到不同的升学路径，同时，我们也发现了一个很好的收集信息的途径，那就是彼此共享信息。

设计意图：促进学生了解多元升学路径，并从中挑选适合自己的路径，制订初步学习计划。同时，学生在差异化的小组交流中可以了解不同的选择，尊重差异，拓宽视野。

五、总结与提升（1分钟）

教师小结：今天我们一起了解了多元升学路径。多元录取方式是高考改革的重点，改革意味着有新的机会出现，希望大家能继续积极收集信息，积极发展自我，多元发展。

设计意图：总结课程，激发学生积极收集升学信息的动力。

【课程迭代】

本节课在优化过程中，修改最多的是对多元升学路径素材的使用方式。在初版课程中，笔者把整篇招生简章当成阅读素材发给了学生，但简章里有很多无关信息，这对学生在短时间内筛选和整理信息造成了一定的干扰，使课堂在这一环节用时增加。后来笔者把阅读材料控制在一页A4纸内，只呈现和招生要求相关的信息，减少了无关信息带来的负荷，提高了课堂的效率。

【教学反思】

本节课聚焦于多元升学路径这个主题，着重培养学生的信息收集和信息分析能力，适合在高中一年级开展。因为每一种升学路径都需要经历三年的准备，学生需要尽早确定自己的升学路径，让自己能在有限的高中生涯中做足充分的准备，聚焦自己的发展。值得注意的是，在小组派代表分享升学路径的环节时，为了更有效地组织课堂，教师可以给出小组分享的结构性模版，让学生知道如何筛选、整理重要信息，并参照模板进行分享。另外，可能有些学生在本节课前早已确定了自己的升学路径，教师在课堂上也要帮助这类学生看到升学的多种可能性，让他们考虑给自己选择一个备选路径。

本节课的不足之处在于：多元升学路径是学生在课堂上要花费足够时间去学习、了解的内容，在这个过程中，学生需要不断地获取和加工相关信息，因此学生可能会感到课堂缺乏趣味性和体验性，这也是在生涯信息的相关课程中笔者需要重点思考和创新的地方。

【专家点评】

这节课的亮点主要体现在以下三个方面。

1. 主题紧贴学生实际需求，设计理念明确清晰。选择升学路径与学生的未来密切相关，是高一学生高度关注的话题。因而，对高一学生进行升学路径方面的辅导是非常有必要的，它有助于学生从高一就开始有效规划三年的学习生活。本节课的选题非常敏锐地抓住了学生的实际需求，并且紧紧围绕多元升学路径进行探索，切口小，方向明确，理念清晰。

2. 教学环节设计紧扣主题，环环相扣，层层推进。整节课的教学环节遵循了心理辅导课的运作规律，以"中招多元升学路径回顾"巧妙导入，以"大学多元升学路径知多少"引起学生关注，让学生聚焦于本节课的主题。在课程主体阶段，学生分享对多元路径相关信息的学习成果，并在教师的指导下指向自我，规划自己的升学路径。在课程结束阶段，学生与了解不同升学路径的同学讨论分享，最后由教师进行总结。整节课思路清晰，循序渐进。

3. 教师组织调控能力强，能有效引导学生积极分享与思考。教师在课堂中指导学生进行多元升学路径的信息筛选与整理，让学生在信息加工的实践中提升核心素养。

同时，教师设置了目标明确的小组任务，营造了尊重包容的课堂氛围，使学生在开放有序、活而不乱的团体氛围中充分分享，积极思考，充满信心与希望地规划自我发展路径。

（点评嘉宾：孙淑娟，北京市通州区教师研修中心心理研修员）

该课为第四届高中学生发展指导高峰论坛优质课展示及

北京市学生生涯发展指导现场会公开课

【学案纸】

多元升学路径

姓名：_____　　班级：_____　　学号：_____

我的优势分析	
我的学科特长	
我的学业水平表现	
我的升学路径	
该升学路径适合我的原因	
在高中三年，我应该如何提升自我？	高一上学期： 高一下学期： 高二上学期： 高二下学期： 高三上学期： 高三下学期：

发现我的职业价值观

北京市第十四中学　朱爱学

【驱动问题】

如何引导学生探索职业价值观？

【基本信息】

适用学段：高中一年级

准备道具：学案纸、自制职业价值观卡片

【设计思路】

《中国学生发展核心素养》提到的自主发展素养强调学生应认识和发现自我价值，发掘自身潜力，有效应对复杂多变的环境，成就出彩人生。《中小学心理健康教育指导纲要（2012年修订）》明确提出，高中心理健康教育的主要内容包括指引学生确立自己的职业志向，培养其职业道德意识，帮助其进行升学就业的选择和准备。引导学生对职业价值观进行探索，既能帮助学生认识和发现自我，促进自主发展，又能帮助学生了解自己在找工作时应看重什么，明确内心的选择依据，为将来的发展做准备。

高中生处于生涯发展的探索阶段，这一阶段的发展任务是使职业偏好逐渐具体化、特定化并实现职业偏好[1]。据笔者了解，有些学生不清楚自己在职业选择方面看重什么，因此，本节课参照金盛华等人对职业价值观的结构划分[2]，结合学生看重的价值观内容，筛选了十一个职业价值观条目，依据职业价值观的三阶段理论，引导学生发现自己的职业价值观。这有助于学生明晰自己找工作时看重的条件，使学生将职业的属性与个人所看重的条件进行比对，从而探索未来适合自己的职业。

【教学目标】

1.情感目标：在发现和确认职业价值观的过程中，体验到喜悦感和确定感。

2. 认知目标：了解职业价值观的含义、作用，澄清与确认自己的核心职业价值观。

3. 行为目标：将课堂上澄清职业价值观的方法运用到生活中，持续探索自己的职业价值观。

【教学思路】

初识职业价值观 → 发现和澄清职业价值观 → 确认核心职业价值观 → 自我拓展

【教学过程】

一、初识职业价值观（5分钟）

老师：在课堂的开始，老师将呈现以下三个观点，请你表明自己是否同意。同意则高举双手，不同意则双手交叉，中立或没想好就趴在桌子上。

观点1：找工作时，工资收入最重要。

观点2：我不会选择总加班的工作。

观点3：只要是我喜欢的工作，即使人际关系复杂，我也愿意去做。

学生思考并用肢体动作进行回答。

老师：同学们为什么会做出这样的选择？你的依据是什么？

学生举手回答。

老师：同学们做出的选择和大家找工作时所看重的条件有关。其实，找工作时你看重什么、追求什么，就代表着你的职业价值观是什么。职业价值观是指人们衡量社会上各种职业的优势、意义、重要性的内在尺度[3]，它也是个体评价和选择职业的标准。如果把职业生涯比作一辆不断前进的汽车，那么职业价值观便是方向盘，它决定着汽车行驶的方向。请同学们想一想，职业价值观对职业生涯发展的作用是什么呢？

学生举手回答。

教师小结：职业价值观对职业生涯发展起着决定方向的作用。

设计意图：通过热身活动，引导学生了解职业价值观的含义，导入本节课主题。通过概念的澄清让学生了解职业价值观的作用。

二、发现和澄清职业价值观（24分钟）

老师：找工作时，你会看重什么呢？如果有个工作，只能契合你看重的五项职业价值观，你希望是哪五项呢？接下来，我们通过职业价值观卡片活动，来找一找这些问题的答案。请大家查看这十一张职业价值观卡片，从中挑选五张你最看重的卡片。然后从剩余卡片中挑选出自己不看重的卡片，这些卡片你们可以拿去交换，数量自己确定。把这些不看重的卡片正面朝上，展开摆放在桌子上。如果有些卡片是你难以抉择的，你可以先暂时留存，不必拿出去交换。（职业价值观卡片样例见学案纸。如果学生看重的职业价值观不在十一张卡片内，可将空白卡给学生，让学生自由填写）

学生挑选卡片。

老师：接下来，请大家拿自己不看重的卡片去交换他人手中你看重的五张卡片。交换不一定局限于一张换一张，交换的比例，取决于你和对方的协商结果。交换必须是双方同意的，不能强迫或抢夺。交换仅限于在小组内进行，交换时间为5分钟；大家要留意自己在这个过程中的想法和感受。

学生交换卡片。

老师：你最看重的五张职业价值观卡片是什么？你为何看重它们？看着这五张卡片，你的心情如何？请大家在小组内交流，然后每个小组派代表分享。

学生小组讨论并分享。

教师小结：你如果没有换到自己想要的卡片，可能会觉得遗憾或失落，这很正常。但交换是为了澄清和发现自己的职业价值观，即便没换到卡片，只要你能澄清自己的职业价值观是什么，这就有价值。同学们的职业价值观有个体差异，每个人所看重的东西不同，而正是因为这些不同，世界才会丰富多彩。

设计意图：通过挑选和交换价值观卡片，引导学生发现自己看重的职业价值观。

三、确认核心职业价值观（15分钟）

老师：老师在课前调查中发现，同学们感兴趣的职业主要有教师、医生、律师、金融从业者、设计师等。那么，你喜欢的职业与你的职业价值观完全符合吗？认为完全符合的请举手，认为不完全符合或不清楚的请双手交叉。如果不完全符合，你会怎么办呢？

学生举手回答。

老师：大家说的应对方式都是可以的。当职业价值观与职业之间不完全匹配时，大家也可以再次澄清职业价值观，并按重要性对它们进行排序。请你再次查看交换结果，在自己看重的五项职业价值观中，挑选三项你最看重的核心职业价值观，在学案纸上写出来，并按重要性对它们进行排序。

学生完成学案纸。

老师：你最看重的三项核心职业价值观是什么？你为什么放弃了另外两项？

学生举手回答。

老师：你做过的哪些选择或事情体现了你的核心职业价值观？

学生举手回答。

老师：如果你喜欢的职业与你的核心职业价值观不符合，你会采取何种方式进行调整？

学生举手回答。

教师小结：如果你喜欢的职业与你的核心职业价值观符合，那么恭喜你，你很幸运；如果不符合，也没有关系，同学们还可以继续探索符合自己核心价值观的职业，也可以在生活中继续确认当前的核心职业价值观是否会发生变化。如果核心职业价值观发生变化，就要进一步澄清和调整它，用职业价值观帮助我们选择自己最满意的职业和生活。

设计意图：通过挑选核心职业价值观卡片，引导学生再次确认自己的核心职业价值观。

四、自我拓展（1分钟）

老师：路易斯·拉思斯认为价值澄清可以分为三个阶段，分别是选择、珍视、行动，而今天我们是对"选择"和"珍视"部分进行了探索。同学们通过卡片交换，发现了自己的职业价值观；通过交流分享，确认了自己的职业价值观。但是，职业价值观是不断变化的，今天我们的自我探索只是一个开始，希望同学们能继续关注自己的职业价值观，并在现实生活中不断澄清。课后，请大家完成作业——职业探索单，了解自己所感兴趣的职业的基本情况，进一步验证喜欢的职业与自己看重的职业价值观是否匹配。

设计意图：总结本节课核心内容，引导学生意识到职业价值观是发展变化的，并通过课后作业，鼓励学生探索与自己职业价值观相匹配的职业，为未来的职业选择做好铺垫。

【课程迭代】

本节课在优化过程中改动最多的是职业价值观卡片的内容条目和"确认核心职业价值观"环节。

笔者在制作职业价值观卡片时，最初完全参照了金盛华等人对职业价值观结构的划分，将职业价值观划分为"目的性职业价值观"和"手段性职业价值观"。这种划分共有十个维度，条目内容较多。笔者在课堂上将卡片呈现给学生后，学生反馈有些卡片不是自己想要的。于是笔者对卡片内容进行了修改。笔者对学生进行了学情调查，将学生看重的职业价值观的内容条目与金盛华等人的研究结果进行比对，对完全重叠的内容条目，笔者采用文献中的命名方式，确定了六个维度：兴趣性格、社会促进、福利待遇、发挥才能、人际关系、成就实现。对部分重叠的内容条目，笔者将文献中的命名方式进行了拆解和整合，确定了五个维度：经济收入、轻松舒适、安全稳定、休闲时间、声望地位。两者整合就是最后确定的十一项职业价值观条目。

【教学反思】

本节课的内容贴近学生实际需要。本节课通过卡片交换、问题讨论交流、澄清排序等活动，引导学生澄清和发现自己看重的五项职业价值观和三项核心职业价值观，促进学生进行自我觉察。在实际授课中笔者发现，学生在课堂上能认真聆听，积极参与卡片交换和讨论交流活动，并有自己的见解和观点，思维活跃，学案纸完成度高。

本节课的不足之处是，从理性选择的视角引导学生澄清价值观，但没有在学生选择价值观时给予正向引导。例如，有的学生的职业价值观暗含了"拜金主义""躺平主义"等思想，此时教师如果只是让学生觉察自己的价值观而不加以引导，可能会使课堂缺乏一定的深度。另外，课程信息量大、内容较多，导致留给学生在班内分享的时间和机会较少，后续课程可考虑精简教学内容。

【专家点评】

本节课的亮点主要体现在以下三个方面。

1. 职业价值观选择阶段的活动设计细致，学生的体验感强。整个环节包括卡片挑选（觉察职业价值观）、卡片交换（再探职业价值观）、反思交流（确认职业价值观）和澄清排序（确认核心职业价值观）的过程，让学生能逐渐深入地探索自己的职业价值观，有利于学生较清晰地澄清自己的职业价值观。

2. 职业价值观条目的制定过程科学且符合实际。在设计职业价值观条目时，教师参照了金盛华等人对职业价值观的划分，并结合了学校学情调查，对两者的内容进行比较和整合。因为内容贴合学生实际，所以学生在课上参与活动时十分投入。

3. 课程主题源于学生的实际需求，又回归学生生活。高一学生对未来职业充满好奇和疑惑，本节课从价值观角度对学生的好奇和疑惑给予了部分回应，带领学生探索了自身的职业价值观。同时，教师布置了课后作业"职业探索单"，让学生了解自己感兴趣的职业与自己的职业价值观的匹配程度，将课上所学更好地应用于自己的生活中。

（点评嘉宾：马晓晶，北京市西城区教育科学研究院学生生涯指导中心研究员）

【参考文献】

［1］金树人．生涯咨询与辅导［M］．北京：高等教育出版社，2007．

［2］金盛华，李雪．大学生职业价值观：手段与目的［J］．心理学报，2005（5）：650-657．

［3］宁维卫．中国城市青年职业价值观研究［J］．成都大学学报（社会科学版），1996（4）：
　　10-12+20．

【学案纸】

发现我的职业价值观

姓名：_____ 班级：_____ 学号：_____

挑选三项你最看重的核心职业价值观，按照其重要程度进行排序，填写在下面的表格里。

排序	我的核心职业价值观
1（最看重的）	
2（其次看重的）	
3（再次看重的）	

课后作业——职业探索单

理想职业 （喜欢或想从事的）		了解该职业的途径 （请在符合情况的选项上画√）	1. 网络查询 2. 阅读书籍或报纸 3. 与从业人员交流 4. 与他人交流 5. 观看职业相关的节目、电视剧等 6. 职业实习、体验 7. 其他（请写明）
工作内容		经济收入，福利待遇	
对社会、国家、他人的贡献或作用		是否安全稳定	
工作时间		工作压力	
人际关系		声望地位 （是否受人尊重、受到好评）	
成就实现 （与你的个人目标和理想是否一致）		该职业体现的价值观	
该职业与你的职业价值观是否相符	相符合的价值观： 不符合的价值观：		

职业价值观卡片样例

兴趣性格	社会促进	福利待遇
发挥才能	人际关系	成就实现
经济收入	轻松舒适	安全稳定
休闲时间	声望地位	

一颗螺丝钉的未来

河南省郑州市第五高级中学　郝盈雪

【驱动问题】

如何引导学生追求多元价值的实现？

【基本信息】

适用学段：高中一年级

准备道具：学案纸

【设计思路】

青春期的学生正处于探索自我同一性的阶段，处于该阶段的青少年往往不能正确认识自己：有的过高地评价自己、自以为是；有的患得患失、过度敏感，过度依赖他人的评价，等等。这些都不利于高中生自我意识的健康发展。因此，教师需引导学生全面、客观地认识自己，看到自身的价值，帮助学生逐步树立正确的自我意识，进而努力发展自己的潜能。

高中阶段也是学生人生观和价值观形成的关键时期。在学生确立个人目标、做出重要决策或面临选择时，价值观起着非常重要的作用。职业价值观是人生目标和人生态度在职业选择方面的具体表现，也就是说，一个人对职业的认识和态度，影响其对职业目标的追求。学生的职业价值观在学生的职业选择中起着重要作用[1]。本节课通过类比的方式，引导学生认识到自己的存在价值，看到价值的多元性，让学生在体验中感悟人生的多种可能性及意义，从追求单一价值的实现，变为追求多元价值的实现，获得自我价值感。

【教学目标】

1.情感目标：培养追求多元价值的积极态度，激发实现自身多元价值的动力。

2.认知目标：理解多元价值，树立追求多元价值的意识。

3.行为目标：探索自身想要实现的多元价值，在未来生活中尝试实现多元价值。

【教学思路】

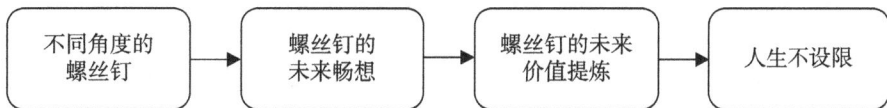

【教学过程】

一、不同角度的螺丝钉（6分钟）

老师：这里有三张照片，是从不同角度拍的，请大家猜一猜照片中的物品是什么？

老师展示螺丝钉的照片。

学生举手回答。

老师：在生活中，你一般都会在哪里看到螺丝钉？螺丝钉的存在又有什么意义和价值呢？

学生举手回答。

教师小结： 在生活中，螺丝钉的用途非常广泛，生活中的各个角落都有它的身影。可能我们平时没有注意，螺丝钉有非常多的种类。这些不同种类的螺丝钉，除了有连接和固定物品的作用外，还有什么用途呢？它的未来有多少种可能性？今天这节课，我们就一起来探索一下，螺丝钉的未来到底有多少种可能性。

设计意图： 通过呈现螺丝钉的照片，激发学生对本节课的学习兴趣，引入本节课的主题。

二、螺丝钉的未来畅想（13分钟）

老师：我们刚才说螺丝钉的样貌有很多种，今天，老师给大家带来了六种不同样貌的螺丝钉。请大家以小组为单位，每个小组拿一颗螺丝钉，仔细观察，并讨论以下两个问题。

问题1：你们组的螺丝钉有哪三个属性或特点？

问题2：它未来出现在哪里才能实现它作为螺丝钉的价值？

学生观察本组学案纸上的螺丝钉，并讨论两个问题。

老师：螺丝钉除了有大家刚才说的连接、固定物品的作用之外，还有没有其他的价值？我们一起来看这样一个例子。一位手工达人将螺丝钉做成了一个工艺品——丘比特之箭。

老师用 PPT 展示螺丝钉变成工艺品的过程。

老师：我们也可以对我们手中的螺丝钉进行加工改造，把它改造成任何样子。请大家看着你手中的这颗螺丝钉，你觉得它未来可以有多少种可能性呢？接下来，请你为它畅想五种可能性，当然，前提是要让这颗螺丝钉实现自身的价值。请大家想一想，它可能会在什么场景，以什么样的形象出现呢？

老师提出以下要求。

要求 1：请为螺丝钉畅想五种未来形象和应用场景，绘制或书写在学案纸的对应位置上。

要求 2：思考你的畅想依据，书写在学案纸的对应位置上。

要求 3：从对螺丝钉的初印象评价，到对其未来可能性的探寻，你对螺丝钉的认识有什么样的改变呢？将你的想法书写在学案纸的对应位置上。

学生填写学案纸。

教师小结：通过同学们的分享，我们发现一颗螺丝钉可以出现在生活的各个场景中。它可以是固定物体的工具，也可以是精妙的工艺品。即便是一颗小小的螺丝钉，也可以有非常精彩的未来。

设计意图：通过展示螺丝钉变成丘比特之箭的过程，引导学生拓展思路，思考并分析螺丝钉的多种可能性，探索螺丝钉可能应用的多元领域，感受实现价值的多元路径。

三、螺丝钉的未来价值提炼（18 分钟）

师：在螺丝钉的精彩未来中，它实现了自我价值。同学们，你未来想要在社会中实现的自我价值有哪些呢？心理学家舒伯认为，每个人都有不一样的价值追求，他总结出十五种最普遍的价值追求[2]，分别是美的追求、安全稳定、工作环境、智性激发、独立自主、多样变化、经济回报、管理权力、帮助他人、生活方式、创造发明、上级关系、同事关系、成就满足、名誉地位，这些代表了人们重视和追求的十五个方面。

那么，你手里的这颗螺丝钉实现的是哪方面的价值呢？请你提炼出螺丝钉在你刚才所畅想的领域里所实现的主要价值，每个领域提炼 1 ~ 2 种即可。

学生思考并回答螺丝钉实现的价值。

老师：请你从这十五个不同的价值追求中，思考并选择自己所看重的价值追求。

学生思考并标注自身所看重的价值追求，填写在学案纸对应的位置上。

老师：有哪些方式可以让你实现你看重的价值追求？例如，通过职业或某些活动实现。

学生举手回答。

老师：看来大家通过对螺丝钉价值的探索也澄清了自己所看重的价值，并找到了一些实现价值的方法和途径。请大家说一说，今天我们探讨的内容对你有什么启发呢？你对自己的未来有了怎样的畅想？

学生举手回答。

教师小结：人生的意义和价值是丰富的，是通过你的选择和努力实现的。我们可以像手中的螺丝钉一样，寻找自己多元价值的实现方式与路径。小小的螺丝钉可以有精彩的未来，我们也一样。你能否对未来自我价值的实现满意，取决于你自己，这也意味着，你需要对自身的价值追求进行持续探索。

设计意图：以物喻人，引导学生思考自身的价值追求，思考实现自身价值追求的方式与路径。

四、人生不设限（3分钟）

教师总结：在这节课上，我们通过对螺丝钉未来的畅想，了解了螺丝钉未来实现价值的多种方式。我们也通过对螺丝钉未来价值的提炼与标注，思考了自身的价值追求及实现路径。一颗小小的螺丝钉可以拥有多样的未来，我们也是如此。人生不设限，希望大家可以将课堂上的思考延伸到课后的生活中，有意识地去了解、认识自己。

设计意图：通过总结，升华课堂主题。

【课程迭代】

本节课在优化过程中改动最大的地方是"螺丝钉的未来畅想"环节。初版课程是想通过呈现"丘比特之箭"的变化过程，拓宽学生对实现价值路径的思路，进而让学生为自己手中的螺丝钉设计一个理想的未来。但是，笔者在课堂实践中发现，学生容易直接受到"丘比特之箭"例子的影响，而被限制住思维，无法为螺丝钉设计出足够多元的未来，因此，该活动不能完全体现价值实现的"多元性"这一课程核心思想，无法为后续环节做好铺垫。因此，在最终版的设计中，笔者先让学生在小组交流中思考螺丝钉出现在哪里才能实现它的价值，再呈现"丘比特之箭"的例子作为启发，最后让学生为螺丝钉畅想五种未来形象和应用场景。这样一来，学生可以先有自己的思考，再在"丘比特之箭"教学支架的帮助下进一步拓宽思路，最终在生成"螺丝钉的五种未来"过程中充分认识到价值实现方式的多元性。

【教学反思】

本节课着重对价值实现方式的多元性进行思考与探索，通过引入"螺丝钉的未来畅想"活动，引导学生更自由地探寻自身的价值追求，思考实现自我价值的多种方式。值得注意的是，在课堂前半部分，学生在"螺丝钉的未来畅想"这一活动中思维发散，分享欲较强，需要花费一定的课堂时间进行探讨，容易造成课堂"头重脚轻"，可能会导致后面探索自身价值追求的时间不够。因此，教师需要准确把握课堂重点，恰到好处地处理"螺丝钉的未来畅想"环节中的课堂生成，有效地组织课堂。

【专家点评】

本节课的亮点主要体现在以下三个方面。

1. 主题立意新颖，巧妙以物喻人。价值追求对学生来说是比较抽象的主题，教师借助"螺丝钉的未来畅想"活动，引导学生思考螺丝钉多种价值的实现方式，进而以物喻人，让学生反观自身的价值追求，这使学生在思考价值追求这一话题时有了抓手。

2. 内容紧扣学情，符合学生需要。高中生在进行价值探索时，除了要了解自身的价值追求，还需要在对自我的探索中建构起对未来的美好希望，这样才能让他们形成主动发展自我的意愿。本节课选取了"价值观探索"这个主题，但又不局限于让学生探索自我的价值观，还引发学生思考如何在未来实现自己所追求的多元价值。

3. 环节循序渐进，问题层层深入。本节课从"螺丝钉"的隐喻入手，最终回归到学生的价值追求上，环环相扣，层层推进。每个环节中问题的设计也都紧扣本节课的教学目标，通过一连串问题引发学生的思考，层层深入，最终达成课堂目标。

（点评嘉宾：张佩，河南省郑州市心理健康教育学科首届名师）

该课曾获郑州市 2023 年高中心理健康教育优质课一等奖

【参考文献】

［1］郑洁，阎力.职业价值观研究综述［J］.中国人力资源开发，2005（11）：11-16.

［2］钱静峰.是时候聊聊生涯了［M］.上海：上海交通大学出版社，2016.

【学案纸】

一颗螺丝钉的未来

姓名:_____ 班级:_____ 学号:_____

① ②

畅想依据:

⑤

③

④

从对螺丝钉的初印象评价,到对其未来可能性的探寻,你对螺丝钉的认识有什么样的改变呢?

思考并标注出你所看重的价值追求

成就故事的力量

北京市朝阳区人朝分实验学校　朱颖

【驱动问题】

如何培养学生的自我管理素养？

【基本信息】

适用学段：高中一年级

准备道具：学案纸

【设计思路】

自我管理素养对高中学生来说，是一项至关重要的核心素养，它强调学生应正确认识和评估自我。自我管理素养不仅能帮助学生在学业上取得成功，还能在学生进行人生规划和面对未来挑战时起到关键作用，帮助学生明确个人目标和职业规划，使他们能够有条不紊地迈向未来。高中阶段，学科数量和难度都在增加，学生常常面临学习和生活方面的多重压力，如果他们不能正确地进行自我认知和评估，那么他们在遇到挫折时可能就会一蹶不振，对学习和未来感到沮丧。

回顾成就瞬间是帮助高中生整合自我、增加自我效能感的有效方式。以科学、有效的方式回顾自己的成就，可以帮助学生梳理自己的优势，并学会举一反三。因此，本节课通过回顾成就瞬间引导学生正确地进行自我评估，帮助他们挖掘自身优势、提升自我认知水平，促进他们实现个人成长和职业目标。

【教学目标】

1. 情感目标：感受成就瞬间给自己带来的喜悦，增加自我效能感。

2. 认知目标：理解成就故事在生涯规划中的重要性，学会讲述成就故事的方法。

3. 行为目标：尝试在学习生活中使用成就故事激励自我。

【教学思路】

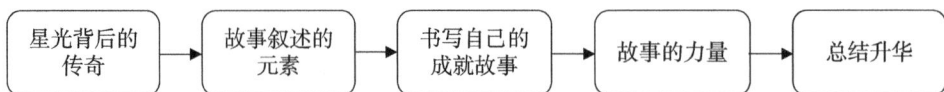

【教学过程】

一、星光背后的传奇（5分钟）

老师：当我们回顾人生中取得的成就时，我们常常会发现，这些成就故事对我们的人生具有深远的影响，它们可以说是我们生活的里程碑，塑造了我们的性格和价值观，影响着我们人生目标的确立。今天，我们就一起来了解什么是成就故事，以及成就故事该如何书写。我想先与大家分享一个他人的成就故事。这是一位名叫莉丝·默里的美国励志演说家，她曾被誉为"感动全美的奇迹女孩"，让我们一起来了解她。

老师播放电影《风雨哈佛路》解说片段。

视频简介：莉丝·默里出生在一个贫困且问题重重的家庭，这使她的童年充满了艰辛和挑战。尽管如此，莉丝从小就展现出对学习的热情和天赋。随着家庭状况的恶化，莉丝不得不在青少年时期就开始独立生活，甚至一度无家可归。但她通过自学和不懈努力，最终赢得了纽约时报的奖学金，这为她提供了进入哈佛大学的机会。在哈佛大学，莉丝继续展现出她的学术才能和坚韧不拔的精神，以勇往直前的姿态书写着她的人生故事。

老师呈现以下问题。

问题1：电影中主人公莉丝·默里出生于什么样的环境？

问题2：她的目标是什么？

问题3：她遇到了什么困难？

问题4：她是如何克服困难的？

问题5：电影中展现了她什么样的品质？

学生举手回答。

老师：这部电影讲述了莉丝·默里的感人故事，同时也向我们展示了讲好一个故事所需要的要素。第一，故事背景——这件事发生的背景是什么？第二，目标——你为自己制定了什么目标？第三，行为——为了完成目标，你具体做了什么？第四，结果——最终的结果是什么？第五，能力——你觉得这件事展示了你的什么能力？

设计意图：通过《风雨哈佛路》视频片段引入主题，启发学生了解书写成就故事的框架。

二、故事叙述的元素（5分钟）

老师：有些同学可能会好奇，为什么普通人也要讲述成就故事？法国哲学家保罗·利科和丹麦小说家伊萨克·迪内森在不同的时空都表达了同一个观点：人类是通过故事来为时间和生命赋予意义和价值的。换句话来说就是，我们的生命是一系列故事的编织，是过去、现在和未来的交织，故事的叙述赋予了生命独特的意义，我们的经历和回忆通过故事的方式被传递，并塑造了我们的人格和价值观。请大家回顾一下，刚才我们看的电影解说有多久？为什么电影解说也要花这么长的时间去概括一个故事？

学生举手回答。

老师：我们发现要讲好一个故事，需要很多时间和细节。因为没有细节的故事是没有人愿意听的。细节隐藏着许多真相和关键信息。如果我们试图仅用一句话来概括自己的成就故事，那我们将无法充分展示自己的能力。那么，我们如何才能做到既呈现细节，又讲好故事呢？有一个模型非常实用，叫"STAR模型"，今天我们来学习参照这个模型书写自己的成就故事。

老师展示STAR模型。

STAR模型是一种面试方法，用于评估面试者在特定情况下的表现。STAR模型包括以下四个方面。

1.Situation（情境）：面试者所面临的情况或任务是什么？

2.Task（任务）：面试者需要完成的任务或目标是什么？

3.Action（行动）：面试者采取了哪些行动或策略来应对该情境或完成该任务？

4.Result（结果）：面试者的行动带来了什么结果或影响？

设计意图：通过讲述STAR模型引导学生了解讲好一个故事的方法。

三、书写自己的成就故事（15分钟）

老师：根据以上模型，我们也来书写自己的成就故事。所谓成就故事，就是自己做过的、自己认为比较成功或让自己感到自豪的事情。它可以来自生活的方方面面，而不只是学习方面。它不一定是惊天动地的大事情，可以只是一次从未有过的尝试，如修好了突然坏掉的自行车，帮助同学讲解一道题目。它不取决于他人对这件事是否认可或赞赏，只取决于自己的主观判断与评价。大家在学案纸上真诚且认真地书写三个自己的成就故事。

学生用 15 分钟完成书写。

设计意图：引导学生应用 STAR 模型书写自己的成就故事。

四、故事的力量（17 分钟）

老师：书写完毕后，我们以小组为单位分享彼此的成就故事。

学生小组内分享。

老师：大家的成就故事是怎样的？我想邀请一些同学把自己的成就故事分享给全班同学。

学生举手分享。

老师引导分享的学生思考以下问题。

①分享了成就故事后，你的感受如何？

②经历过这个成就故事，你有信心应对未来可能出现的类似的事情吗？

③你觉得自己在成就故事中展现出了什么样的能力？

④在分享过程中，你是否感觉到其他同学理解并认可你在故事中展现出的能力？你是从哪里感觉到的？

分享的学生进行回答。

老师：听了这么多成就故事后，大家获得了什么启发？例如，对方的故事有没有激励你，让你觉得自己也受到了鼓舞？或者你有没有学到一些克服困难的方法？有没有谁的故事让你也开始相信自己可以取得类似的成功，并愿意尝试做类似的事情？

学生自由举手回答。

教师小结：老师很开心能听到同学们的成就故事。分享自己的成就故事，我们可以从中汲取成功的经验，确认自己的能力。听他人的成就故事，我们也有机会了解他人在面对挑战和目标时所采取的策略和方法，这些策略可能会给我们提供有价值的指导，为我们未来的生活提供指引。同时，像大家感受到的那样，这种分享也让我们对彼此有了更加深刻的了解。

设计意图：引导学生通过分享成就故事挖掘成长的力量，提升自信心，增进和同学的关系。

五、总结升华（3分钟）

教师小结：成就故事就像是一根线，它连接着我们的过去、现在和未来，是我们生活的指南针，帮助我们找到前进的方向；同时，它也是我们回顾过去的桥梁，让我们保持与自己的联系。当我们讲述自己的成就故事时，我们不仅是在分享成功，也是在传递经验和智慧，激励他人追求目标。因而，这根线也在将我们和他人"串"在一起，加深了我们与他人之间的联结。因此，老师希望大家在今后的生活中多发现和分享自己的成就故事，感受成就故事的力量及其带给生活的奇妙变化！

设计意图：强调成就故事的重要性及书写成就故事的意义。

【课程迭代】

本节课的重心是让学生书写成就故事、分享成就故事，其目的是希望学生通过书写和分享成就故事提升自我效能感，并感受他人故事的鼓舞。但是在之前的版本中，课堂缺少对学生分享后的追问和启发，这使学生在听完分享后，思绪仅仅停留在"讲成就故事的人真厉害"这样的感慨中，或者一直在回味自己的成就故事，而无法看到他人对自己故事的回应。所以在最终版的设计中，课堂通过精心设置的提问引发师生、生生之间的互动，使学生感受他人的反馈，提升自我效能感，并思考如何从自己和他人的成就故事中获取更多的经验。学生在分享和讨论的过程中，能深入思考自己的故事对他人的影响，以及他人的故事对自己的启发，呈现出了人际间的积极互动。

【教学反思】

本节课的优点主要体现在以下三个方面。

第一，从课程设计来说，本节课将成就故事的必要性、成就故事讲述的方法和成就故事的分享细节化，并使用STAR模型为学生提供了实用的工具和方法。这种设计有助于学生将课堂所学直接应用到生活中，对学生未来的学习和职业规划起到一定作用。

第二，从课堂氛围来看，观看电影片段及学生分享成就故事等活动，调动了课堂氛围，让学生产生了积极的情感和学习动力。这种氛围有助于学生更好地理解课程内容。

第三，课程将理论知识与实际操作结合在一起，通过观看电影片段、分享成就故事和小组讨论等活动，引导学生在学习"成就故事"这个概念的同时，也在实际中进行应用，从而更好地理解和掌握相关内容。

本节课也存在许多不足。例如，本节课的重点是让学生书写并分享自己的成就故事，通过回忆成就故事来实现自我激励的目的。但是在实际授课中，有的学生会在分享环节中提出自己没有成就故事，或者认为自己的成就故事"不值一提"。同时，如果班级氛围不好，那么一些同学在分享自己的成就故事时可能会出现其他同学贬低该成就故事的现象。因此，授课教师在"书写自己的成就故事"这一环节中，应多次强调对成就故事的评判标准，即只要是"我自己认可"就可以，并且要引导其他同学在听完分享后给予积极评价。

【专家点评】

本节课的亮点主要体现在以下三个方面。

1. 理论依据明确，"心理色彩"浓厚。本节课为学生提供了一个重新审视个人经历的视角，用 STAR 模型带学生重回"高光时刻"，总结其中的成功经验，并将宝贵的经验财富"存档"，以培养学生积极的个人品质。

2. 内容逻辑清晰，具有层次感。本节课围绕"什么是故事、为什么要说故事、怎么样说好故事、如何与同学分享好故事"展开。这样的课程结构符合高中生学习新知识的思维习惯，并且点明了故事与个人生命意义之间的联系，让课程立意充满了哲学思辨的意味。

3. 共享生命经验，唤起心理共鸣。学生不仅能从自己的故事中总结经验，还可以从他人的故事里学习新的经验和方法，并在与当事人相似的情感体验中产生共鸣，加深与他人的联结。

（点评嘉宾：郑璐，北京市朝阳区心理兼职教研员）

【学案纸】

成就故事的力量

姓名：_____ 班级：_____ 学号：_____

请根据 STAR 行为事件描述法，书写上高中以来自己觉得最有成就感的三件事	
事件一	S:_____ T:_____ A:_____ R:_____
事件二	S:_____ T:_____ A:_____ R:_____
事件三	S:_____ T:_____ A:_____ R:_____

备注：

STAR 行为事件描述法

- S–Situation：事情的背景是怎样的？背景的具体表现和影响是什么？

- T–Target：需要完成的任务或达成的目标是什么？

- A–Action：你当时采取了哪些具体行动？（即对解决这个问题产生决定性作用的关键行动有哪些？ 3 ~ 5 项）

- R–Result：这个问题的最终结果如何？（即这件事情最终对你个人、你所在的团队 / 集体及其他相关者等产生了什么样的影响）

如何做出理性决策

宁夏回族自治区银川高级中学　谢媛

【驱动问题】

如何提升学生的生涯决策能力？

【基本信息】

适用学段：高中二年级

准备道具：学案纸

【设计思路】

高二选课后，笔者看到很多学生经常会懊悔之前的决定。当被询问"为什么当时做了这个决定"时，很多学生会说"当时我这门课成绩好""家长让我选的""我特别喜欢这门课的老师，谁知道分班后换了老师""不知道"，等等。看到很多同学仅凭感觉或片面的思考就仓促地做了决定，笔者认为设计一节关于"理性决策"的课，教给学生科学决策的方法十分有必要。

学生在高中阶段逐渐步入生涯探索阶段的第一个时期——试验期。这一时期的主要任务是综合认识和考虑自己的兴趣、能力，以及社会价值、就业机会，开始进行择业尝试。在此阶段，学生进一步了解自我、探索自我的愿望更加强烈，有了理性思考未来生涯发展的能力。经过高一一年时间的自我探索之后，学生对自己的兴趣、性格、能力有了一定了解，在高二阶段，学生需要进一步掌握加工整理信息的方法，寻求做出理性决策的方法。因比，本节课以案例"小硕的烦恼"为主线，通过小硕选科、报考院校等故事，让学生认识并掌握理性决策的方法，以提高学生理性决策的意识和能力，并引导学生在练习中逐渐形成自己的决策风格。

【教学目标】

1.情感目标：建立理性决策的意愿，形成独立自主决策的意识，在认同理性决策的基础上提升执行理性决策的勇气。

2.认知目标：理解理性决策的价值和意义，了解使用"生涯决策平衡单"进行决策的过程。

3.行为目标：掌握全面整理和加工信息的方法，并能够使用"生涯决策平衡单"解决实际问题，掌握理性决策的思维模式。

【教学思路】

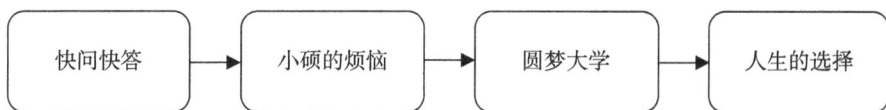

【教学过程】

一、快问快答（5分钟）

老师逐一呈现以下问题。老师走到哪位同学面前，就请该同学快速回答。

①如果你有机会选择同桌，一个同桌活力四射但学习上不求甚解，一个同桌沉默寡言但学习踏实努力，你会选择哪一个？

②一个普通朋友向你借30元，你也有这些钱，你借还是不借？

③你去买饮品，大杯果汁13元，加5元再得1杯，你加还是不加？

④你每天下午有固定的半小时时间用来学习，这时候好朋友央求你陪他看学校篮球赛，你去还是不去？

⑤假如高考成绩不理想，你会选择复读还是上大专？

学生快速回答问题。

老师：在刚才的活动中，你是如何做决定的？对平时做出的决定，你会感到遗憾或后悔吗？

学生举手回答。

教师小结：有人说"选择大于努力"，那么，怎样才能做一个"对"的决策呢？今天，我们来学习如何做出理性的决策。

设计意图： 通过对生活事件进行快速抉择的活动，观察学生的决策风格，并引导学生思考理性决策的重要性，同时活跃课堂氛围，快速切入课堂主题。

二、小硕的烦恼（10 分钟）

老师：我们先来看一个案例。

案例简介：在选择学理科的两个月后，小硕走进心理老师的办公室。"老师，有个问题我纠结了好久，希望您能给我建议。高一选科时我就想走艺考这条路，因为我很喜欢画画，也特别期待以后能从事相关职业。美术老师说我底子还不错，选择美术也算是一条捷径。可我父母坚决反对，他们说学美术就业面窄，学纯理科的专业好就业。我听从父母的建议，选择了理科。可是，这段时间以来，我学得很努力，成绩却没一点起色。这样下去，我肯定考不上大学。班主任了解情况后，和我说艺考对文化课要求相对较低，我可以试试艺考。我想，如果现在选择艺考，考上大学的概率还会大一些。老师，我最好的朋友也在准备艺考这条路，父母让我自己考虑好，我就是担心我的专业课学得有点晚……老师，您说我该怎么选择呢？"小硕和心理老师说出了他的烦恼。

老师：小硕在选科时，是依据什么而做出决策的？你怎么看待他做出的这个决策？

学生举手回答。

老师：在你自己选科时，你是怎么考虑的？现在你觉得自己当初的这个决策怎么样？

学生举手回答。

老师：如果你是小硕，你现在会怎样选择？请大家小组讨论后进行分享。

学生小组讨论并分享。

老师：今天，老师为大家带来了一个做选择的工具，接下来，我们一起来了解"生涯决策平衡单"。

老师结合学案纸上的表格介绍"生涯决策平衡单"及其算法。师生共同根据小硕的例子进行以下赋分计算。

①列因素：挑选出选科时需要考虑的所有因素，一般包括个人因素（如能力、兴趣、成绩等）和外界因素（如家人、朋友、老师和就业机会等）。对小硕来说，这些因

素都在考虑之列。

②赋权重：依据每个因素对自己的重要程度给每个因素赋予权重，权重范围为1～5，权重数值越大说明你越重视该因素。例如，所有因素里，小硕认为"能力"对自己的影响最大，所以赋予"能力"的权重为5，而"老师"对自己的影响较小，所以赋予"老师"的权重为1。

③原始分：为每个考虑因素进行打分，优势因素得正分，劣势因素得负分，记分范围为–5～5分。例如，小硕学习理科的能力弱，所以给"理科"这个选择的"能力"因素打了–3分；小硕学习美术的兴趣浓厚，所以给"美术"这个选择的"兴趣"因素打了5分；

④加权分：将每一项的原始分与权重相乘，就可以得到加权分。例如，小硕选理科的能力这一项的加权分 = 原始分（–3）× 权重（5）= –15分；

⑤核总分：合计各考虑因素的分数并得出结论。

老师：通过计算，我们看到小硕选理科的加权分总分为 -10 分，选美术的加权分总分为 47 分。所以，小硕最应该做出怎样的决策呢？

学生举手回答。

老师：请你猜想，在小硕未来的生活中，还有哪些事情需要用到"生涯决策平衡单"？

学生举手回答。

教师小结：正如大家所说，"生涯决策平衡单"可以用在我们学习和生活的很多决策中。无论是报考大学还是毕业工作，"生涯决策平衡单"都可以帮我们更加明确自己内心的选择。

设计意图：通过实际案例让学生代入真实情境，激发学生做出科学决策的意愿。通过教授学生"生涯决策平衡单"的使用方法，引导学生将科学决策的策略应用到现实生活中。

三、圆梦大学（20分钟）

老师：现在我们把镜头拉近，聚焦在我们自己身上。明年我们将做出人生中最重要的选择之一——选择大学院校及专业。你会如何进行决策呢？

老师呈现以下情境。

高考后，你可以选择上一所二本院校。经过多方考虑和层层筛选，你最终选定了三所院校：

①集美大学的视觉传达设计专业（城市位置不错，专业尚可，朋友希望你能跟他一起去厦门）；

②大连工业大学的服装设计与工程专业（专业稀有且一流，你希望自己以后能从事相关的职业）；

③广西师范大学的教育技术专业（本自治区一本招生；父母特别支持这个选项）。

学生根据描述，仅凭直觉做出选择，并将选择写在学案纸的空白处。

老师：请你们采用头脑风暴的方式，思考报考大学时自己会考虑哪些因素？请尽可能多地列出需要考虑的因素。

学生举手回答。

老师：现在，请大家用"生涯决策平衡单"进行理性决策，5分钟后进行展示和分享。

学生按照生涯决策的步骤进行计算，并在班级内分享。

老师：为什么每个人得出的结果不同？

学生举手回答。

老师：对，因为每个人给每个因素赋予的权重不同，符合每个人心意的决策也就不同。对这三所院校，你最初的选择和你现在计算的结果一致吗？如果一致，"生涯决策平衡单"会带给你什么感觉？如果不一致，你又会做出怎样的抉择？

学生举手回答。

老师：如果计算结果一致，你会感到"被支持"；如果不一致，你可以先复盘看看"生涯决策平衡单"中的各项计算有没有问题；如果没有问题且几个选项的分值差别不大，那你可以坚持初心；如果没有问题且几个选项的分值差别较大，你需要尊重理性的决策。"生涯决策平衡单"像一面镜子，可以唤醒你内心真实的想法。不过，我们每次做决策时都需要这么详尽地进行计算吗？

学生举手回答。

教师小结：这种决策方式会慢慢帮助我们形成自己的决策和做事风格。在决策的过程中，我们也要不断培养自己搜集信息、整理信息的能力及决断的魄力。

设计意图：引导学生运用学到的策略解决现实难题，促使学生进一步掌握"生涯决策平衡单"的计算方法；同时，通过教师不断地追问，引导学生意识到理性决策能帮助自己提升决策能力，形成个人的决策风格。

四、人生的选择（5分钟）

老师：有人说，人生就像一个又一个选择题，不同的选择可能会让我们经历不同的人生。现在，让我们一起来看看这部短片《人生的选择》。

视频简介：站在人生选择的岔路口，主人公毫不犹豫地推开第一扇门——那是由努力和坚韧铺垫的大学路。可毕业后的他受不了常年加班和领导苛责，他快速跑回岔路口，推开了第二扇门——这一次没有经受住诱惑的他去了网吧，毕业后做了一名流水线工人。他遇到了心爱的人，可是好景不长，他心爱的人选择了有钱的成功人士。他愤怒又懊悔，再次跑回选择的路口，推开了第三扇大门——他做起了煤矿生意，虽然有钱，但因常年酗酒最终住进了医院。他再一次回到选择的路口，推开了第四扇门……这一次，他又会面对怎样的人生呢？

学生观看视频。

老师：请大家思考，视频中的人是怎么做选择的？真实的人生可以这样在选错之后回到起点重新选择吗？

学生举手回答。

老师：短片中主人公的人生可以重选，但现实生活中，人生没有彩排。人生是一道单选题，所以我们在做决策时需要理性、谨慎。经过这节课的探索与分享，此时此刻，你有哪些收获或感受呢？

学生举手回答。

教师小结： 是的，理性决策是一种能力，需要不断锤炼。当出现决策失误时，我们要有调整决策的魄力。理性决策后，我们更需要有坚决执行决策的毅力。今天这节课，老师给大家布置个小任务——使用"生涯决策平衡单"，对一件最近让你难以抉择的事进行分析。期待同学们在生活的实践中逐渐把决策方法内化成决策能力。

设计意图： 通过分享个人感受升华课程主题，进一步激发学生做出科学理性决策的动力，并通过课后小任务，引导学生将所学方法内化于心。

【课程迭代】

这节课虽然整体设计简单，但实际操作起来并不容易。经过前后十几次的打磨，笔者才确定了现在的版本。这节课的整体思路像极了传统数学课的流程，"讲解例题—得出公式—实践练习"。最难设计的部分是"例题"，也就是"小硕的烦恼"环节！为了讲明白"生涯决策平衡单"，笔者需要讲清楚小硕考虑的因素和这些因素的"权重"，但如果讲得过于细致，案例又会显得冗长。这使笔者花费了不少精力进行修改。另外，"圆梦大学"环节最初的设计是让学生独自为以后高考选院校做决策，但是通过实践笔者发现，仅让学生自己填写考虑因素是不够详尽的。因此，笔者将此处调整为"头脑风暴"活动，请大家一起说出选院校时需要考虑的因素，然后再由学生根据自己情况选择因素。

在实际操作中，教师需要认真聆听学生的现场反馈，及时为学生答疑解惑，并优化课程。例如，在练习后的分享环节，有的学生说："我计算出来的结果和我想去的院校不一样，但我还是会选择我想去的。"于是笔者重新整理思路，将此处的提问改为"你最初的选择和你现在计算的结果一致吗？如果一致，'生涯决策平衡单'会带给你什么感觉？如果不一致，你又会做出怎样的抉择？"经过修改提问，有的学生做出了这样的回答："如果一致，我会更加坚定地去执行决策；如果不一致，我会先复盘；计算没问题的话，看几个选项的分值差别。如果差别不大，就去我想去的学校；如果差别大，我就要冷静下来重新分析。"这样的回答说明学生能够真正理解这节课的核心思想——不要因一时的头脑发热或盲目跟风而做出决策，而应在冷静、综合的思考后，再做决定。

【教学反思】

生涯决策是高中生涯教育中重要的部分。怎样做出科学、理性的决策，是高二学生重点要学习的内容。

整节课的设计采用了比较传统、简单的框架，即发现问题—分析问题—解决问题—应用迁移。本节课教学环节紧凑，能够层层深入地帮助学生解决问题。首先，本节课通过"快问快答"活动，引导学生发现问题——怎样才能做出"对"的决策？其次，本节课通过创设小硕的问题情境，引导学生回顾自己的决策经历，激发学生学习"生涯决策平衡单"的兴趣。再次，为了让学生能够更好地将决策方法内化于心，课堂设计了"圆梦大学"环节，让学生体验理性决策的步骤，同时也让学生提前"演练"填报志愿的过程。最后，"人生的选择"环节则让学生深刻感受到"选择"的重要性，从而激发学生"理性决策"的意愿。同时，通过布置课后小任务引导学生进行理性决策，巩固课堂学习的内容。

在课程优化过程中，笔者深刻体会到以下几点。第一，老师首先自己要精通做决策的方法，才能准确地将方法传授给学生。第二，一节好课需要经过多次试课，才能发现问题、不断改进。第三，一节优质的心理课，心理教师既要对课堂有充分的预设，又要保持课堂的开放性。第四，心理教师需要有深厚的心理咨询功底，才能在课堂上游刃有余。所以，心理教师既要研究课程设计，又要不断精进心理咨询技术。

本节课的不足之处有以下几点。第一，整体的课堂设计偏传统，创新不足。第二，因考虑课程的实用性，学生练习部分容易显得沉闷。第三，最后的短片如果能换成让学生参与其中的体验活动，并引导学生得出"理性决策是能力，调整决策需魄力，执行决策靠毅力"的结论，更能激发学生理性决策的动力。

【专家点评】

本节课以"生涯决策平衡单"为抓手，帮助学生学会理性决策，提高学生理性决策的意识和能力，教学目标非常契合当前学生的发展需求。教师从"日常生活中的决策"这一话题出发，层层深入，引导学生思考自身面临的重要决策问题，并借助问题，对现实生活案例进行层层剖析，让学生思考影响决策的因素，从而引出"生涯决策平衡单"这一工具，帮助学生面对成长中的重要决策。教师让学生结合自己面临的升学择校难题，采用"生涯决策平衡单"来做出理性的决策，既可以帮助学生巩固所学方法，又能够引导他们解决实际问题，一举两得。值得关注的是，教师还将课堂内容延伸至课后，引导学生用所学知识解决实际生活中的难题。

整节课教学目标清晰，逻辑严密，环节紧凑，由浅入深，让学生逐步理解和掌握理性决策的方法，符合学生的思维发展水平。整体课堂氛围较好，能够激发大部分学生的学习意愿，让学生能够积极主动地投入课堂的每一个环节。课程实效性、指导性强，每一个孩子都能够学有所得、学以致用。这是一节难得的、实用的、科学的心理课！

（点评嘉宾：金娜，宁夏回族自治区银川市兴庆区教育局心理健康教研员）

该课曾获宁夏第一届中小学教师课堂教学"四课"比赛（骨干教师示范课）一等奖

【学案纸】

如何做出理性决策

姓名：_____ 班级：_____ 学号：_____

生涯决策平衡单

影响因素	重要性（1~5）	选项一：集美大学视觉传达设计专业		选项二：大连工业大学服装设计与工程专业		选项三：广西师范大学教育技术专业	
		原始分（−5~5分）	加权分	原始分（−5~5分）	加权分	原始分（−5~5分）	加权分
个人因素							
外界因素							
加权分合计							
最优选项							

第七章

生命成长

生命成长单元的主要教学目标是帮助学生理解并珍爱生命，懂得保护自己，学会尊重他人，焕发生命能量，以良好状态投入生活，实现积极成长。通过学习本单元内容，学生能够感受到生命的独特性与多样性，体会生命的美好，懂得关爱自己和他人。在自我探索、与他人联结、迎接挑战等过程中，学生得以尝试构建积极关系，感受积极体验，激发自身的内在能量，不断寻找生命的意义和价值，让自己的身心健康成长。

在生命成长单元中，常见的心理课主题包括生命教育、青春期教育、性教育、积极心理、潜能激发等。这些内容能引导学生充分认识生命，懂得生命的意义，学会尊重自己与他人；正确处理两性关系，预防伤害的发生；感受积极的心理体验，培养积极的心理品质，形成积极的生命观、性观念和人生态度，促进身心和谐发展。

高中生的身心逐渐成熟，抽象思维能力、辩证思维能力也逐步提升，他们对自己、生命、性、爱等都有了逐步深入的思考。但他们仍在成长的过程中，身心还有尚未成熟之处，面对诱惑、困难等会不知所措。此时，引导学生学会尊重自己和他人，形成健康的性观念，培养爱的能力，挖掘自身生命价值，转变消极应对方式，培养积极心态，激发个人潜能，对学生的长远发展有着重要作用。

《拒绝就是拒绝》以"性同意"这一概念为切入点，引导学生形成良好的性心理和性观念，在青春期学会保护自己、尊重他人。《心动的信号》则通过"共创爱情故事"，引导学生培养自身爱的能力，慎重做出爱的选择。《生命中的"断舍离"》巧妙地通过"物品"这一抓手，引导学生挖掘人生故事和生命价值，再通过"断舍离"告别支线生命故事，探寻生命真正的价值与方向。《配好生活的背景音乐》聚焦"减少内耗"这一热门话题，符合时代发展特点及学生需求，课程以"生活BGM"为隐喻，引导学生觉察自己的内耗状态，外化内耗体验，掌握减少内耗的方法，构建积极的生活态度。《魔方之旅》通过两轮人体"魔方"游戏，激发学生的个体潜能，提升其迎接挑战的动力，助其积极成长。

本单元课程内容丰富，关注学生对生命的思考与感悟、对成长的体验与领悟。相关课例契合学生需求，教学方法适切，课堂效果良好。面对"生命成长"这样一个较为抽象的主题，教师巧妙地采用情境游戏、绘画表达等方式，为学生创设有效情境，提升学生的参与兴趣，注重学生的活动体验，让学生真实地感受生命之美，体会成长之乐。

拒绝就是拒绝

上海市光明中学 崔文倩

【驱动问题】

如何让学生树立正确的性价值观，懂得保护自己并尊重他人？

【基本信息】

适用学段：高中二年级

【设计思路】

高中生身体发育逐渐成熟，但心智尚未成熟。上海社会科学院发布的《上海蓝皮书：上海社会发展报告（2019）》在《关注青春期性健康，促进青少年健康发展》章节中分析了上海市近两千名青少年的性健康状况。报告显示，青少年对性知识的掌握明显存在不足。对高中生开展健康、科学的性教育，有助于他们更加理性、成熟地看待性行为，并认识到过早发生性行为带来的影响和后果，促使高中生谨慎对待性行为。

本次教学的主题围绕性观念和性文化展开。近年来，未成年人性侵、强迫发生性关系等关键词经常出现在人们的视野中。性同意开始成为一个重要的法律名词被写进法律中。《中华人民共和国刑法（2020年修正）》指出，性同意一般是指发生性行为前，双方需要获得和给予对方明确的同意。目前我国将14岁定位为性同意的年龄界限，没有达到该年龄，个体就没有性同意的能力。《国际性教育技术指导纲要（修订版）》也明确了与性同意有关的教育目标，其中"暴力与安全保障"一节提倡教师将性同意的概念传达给学生，引导学生理解性同意的内涵。本节课通过介绍性同意的概念，帮助学生厘清自己的性价值观，形成健康积极的性观念，从而学会保护自己、尊重他人。

【教学目标】

1.情感目标：降低对青春期话题的羞耻感，形成对性行为的责任意识。

2.认知目标：认识自己的性价值观，了解性同意的概念，形成良好的性心理和性道德观念。

3.行为目标：掌握拒绝性行为的方法，学会保护自己，尊重自己和他人。

【教学思路】

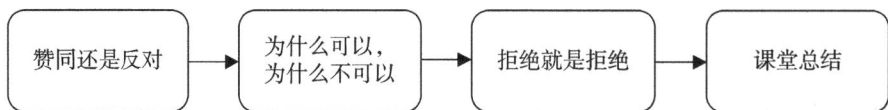

【教学过程】

一、赞同还是反对（5分钟）

老师：之前有一个人曾说，他认为一名女性如果答应和一名男性单独吃饭、单独看电影，就是同意和这名男性发生性行为。你同意他的观点吗？今天，老师也想请同学们做一套判断题，如果你认同就请起立，反对则坐下。

老师展示以下判断题。

判断题1：你是否认同一方答应和另一方旅行，就说明愿意与对方发生性关系？

判断题2：你认为结婚后和伴侣发生性关系，是否需要得到对方的同意？

判断题3：你是否认为一方没有明确说"不"，就意味着可以与其发生性关系？

教师小结：性是一个复杂而深刻的话题，每个人对性的态度和价值观是不一样的。

设计意图：通过活动帮助学生澄清自己对性的态度和价值观。

二、为什么可以，为什么不可以（17分钟）

老师：接下来，老师想更深入地了解同学们对性行为的态度。请看以下三个案例并思考相关问题。

案例1：

一名18岁的在校女生在网络上认识了一位30岁事业有成的男士。这位男士对女生说："你上次说看中了一个包包，我给你买了，要不你晚上来我这里看看吧？"女生听后有所顾虑，因为爸爸、妈妈不允许她晚归，并且自己对该男士还不是很了解。男士为了打消女生的顾虑，声称自己一定会送女生回家。女生还是有些犹豫……

①为什么男士要说给女生买了"包包"？

②女生答应了他的要求，就意味着愿意发生性关系吗？

③如果你是这名女生，你会怎么说？

案例 2：

一对大学生情侣在一起有一段时间了。男生对女生说："我们要不今天试试吧？我们都在一起那么久了。有的情侣在一起不到几天就发生了关系。"女生则顾虑重重，心想："会不会太早了？"她内心不太想答应男友的要求，但是又害怕拒绝后男友不高兴。男生看出了女生的纠结，继续说道："如果你同意，我们就继续在一起；如果你不同意，我们就分手吧。"女生听后陷入了思考……

①你认为案例中的男生在表达什么意思？

②如果你是这名女生，你会怎么说？

案例 3：

一名 16 岁的在校男生和一位 30 岁的女士在网络上聊得很愉快。突然有一天，女士对男生说："出来玩玩吧，姐姐教你怎么和小姑娘谈恋爱！"男生很惊讶，回应道："你不会把我怎么样吧？"女士说："你是男孩子，又不会吃亏，你怕什么？"男生不知该如何回应……

①你赞同案例中这位女士的观点吗，为什么？

②如果你是这名男生，你会怎么说？

学生讨论并回答问题。

教师小结： 根据同学们讨论的结果，我们发现有些性行为的发生不一定是双方都自愿的。一些事例看似"你情我愿"，但事实上其中有一方是被强迫的。

设计意图： 通过案例引发学生对性意愿的思考，懂得在发生性行为之前需要经过慎重思考和理性判断。

三、拒绝就是拒绝（15 分钟）

老师：今天这节课老师向大家介绍一个词语——性同意。它是指发生性行为前，双方需获得和给予对方明确的同意。其中任何一个人存在意愿不明确、中途改变主意或处于无意识状态的情况时，都不代表他们"同意"。在任何时候，拒绝就是拒绝。

（一）如何拒绝不愿意发生的性行为

老师：我们该如何表达自己的想法，拒绝不愿意发生的性行为呢？请同学们思考。

学生举手回答（例如，找理由委婉拒绝，明确表达自己的想法，向家人求助，避免单独相处，等等）。

老师：请大家进一步思考以下几个问题。

问题1：当对方强烈要求你陪他去酒店单独相处，你怎么拒绝？

问题2：有什么方法可以帮助你顺利脱身？

问题3：这样的方法对上述案例中的哪个人来说比较有效？

学生思考问题并举手发言。

（二）让对方误解为性同意的行为

老师：之前某网络平台上有一个话题叫"哪些行为会让对方误解你同意与其发生性关系"，人们对此进行了投票，结果发现"喝得烂醉""穿着暴露的衣服""两人单独喝酒"等行为获得了较高的票数。你认为哪些行为容易让他人误以为你同意与其发生性行为呢？

学生思考问题并举手发言（如有较亲密的肢体接触，没有明确说"不"，单独共处一室，异性之间开性玩笑等）。

设计意图：帮助学生了解"性同意"的意思，形成良好的性心理和性道德观念。

四、课堂总结（3分钟）

老师：美好的感情也许会因为性吸引而开始，却不应因为性行为而开始，更不应将美好的感情作为威逼利诱与对方发生性行为的工具。只有同意才是同意，拒绝就是拒绝。我们要对自己负责，对对方负责，在我们有能力承担责任的时候再给对方以承诺。

设计意图：引导学生理解性行为的发生需要建立在责任、义务与能力的前提下，帮助学生形成健康的性价值观。

【课程迭代】

与最初版本相比，本节课的最终版本有了较大的改动，改动主要有以下两个方面。

第一，初版的教案在两个案例部分采用的是文字描述，学生在课堂中需要花3分钟时间进行阅读，了解故事的来龙去脉。在最终版的设计中，笔者将故事通过对话的方式呈现，且以图片形式在PPT中展示，不仅提高了课堂效率，也提高了学生们讨论案例的兴趣。

第二，在最终版中增加了对"性同意"的定义描述，严谨地呈现法律知识，让同学们知道这不只是一个有关于道德的话题，更是一个关乎法律的话题，意识到自己需要对"性同意"的概念有清晰的认识。

这两处更迭让课堂变得更加生动，也让学生们意识到该话题的重要性。

【教学反思】

本节课围绕"性同意"这一话题展开，帮助同学们明确"性同意"的定义，认识自己的性价值观，了解被社会所接受的性道德观念。本节课选在高二开展，主要是考虑到高二学生适应了高中生的身份后，在心态上越来越趋向成年人，但又缺乏成年人的理智，容易发生风险性性行为。笔者在教学主题、教学设计、教学实施三个方面，进行了深入思考。

首先，从教学主题上来说，有关青春期的话题，同学们既感到羞涩又感到好奇。不同于以往课程的是，本节课选择的主题并非引导学生从健康的角度考虑是否发生性行为，而是从价值观的角度引导学生懂得尊重他人，学会保护自己，培养学生正确的性价值观。"性同意"是在青春期性教育中比较有新意的主题，"性同意"涉及的情况也是多样的，如即使对方或自己同意发生性行为，但是在中途反悔了，这也仍然应被视作中止了"性同意"。这个概念对学生来说是比较新鲜的，也需要学生更加谨慎地对其进行判断。

其次，从教学设计的角度，本节课结合了三个原创的案例，从社会中真实发生的事件出发，让学生可以思考如果自己遇到这样的情况应该如何应对。案例的讨论既让学生感觉是在讨论他人的事情，从而放下对"性"这个主题的防御心理，踊跃表达，又能让学生在小组合作中集思广益，听一听他人的观念，从而获得"拒绝他人的方法库"。

在实际授课的过程中，教师需关注学生对三个案例故事的反馈，也可以根据学情，适当调整故事中的文字，甚至可以让学生自己来写案例的第二幕，让课堂生成的内容更加丰富。此外，学生对案例中的话题很感兴趣，但是可能也会因为太兴奋而沉浸在对故事的幻想与讨论中，未必能够将自己想表达的观点陈述清楚。教师在上课过程中应采用提问等方式，适时给予学生提醒。

此外，如果教师自己对这个话题感到比较害羞，也会令学生无法轻松讨论。所以，为了让学生在一个轻松愉快的氛围中讨论该话题，同时避免学生太过兴奋，教师要尽量用平静自然的语气去谈论这些话题。因为案例的作用并非逗学生发笑，而是让学生能够深入思考其中的问题所在。另外，教师应关注一些比较"开放"的学生，课堂上对其进行恰当的引导，避免这些学生说出较"出格"的话语而影响其他同学的课堂感受。总体而言，本节课比较考验教师的临场应对能力。

【专家点评】

本节课的亮点主要体现在以下两个方面。

1. 主题新颖，含义深刻。"性同意"是法律中的一个词，但并不为所有人知晓。如果教师想引导学生在青春期阶段形成良好的性价值观，必然就需要让学生了解一些法律相关的知识。这节课在选题上充分考虑了当下的社会热点话题，也贴合学生的实际学情。教学设计基于法律法规，从导入环节展现真实案例，而后引出"性同意"概念，再通过案例帮助学生形成良好的性道德观念。

2. 设计有趣，生成丰富。这节课由老师设计的三个案例组成主题活动。这三个案例分别从金钱诱惑、言语诱惑和身体诱惑三个方面展开。这三个案例非常生动，也贴合实际生活中可能会发生的情况。教师在讨论后引导学生思考如何明确地拒绝，以阻止类似情况的发生，有助于学生将课堂所学技能迁移到自己的生活中，从而形成更强的自我保护意识。

（点评嘉宾：钱锦，上海市黄浦区教育学院心理教研员）

该课曾获上海市青春期教案征集活动一等奖

心动的信号

广东省深圳大学附属实验中学　王妍清

【驱动问题】

如何培养学生爱的能力，让学生学会慎重做出爱的选择？

【基本信息】

适用学段：高中一年级

准备道具：学案纸

【设计思路】

青春期是一个人智力、情绪能力、人际交往能力等各方面快速发展的阶段。在此阶段，如何处理和发展异性关系是学生成长过程中的一个重要议题。异性关系对学生的成长来说是一把双刃剑。一方面，对异性的钦慕、喜欢和爱本身是促使个体成长的动力，标志着学生已经走向成熟。另一方面，如果学生不能很好地处理异性关系，沉溺于关系的"陷阱"中，可能会出现注意力不集中、情绪波动大、影响其他人际关系等情况。

本节课以弗洛姆的爱的理论为基础[1]，聚焦高中异性交往的分寸和尺度，并将"把握尺度"这一话题引入学生生活场景中，带领学生厘清"获得一段令人满意的恋情"所需要具备的人格状态、品质、能力、心态等，引导学生将对爱情的憧憬转化为提升自我的动力，提高学生的责任意识。

本节课将异性交往的典型场景整合成爱情故事，将应对爱情的方式列为选项，以"共创爱情故事"的游戏为载体，带领学生讨论不同情境下恰当应对爱情的方式，提炼故事中所体现的爱的能力，并以爱的能力为引子，让学生在故事续写中思考如何提升自己，成为更具备爱的能力的人。

【教学目标】

1. 情感目标：树立对爱情的认真态度与责任感。

2. 认知目标：了解爱情中的常见问题及应对方式。

3. 行为目标：了解自己对爱情的准备程度，培养爱的能力。

【教学思路】

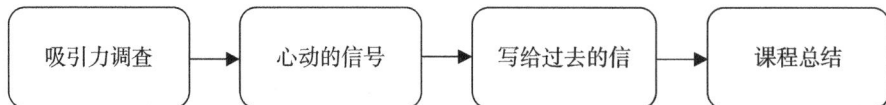

吸引力调查 → 心动的信号 → 写给过去的信 → 课程总结

【教学过程】

一、吸引力调查（3分钟）

老师呈现课前收集的有吸引力的男生和女生的特征词云，邀请同学们自由表达观点或感受。

词云呈现：帅气、可爱、多才多艺、善良等。

学生观看词云后自由表达感受。

教师小结：每个人对吸引力的标准不同，但普遍情况下大家会关注一个人的外在、人格、特长、能力等特点。到了高中，我们逐渐懂得欣赏他人，有时甚至在与异性的相处中感受到了一丝心动。今天，我们一起来书写一篇有关心动的故事，由你们来把控主人公的命运。

设计意图：引出"爱"的主题，以"吸引力"的话题引发学生思考，完成思维和情感的"热身"。

二、心动的信号（30分钟）

（一）爱的心电图

老师：故事主人公名叫洛芙，她是一名高一女生。洛芙最近喜欢上了同班的一位男同学，每天总是忍不住想到他。她一方面想要靠近这位男同学，一方面却因不知道该如何与之相处而远离他。大家觉得她应该怎么办？

老师请学生从以下两个选项中做出选择，并邀请学生进行分享。

A选项：将自己的好感透露出来，故意接近他。

B 选项：有意控制自己，甚至躲开他。

全班学生举手表决，并分享自己的选择和观点。

老师对 A 选项进行以下补充提问。

问题 1：有的同学发现自己好像喜欢上了一个人，于是很想靠近他、和他聊天，时刻都在想他，而这却让自己的学习和生活都受到影响。这位同学可以怎么办？

问题 2：喜欢一个人时，忍不住去想他是正常的现象。但是这种"想念"的度在哪里？我们可以有三种选择：第一，控制自己不要去想他；第二，先完成学习任务，空余的时候再想他；第三，什么都不做，专注地想他。你会选什么？

学生小组讨论并分享。

老师对 B 选项进行以下追问。

问题：在躲避他时，你的考虑是什么？

学生举手回答。

老师根据学生的回答进行以下提问。

问题 1：有时候我们喜欢他人，但是不敢表达，这是因为我们担心自己得不到回应。那么老师想问大家，对一个人的感情必须要得到回应才有价值吗？

问题 2：大家觉得，怎样的感情更容易有结果？

学生根据教师提问，进行小组讨论。

教师小结：喜欢是一种自然产生的情感，他人无法左右我们的情感。但当我们要将喜欢的情感表达出来时，就要思考自己的行为是否会给对方带来不好的影响。当我们喜欢一个人时，这种喜欢本身就会推动我们进步，使我们学会关心他人、体贴他人、为他人着想。因此，即便我们的喜欢没有得到回应，我们也可以在此过程中获得成长，具备更成熟的心态和自立的能力，将来我们的感情也更容易开花结果。

（二）爱的表白信

老师：洛芙觉得青春应无悔，想要让对方知道自己的心意。但是她不太确定自己要不要表白。如果你们是洛芙，你们会怎么做？

老师请学生从以下两个选项中做出选择，并邀请学生进行分享。

A 选项：进行一次有仪式感的表白。

B 选项：在生活的点点滴滴中默默关心对方。

全班学生举手做出选择。

老师对 A 选项进行以下追问。

问题：如果要准备一次有仪式感的表白，洛芙可以采用怎样的方式？

学生举手回答。

老师对 B 选项进行以下追问。

问题 1：在生活中可以通过哪些细节来表达你对一个人的关心和爱？

问题 2：从影视作品、父母的日常生活、自己和朋友的共同经历中，你能得到哪些启发？

学生举手回答。

教师小结： 不论大家选用哪种方式，我们都要清楚，爱需要我们克服自我感动，学会担起责任，站在对方的角度去思考，否则我们的爱对对方来说，可能就是一种负担。

（三）爱的双人舞

老师邀请一名学生抛硬币，为洛芙的故事写一个结局。如果硬币正面朝上，代表洛芙示爱成功；如果硬币背面朝上，则表示洛芙遭到了拒绝。

学生代表抛硬币。

如果硬币正面朝上，老师则提问：如果两个人在一起了，双方需要具备哪些能力才能经营好一段感情？

学生举手回答。

老师：爱是两个人的事情，我们既要表达自我，也要理解他人的感受。爱情是需要两个人共同经营的，需要我们在人格独立的同时相互协作、彼此付出，需要对对方忠诚，需要两个人一起经历风雨、共同成长。

如果硬币背面朝上，老师则提问学生：为什么会被拒绝，接下来又会怎么办？

学生举手回答。

老师：遭受拒绝是一件让人感到难过的事情，我们常常会把被拒绝的原因都归结为自身原因，如"我不够好"等。但从大家的分享中我们可以发现，其实我们拒绝他人告白的原因有很多，并不一定是因为他人的原因而拒绝他。爱不需要理由，不爱也是如此。希望同学们不要因为遭受拒绝就否定自己。请记得，爱是美好的，敢于表达对他人的爱是一件很勇敢的事情，能坦然接受他人的拒绝，更是一件勇敢的事情。如果你要拒绝对方，而对方又比较执着，你会怎么说？

学生举手回答。

老师：也许你可以这样说，"我很高兴能够收到你的表白，你的关照让我觉得自己很有价值；但是出于……的原因，我不能答应，谢谢你喜欢我"。带着真诚和感谢，清楚坚定地表达自己的意愿，这才是恰当的拒绝方式。接下来，请同学们思考，为什么本环节要用抛硬币这样一个"随机"的方式来决定这段感情的进展？

学生举手回答。

教师小结： 在告白这件事情上，我们无法决定对方的回应。无论我们多么辛苦地付出，认为自己有多么爱对方，都无法确保对方一定会接受我们。所以爱还需要我们有忍受不确定性的耐心，有尊重他人选择的风度。

（四）后来的故事

老师：时间来到了高二下学期，洛芙还是正常和朋友一起吃饭、学习，但是她已经不再喜欢那个男生了。如今她回想起过去喜欢他的那段经历，感叹自己实在是不太成熟。她希望自己变得更好，在未来迎接更好的感情，那么，她该朝着什么方向努力？

老师展示以下两个选项，并邀请选择不同选项的学生分别分享自己的想法。

A 选项：朝着大众喜欢的女生的样子努力。

B 选项：朝着洛芙自己喜欢的样子努力。

老师对 A 选项进行以下追问。

问题 1：生活中有很多需要我们"改变自己"的时刻。你认为在什么情况下我们应当坚持自己的做法？什么情况下我们可以做出改变？

问题 2：当我们对自己不够满意时该如何做呢？

学生举手回答。

老师对 B 选项进行以下追问。

问题：如果你是洛芙，有哪些属于自己的特点是你希望展示给喜欢的人，并得到对方的认可的？

教师小结： 对爱的向往，会成为我们变好的动力。但是"改变自己"不应该以讨好他人为目的，而应该以让自己具备更优秀的品质为目的。你若盛开，清风自来。当我们有了这样的心态时，就不会再以"我为你改变了多少"为由要求他人喜欢自己。即便对方没有喜欢上自己，我们也不会觉得后悔或受挫，而是会为自己的成长感到欣慰。

设计意图：设置爱的场景，将学生常见的恋爱困扰具象化，学生能够在迎接爱的挑战中厘清自己的观点，在师生共同讨论中思考应对方法，提升自己应对具体恋爱困扰的能力。同时，教师在讨论应对方法时，对爱的能力进行总结，引导学生从发展的、谨慎的角度来看待爱情，鼓励学生不断发展爱的能力。

三、写给过去的信（5分钟）

老师：27岁时，洛芙找到了一个自己很爱，也很爱自己的人。他们聊起了自己年少时的心动，她很欣慰自己付出了很多努力，现在终于成为一个更有爱的能力的人。她想给过去的自己写一封信，为她加油，为她指路。请你帮她完成这封"给15岁的自己"的信。

学生填写学案纸，给年轻的洛芙写一封信。（在第一行可以写27岁的自己已经拥有的爱的能力，在后面的内容中可以写出自己在这十几年间通过怎样的方式，最终成长为怎样的人）

设计意图：通过倒叙的方式，引导学生思考如何发展爱的能力，将课堂收获迁移到生活中。

四、课程总结（2分钟）

老师：心理学家弗洛姆说过，爱不是一种只需投入身心就可以获得的感情，如果不努力发展自己全部的人格并创造性地面对问题，如果没有爱他人的能力，如果不能真正勇敢地、真诚地、有纪律地爱他人，那么人们在自己的爱情中也永远得不到满足。爱情是美好的，是需要经营的，希望大家都能向着"成为更好的爱人"而努力。祝愿大家在一个刚刚好的时间遇到刚刚好的爱情。

设计意图：总结课程内容，强调对待爱的谨慎态度，鼓励学生不断完善自己。

【课程迭代】

本节课最初的设计依托于迷宫游戏，把不同的爱情问题放在迷宫的路口，让学生做出选择。这种方式虽然具有趣味性，课堂效果不错，但缺少逻辑性、连贯性和指导性。学生往往只是在课堂上非常开心，但是下课后却想不起来课堂讲述的重点内容是什么。因此在最终版本的设计中，课堂用洛芙的故事把所有问题联系起来，增加剧情的连贯性；同时又精心调整了板书内容，包括板书的标题和能力总结部分，以更加清晰地引导学生对爱情进行思考。另外，课堂还在最后增加了写信环节，使学生能够站在未来的角度去回望现在，帮助学生提炼总结爱的能力的获取方式，体现爱的能力的发展性，进行课程升华。

【教学反思】

本节课以洛芙的故事为线索，带领学生体验青春期异性关系中的酸甜苦辣，讨论如何在处理异性关系问题的过程中收获成长。在课程组织和呈现过程中，本节课做到了以下几点。

第一，问题场景贴近学生生活，解决学生的真实困惑。本节课涉及的各个场景均改编自真实案例，目的是促使学生自行讨论出应对方法，让真正遇到问题的同学有所收获。

第二，借助故事共创的方式，赋予学生决定故事走向的权力，提高学生的课堂参与度。爱情主题比较敏感，学生很容易隐藏自己的真实想法。本节课用故事共创的方式提升学生的主动性，学生只有投入剧情中，才能为人物创造一个更符合自己心意的结局。这种设计使学生全程沉浸在课堂中，提升了课程的有效性。

第三，采用更具发展性的理论，给学生恰当的引导。弗洛姆对爱的描述更具体、更有发展性，它描述了爱情的复杂性，要求人们慎重对待爱情，鼓励人们不断完善自己的人格，发展爱的能力。这些理念都更贴近中学生对爱情的视角，既保留了他们对爱情的美好期待，又鼓励着他们不断地去完善自己，浪漫又实用。

【专家点评】

本节课有以下几处亮点。

1. 教学设计贴近学生实际。本节课通过整合心理辅导中的真实案例，设计了贴近学生实际生活的恋爱场景，能够引起学生的共鸣，帮助他们解决在异性交往中可能遇到的实际问题。

2. 互动性强，学生参与度高。通过"共创爱情故事"的游戏形式，赋予学生决定故事走向的权力，这种参与性和互动性能够激发学生的兴趣，提高他们的课堂参与度。

3. 引导学生进行自我反思：通过故事续写和小组讨论的活动，引导学生探讨应如何发展自己爱的能力，促进学生的自我反思和自我成长。

4.理论基础扎实：采用了弗洛姆的爱的理论，比其他理论更具有发展性，能够帮助学生建立正确的爱情观念，同时鼓励他们不断完善自我。

同时，本节课也有以下几处需要注意的地方。

1.可能存在理论与实际结合不够紧密的问题。虽然教案提到了理论基础，但是在具体教学过程中如何将理论知识与学生的实际情感体验相结合，需要教师进行更详细的操作指导。

2.对个体差异性的考虑可能不足。学生的性格、经历和对爱情的认识差异较大，教案需要考虑不同学生的个体差异，以及如何调整教学策略以适应不同学生的需求。

3.需要注意教学内容的敏感性。恋爱教育涉及学生的个人情感和隐私，教学过程中需要小心处理，确保课程不会给学生带来心理压力或不适。

（点评嘉宾：高志，广东省深圳市教育科学研究院心理教研员）

【参考文献】

[1]艾里希·弗洛姆.爱的艺术［M］.刘福堂，译.北京：人民文学出版社,2018.

【学案纸】

心动的信号

姓名:＿＿＿＿＿＿　　班级:＿＿＿＿＿＿＿　　学号:＿＿＿＿＿＿＿

给 15 岁的自己

15 岁的洛芙,

你好。

我是 27 岁的你,偶然想起过去,想和你聊聊天。我记得那时的你＿＿＿＿＿＿＿

＿＿＿＿＿＿＿＿＿＿＿＿＿＿＿＿＿＿＿＿＿＿＿,面对第一次的心动,你有一些笨拙。

后来你＿＿＿＿＿＿＿＿＿＿＿＿＿＿＿＿＿＿＿＿＿＿＿＿＿＿＿＿＿＿＿

＿＿＿＿＿＿＿＿＿＿＿＿＿＿＿＿＿＿＿＿＿＿＿＿＿＿＿＿＿＿＿＿＿＿＿＿

＿＿＿＿＿＿＿＿＿＿＿＿＿＿＿＿＿＿＿＿＿＿＿＿＿＿＿＿＿＿＿＿＿＿＿＿

＿＿＿＿＿＿＿＿＿＿＿＿＿＿＿＿＿＿＿＿＿＿＿＿＿＿＿＿＿＿＿＿＿＿＿＿

从中收获了＿＿＿＿＿＿＿＿＿＿＿＿＿＿＿＿＿＿＿＿＿＿＿＿＿＿＿＿＿＿。

我想说,给成长一些时间,给爱情一些耐心。在我写信的这一天,我正享受着一段很好的爱情。亲爱的,一定要相信自己,你会成长为一个＿＿＿＿＿＿＿＿＿＿＿＿

＿＿＿＿＿＿＿＿＿＿＿＿＿＿＿＿＿＿＿＿＿＿＿＿＿＿＿＿＿＿＿＿＿＿＿。

照顾好自己,祝好!

生命中的"断舍离"

厦门市杏南中学　李然

【驱动问题】

如何让学生提升生命的价值感和意义感？

【基本信息】

适用学段：高中一年级

准备道具：学案纸、瓶子

【设计思路】

生命教育是高中心理课的重要内容。2023 年，教育部等十七部门联合印发《全面加强和改进新时代学生心理健康工作专项行动计划（2023—2025 年）》，强调要培育学生热爱生活、珍视生命的心理品质。《中国学生发展核心素养》明确将"珍爱生命"作为一个重要的教育子目标，强调教师需要引导学生理解生命意义和人生价值。在实际的生命教育课程中，教师往往采用理论说教的方式，告知学生要珍爱生命，活出意义，但这种方式使生命教育显得过于空洞，难以激起学生的情感共鸣。因此，选择怎样的角度作为"切入口"进行生命教育至关重要。

进入高中后，学生面临学业、人际等多方面压力，不少高中生会觉得迷茫。他们可能对自我感到困惑，对现状感到无奈，对未来缺少希望，再加上青春期的闭锁心理，高一学生更容易出现适应不良等问题，丧失价值感和意义感。根据《中小学心理健康教育指导纲要（2012 年修订）》的要求，要帮助高中生确立正确的自我意识，树立人生理想和信念，形成正确的世界观、人生观、价值观。叙事心理学中有"叙事自我"概念，这一概念认为人们从少年期和成年早期就开始面临一个重大的挑战，就是在生命故事中去建构一个能赋予自身生活一贯性、目的性和意义性的自我[1]。本节课结合叙事心理学理论，尝试以"叙事自我"为切入口，通过梳理藏在物品里的"生命故事"

来发掘、整合"叙事自我",帮助高中生寻找身份认同,进一步探寻人生价值观,提升生命意义感。

【教学目标】

1. 情感目标:提高自我探索的意愿,体会生命的价值感和意义感。

2. 认知目标:了解生命的特点,寻找生命永恒主题,树立珍爱生命、健康生活的意识。

3. 行为目标:探索自我同一性,学会依据自身价值观做出取舍。

【教学思路】

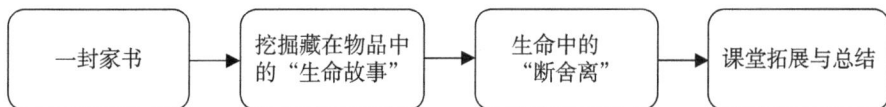

一封家书 → 挖掘藏在物品中的"生命故事" → 生命中的"断舍离" → 课堂拓展与总结

【教学过程】

一、一封家书(5分钟)

老师展示一封家书。

家书内容:阿姨,医我的钱给我们学校一点点,多谢阿姨给红十字会会长说。阿姨,第一段和第二段没有写好,多谢阿姨帮我改一下。我活的时间不多了,多谢阿姨帮我们。帮爸爸找一份工作,还钱一万。日后再见。阿姨再见,我们在梦中见。大家再见。

老师请学生思考以下问题。

问题1:从文字中推测发生了什么事?

问题2:你认为写下这段文字的人是一个什么样的人呢?

学生思考并回答问题。

老师:这封家书是一位8岁小女孩写的,她在墓志铭中说,"我来过,我很乖"。刻在墓碑上的文字交代了她短暂的一生,是对她8年人生的高度概括和评价。她的故事带给你哪些关于生命的思考呢?

学生举手回答。

教师小结:生命是脆弱的,明天和意外不知道哪个先到来。生命也是丰富的,我们可以在有限的生命中看见意义、创造价值。那么，如果人生终点即将到来，你会如何谱写自己的"生命故事"呢？你又会如何在有限的生命中体现自己的价值？

设计意图：设置悬念，用一封特殊的家书作为导入，引发学生对生命的思考。

二、挖掘藏在物品中的"生命故事"（25分钟）

老师播放《遗物整理师》视频片段。

视频简介：遗物整理师通过工作证了解到逝去的人是一名高中刚毕业就参加实习的年轻人。从便利贴留言中发现成为工厂正式员工是逝去之人的梦想。年轻人很努力，时刻激励自己。随身的指甲剪和芳香剂说明他是一个爱干净的小伙子。家里储存最多的是泡面，说明他平时工作很忙，生活也很勤俭。从存折中可以看到他会汇钱给父母，是一个孝顺的孩子。

老师：身边的物品就像是一个讲述者，讲述着我们是一个怎样的人，经历了怎样的事，有什么梦想和追求，这些物品最终连成了属于我们的"生命故事"。请尝试梳理你身边的物品，特别是那些你喜欢的、接触时间久的物品，挖掘自己独一无二的"生命故事"吧。

学生完成学案纸中的"藏在物品中的'生命故事'"部分。

老师：请大家在小组内先分享自己的"生命故事"，然后选出小组代表，由他和全班同学进行分享。

学生先进行组内分享，再由小组代表在班级内分享"生命故事"。

老师请学生进一步思考以下问题。

问题1：听了大家的故事，你对生命有哪些新的思考和感悟？

问题2：在你（们）的生命中，永恒的主题是什么？

学生分享与交流。

教师小结：每个人都是从过去走向现在，又走向未来。走着走着，我们会发现生命中有一些事物是永恒不变的，那就是我们最看重的东西，但有时我们也容易忽视它。例如，有人认为一生中最重要的事是坚持自我，却往往被大众所裹挟，盲目追求潮流。有人相信努力的意义，但又被外界诱惑，放不下手机和游戏……当我们的生活被很多诱惑、烦恼填满时，不妨做一些减法，为自己卸下负担，轻装上阵。

设计意图：通过讨论分享，引导学生从他人"生命故事"中提炼自我生命的价值，并为下一环节做铺垫。

三、生命中的"断舍离"（13分钟）

老师：结合你"生命故事"中的主题，整理上一环节活动中提到的物品，尝试"断舍离"，为生命减负。

学生回顾"生命故事"，用一句话概括自己的生命主题，然后选择一件物品，尝试和它告别。这件物品可以是一个具体的东西，也可以是一种烦恼、一段关系、一个习惯、一种情绪、一个想法等。学生简述与该物品的相处经历，并评价与它彼此相伴的岁月。

老师请学生进行思考，并回答以下问题。

问题1：你要"断舍离"的这件物品是什么？

问题2：结合生命主题说明你告别这件物品的理由。

问题3：和它的告别可能会给你的生活带来哪些积极影响？

学生分享自己的生命主题和告别物品。

老师请学生在学案纸上进行书写，完成后将学案纸放进瓶子中。

学生书写后，与物品进行告别。

教师小结："断舍离"的目的不是舍弃物品，而是通过选择找到对自己更重要的物品，轻装上阵，过上轻松充实、有价值的人生[2]。

设计意图：通过课堂实践，带领学生体验"断舍离"，引导学生在思考与分享中感受自我生命价值，树立珍爱生命、健康生活的意识，并尝试落实到行动上。

四、课堂拓展与总结（2分钟）

老师请学生彻底做一次"房屋整理"，如下罗列出想要舍弃的物品的种类、理由和方式。

物品种类	舍弃理由	舍弃方式
例：衣服	有很多这个类型的衣服	挂在网上出售

教师总结： 当今社会物质资源丰富，人的需求和欲望却难以被满足。例如，买了很多用不到的东西，难以割舍某些浪费精力的事物，生活空间被很多杂物侵占，内心被并不重要的东西牵绊……生命时光很短暂，我们要在有限的时间里，挖掘自我生命的主题，探索自己的价值观，为生命减负，在"断舍离"中轻装上阵，活出生命的意义。

设计意图： 引导学生将"珍爱生命、健康生活"的意识落实到习惯的养成上，将课程主题延续到课后生活中。

【课程迭代】

本节课在修改时变化最大的部分是让学生挖掘藏在物品中的"生命故事"这一环节。在初版课程中，笔者只是让学生列出物品的名称，好为下一环节中学生的"断舍离"活动提供物品选择的依据。但在操作过程中，笔者发现这样一来学生会随意选择"断舍离"的物品，并没有去探寻该物品的生命故事，这使本环节失去了意义。在最终版本中，笔者先让学生找出蕴藏着"生命故事"的物品，再从中选择一个进行割舍，并说明割舍的理由，这就让学生在割舍时能更多地考虑物品的"生命故事"，及其对自己生命的意义。本节课最大的难点在于，当学生探索自己的生命主题之后，教师需要引导学生进行生命的"断舍离"。在之前的课堂中，学生可能会不理解进行"断舍离"的目的，因而最终版课程在该环节前通过更具体的语言启发学生尝试"断舍离"。需要说明的是，在教学过程中，教师如果能够通过现场生成，总结有代表性的学生故事，会有更高的说服力和启发性。

【教学反思】

本节课的主题是生命教育，结合学生学情和课堂设计，笔者建议将本课程安排在高一进行。这个学段的高中生刚从初中毕业，进入新环境。随着学习难度提升、生活环境变化、人际关系重组，他们念旧、落差感、不适应等情绪所带来的人际、学业问题较多，他们容易感到迷茫，丧失目标和动力。同时，高一学生的逻辑思维水平提高，对人生意义也开始有了更多的探寻与思考，所以在该阶段开展本课程具有一定针对性和指导性。

从课程设计上来说，本节课以叙事心理学为理论基础，该理论认为每个人都有讲述自己人生故事的内在需求。课堂在叙事中引导学生将过去、现在、未来的我连接起来，从而进一步发展自我。本节生命主题课以"自我"为切入点，巧妙地通过"生活物品"这个抓手，引导学生挖掘自己的人生故事和生命价值。课程落脚点小，操作性和趣味性高。

本节课的优点在于选题新颖，设计构思巧妙，学生兴趣浓厚。特别是课堂中播放的《遗物整理师》视频，能激发学生的兴趣，提高学生的课堂参与度，产生强烈的情感共鸣。同时，这一设计也对下一个环节极具启发性，能促使学生探索自我。此外，借助"物品"和"生命故事"将人生终极目标、人生价值、健康生活等较抽象的概念具象化，学生能用心探索和感知生命故事及意义，自主地进行人生"断舍离"的选择，真实地表达出内心的情感和感悟。

本节课依然存在一些不足。首先，本节课涉及对生命和死亡的探索，热身环节使用了《一封家书》作为导入，这可能会使一些敏感的同学感到不适。其次，学生个性化差异凸显，有些孩子较为感性，可能会在课堂中沉浸于内心世界难以自拔；有些孩子探索意识弱，思维深度尚浅，需要老师对其进行更多的启发和引导。在学生书写学案纸内容时，教师需要走下讲台，用心观察，做好课堂把控。

【专家点评】

本节课的亮点体现在以下三个方面。

1. 主题立意大胆，设计切入点妙。生命中的"断舍离"挑战了中国传统文化中对死亡的敬畏观念，大胆地引入《一封家书》来引发学生对生命的思考，旨在引导学生看到生命的脆弱。通过整理生命中的物品和"断舍离"的活动，引导学生厘清生命的意义、减轻过重的负担，活出自己的精彩。

2. 课程结构合理，内容层次清晰。通过挖掘《遗物整理师》中物品的"生命故事"，再到挖掘自己的物品的"生命故事"，最后通过"断舍离"告别一段支线生命故事，来达到为生命"减负"的目的。这样由外及里、层层推进的课程设计有助于学生理解和消化所学内容，让学生在回顾过去、认识不必要物品的影响、舍去"负担"的过程中探寻自身价值观，树立正确的人生观。

3. 活动仪式感强，课堂成效凸显。课堂的两个主体活动，即挖掘"生命故事"，梳理生命中的重要物品；进行"断舍离"，为舍去的物品举行告别仪式，这些活动都具有较强的仪式感，对学生来说意义非凡。课堂能帮助学生更好地树立"斩断过去、舍弃负担、轻装前行"的观点，并将"断舍离"融入日常学习和生活中。

（点评嘉宾：蔡贺真，福建省厦门市集美区教师进修学校心理健康教研员）

该课曾获福建省厦门市中小学心理健康教育优秀教学案例高中组一等奖

【参考文献】

［1］马一波，钟华.叙事心理学［M］.上海：上海教育出版社.2006.

［2］山下英子.断舍离：人生清单［M］.许天小，译.长沙：湖南文艺出版社，2021.

【学案纸】

生命中的"断舍离"

姓名：_____　　班级：_____　　学号：_____

藏在物品中的"生命故事"

我印象中收到的第一份礼物是_____，之所以还记得它是因为_____。

我生命中最重要的人是_____，他让我懂得和学会_____。

我最崇拜的偶像是_____，他身上最激励我的地方是_____。

我人生最难忘的一段时光是_____，难忘的原因是_____。

我最喜欢去的地方（或店铺）是_____，因为那里_____。

我喜欢的物品还包括_____。

通过整理身边的物品，我发现我是这样的一个人：_____。

每个人都是从过去走向未来的连续个体我的童年岁月是这样度过的：_____。

未来，我的人生可能会这样度过：_____。

分享藏在物品中的"生命故事"

听了大家的生命故事，你的感受是什么？ _____

你的生命故事中永恒的主题是什么？

生命中的"断舍离"

_____

_____

_____

_____

_____

配好生活的背景音乐

宁夏银川一中　韩婷

东南大学　谢真语

【驱动问题】

如何引导学生避免内耗?

【基本信息】

适用学段:高中二年级

准备道具:学案纸

【设计思路】

在《反内耗》一书中,作者将"内耗"定义为,个人因注意偏差、思维困扰、感受与理智冲突等而体验到的身心内部持续的自我战斗的现象[1]。通俗来说,精神内耗就是自己攻击自己。在我们做各种事情的时候,我们脑海中好似有两个"小人"在轮番打架,阻碍我们做出决定。这一过程消耗了我们大量的精力,使我们深感疲惫。

在对高中生进行心理辅导的过程中,笔者经常会发现学生因内耗产生情绪困扰,无法专注于正常的学习和生活。因此,本节课以较普遍的内耗现象为出发点,引导学生在课堂中直面内耗的感受,通过课堂体验逐步探索应对内耗的正确态度和有效方式。由于"内耗"这个话题理解起来比较抽象,本课用背景音乐(back ground music,简称"BGM")这个意象代指内耗,使学生感受到内在自我的反复冲突就像循环播放的背景音乐一般,引导学生更加直观地去理解内耗对生活的影响,产生自主掌控"生活电台"的愿望,进而以接纳的态度、积极的认知方式等来给生活重新配乐,减少内耗。

【教学目标】

1.情感目标:在分享内耗体验的过程中获得共鸣,降低对内耗的焦虑感。

2.认知目标：了解内耗的表现及其对生活的影响。

3.行为目标：转变应对内耗的态度，实践应对内耗的方法。

【教学思路】

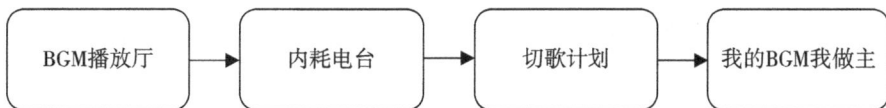

【教学过程】

一、BGM 播放厅（6 分钟）

老师播放经典的电影和游戏背景音乐，并提问以下问题。

问题 1：你熟悉这些音乐吗？

问题 2：你听出它们是哪些电影或游戏的 BGM 了吗？

学生举手回答。

老师：如果生活也有 BGM，它会是什么样的呢？你近期的"生活 BGM"是怎样的？

学生举手回答。

教师小结：如果生活也有 BGM，它可能是我们心里的一些声音或脑海中的一些想法。生活的 BGM 有时欢快愉悦，有时也会跌宕起伏，你希望给你的生活配上怎样的 BGM 呢？首先，来听一听几位同学近期的生活 BGM 吧。

设计意图：通过播放电影和游戏背景音乐，引出课程主题，营造轻松的课堂氛围。

二、内耗电台（12 分钟）

老师播放以下四名学生的内心独白音频，引导学生感受他们的内心世界。

小 A（自我批评角度）：我总是习惯性地批评自己，感觉自己这也没做好，那也没做好，很小的一件事情我也会耿耿于怀，在心里批评自己好久。例如，今天是我值日擦黑板，结果数学课后我和同桌讨论问题太过投入，忘记了擦黑板，后面一整天我都在懊恼自己怎么这么不长记性。

小 B（与他人比较角度）：周围的同学都好优秀！我什么都比不过他们。学习上我不是最拔尖的，才艺特长也没有能拿得出手的。同学们又是主持表演，又是参加运动会，还有同学发表文章，为什么他们都那么厉害呢？哪哪儿都比我强，我真的好"菜"啊。

小C（过度在意他人评价）：上了高中，我好像变得很敏感，别人不经意的一句话，就会让我想好久。看到他人对我的态度有变化，我也会想，是不是我哪里没做好？有时睡觉前我都在翻来覆去地想这一天的事情，好烦！我知道自己不该这样，可就是控制不住自己的想法。

小D（思前想后，行动力不足）：前几天我兴致勃勃地给自己定了个计划，决定要改头换面，好好学习。可是今天我就难以坚持，之前每次定的计划也都不了了之。再说，每天作业那么多，我真的还有时间完成额外的计划吗？我越想越觉得完成不了，算了，就这样吧。

老师：这四位同学都给自己的生活播放了令人不悦的 BGM，如果将他们的这些状态用一个词来概括，你会想到什么词？

学生举手回答。

老师：你在生活中有过类似的"内耗"体验吗？有人把"内耗"的感受形容成"像被生活中的事物紧紧包围，越陷越深"，你有过类似的感受吗？请你想一想自己曾经感受到的"内耗"情绪。如果让你画出自己和"内耗"之间的位置关系，你会怎么画？试着画一画。

学生完成学案纸上相应的内容并分享。

老师：当内耗和你保持着图上的关系时，你有怎样的情绪或感受？

学生举手回答。

教师小结： 经常性地自我批评、无止境地与人比较、过度敏感地在意他人评价，以及思前想后、行动力不足等都会让我们感到内耗。它们不仅让我们感到被困住、很无力，还会让我们自我怀疑、无所适从。那我们要如何面对这些内耗的状态呢？

设计意图： 通过四种不同类型的内心独白，引发学生关于内耗的共鸣，让学生认识到内耗情绪存在的普遍性，从而降低对内耗本身的焦虑程度。此外，通过画出"我和内耗的关系"，引导学生将内耗体验外化，感受内耗给生活带来的影响。

三、切歌计划（21 分钟）

老师：生活中，如果听到一首自己不喜欢甚至难以忍受的音乐时，你会选择做些什么?

学生举手回答。

老师:当我们不喜欢生活中的 BGM 时,是不是可以选择切歌? 我们该怎样切歌?

(一)解离内耗,保持距离

老师:当感到内耗时,我们可能会觉得被它紧紧包围着。越去想,越容易被卷入;越想出来,越深陷其中。和它保持一段距离,或许是一个好的方法。我们来尝试用以下两个句式重新描述令自己感到内耗的状态。这两个句式也在学案纸上,大家可以自由填写。(教师可以先选择前一环节中的一个例子为学生提供示范)

句式 1:我有一个想法_____正在引起我的内耗。

句式 2:我注意到了,我有一个想法_____正在引起我的内耗。

学生完成学案纸上相应的内容,并默默读两遍,体验自己的感受。

老师:当用这样的句式写出自己的内耗时,内耗的大小及我们和它的位置、关系发生了怎样的变化?

学生举手回答。

老师:这样的方式让我们站在旁观者的位置上,和内耗拉开了一些距离,甚至可能有一种俯视内耗的感觉。它变小、变远了,而我们自己似乎变大了,也多了一份稳定。让我们继续带着这种感觉进行尝试。

(二)理解内耗,看见自己

老师请学生思考下列问题。

问题 1:产生内耗状态的重要原因是什么?

问题 2:这个原因体现出你看重什么?

问题 3:你所看重的事物体现出你是一个什么样的人?

学生完成学案纸上相应的内容。

老师:经过这三个步骤的尝试,你对"内耗"有哪些理解? 它背后的本质是什么呢?

学生举手回答。

老师:一些名人在谈论精神内耗时曾说过:内耗其实是我们希望自己做得更好。所以,内耗本身也有价值,它像生活中的信号一样,提醒我们要变得更好。

（三）我的内耗急救包

老师：每个人都是自己生活的专家，当内耗的 BGM 响起时，你能运用哪些方法帮助自己"切歌"？

学生小组讨论并分享。

教师小结：通过同学们的分享，相信大家感受到了，生活的 BGM，我们可以自己做主。

设计意图：通过认知解离和意义重构的练习，引导学生感受与内耗拉开距离的体验，并让学生发现内耗背后其实是对自己的期待；通过小组讨论调动学生自身资源，鼓励学生积极应对内耗。

四、我的 BGM 我做主（6 分钟）

老师：用今天课堂所收获的内容为自己的"生活电台"写一句面对内耗的 Slogan（标语）吧！可以说给内耗听，也可以说给自己听。

学生在便利贴上写下自己的"生活电台 Slogan"，粘到黑板上。

老师挑选学生写下的标语，念给全班同学听。

教师总结：生活很丰富，我们的 BGM 也时常会更新，如果你偶尔陷入了内耗的状态，别忘了用今天探索出的态度和方式来面对它。更重要的是，我们可以自主选择人生的 BGM，也可以决定要不要切歌。生活的 BGM 其实都在我们自己的掌控之中！

设计意图：通过写"生活电台 Slogan"强化学生的课堂收获，引导学生以接纳的态度、积极的认知、有效的方法来给生活重新配乐，减少内耗。

【课程迭代】

课程的最初版本中，在感受内耗环节，笔者设计的活动是让学生"写下一个自己曾经有过的内耗状态"。但实际授课中笔者发现，由于内耗是一个消极的、让个体不满意的状态，学生在分享环节就会容易受到班级氛围的影响，并且很多学生分享的重点落在讲述内耗的具体状态，而对自己的感受及内耗带来的影响较少提及。因此，笔者将感受内耗的活动调整为让学生画自己和内耗的关系。修改后，课程通过叙事疗法的外化技术，引导学生直观地体验内耗带来的感受和影响。这样避免了学生分享自己内耗经历时产生消极情绪，也有助于学生更加安全地参与分享过程。同时，当"说内耗"改为"画内耗"后，"切歌计划"中的认知解离环节更容易让学生感受到认知解离带来的效果，学生与内耗之间的距离也更加形象直观，加强了课堂效果。

【教学反思】

"内耗"是网络上很热门的一个话题，也是学生来进行心理辅导时经常提及的情绪状态。怎样在课堂中以学生能够理解和接受的方式讨论内耗，是笔者在备课中感到最难突破的地方。偶然的一次机会，笔者听到"大脑里的声音就像生活中的音乐一样"这样一个说法，于是就有了这节课的灵感。

在课程构思上，为了让学生更容易理解，课程中从始至终创设了有关背景音乐的各种情境，在不同情境里展开教学环节，以增进学生的体验感。这一课题希望传递给学生对内耗的接纳态度——"内耗的BGM也只是生活BGM的一种，在它播放的时候，你可以觉察它、接纳它、转化它，逐渐掌握随时切歌的能力"。

在实际授课过程中，笔者发现环节中有多处需要教师加强对学生引导的部分。例如，在"解离内耗，保持距离"环节，学生不一定能够感受到认知解离带来的距离感，此时教师可以引导学生去感受"关于内耗的想法只是我生活中无数想法中的一个或一些"以及"当用'我注意到了……'的句式来表达时，我和我注意到的内容之间是有距离的"等，以此来引导学生体会认知解离带来的效果。另外，在学生小组讨论并分享自己的"切歌"办法时，教师还可引导学生在他人分享的办法的基础上探索适合自己的"切歌"方式。

【专家点评】

本节课聚焦热门话题"减少内耗"，既符合《中小学心理健康教育指导纲要（2012年修订）》提出的"培养学生积极乐观、健康向上的心理品质"的要求，又符合学生的实际需求。本节课主要有以下四个亮点。

1. 借助隐喻，促进理解。课程以"生活BGM"为隐喻，贯穿整节课，让"内耗"这个本身有些抽象的概念以更形象有趣的形式呈现，能够促进学生的理解。

2. 内容丰富，形式多样。课程在内容上探讨了什么是内耗、内耗的影响、如何面对内耗等话题；在形式上借助音频、案例、纸笔活动等多种形式来呈现，体验性较强，使学生对内耗有觉察、有体验、有思考，有助于课程有效落实教学目标。

3.结构完整，层层递进。教学环节上设置了"BGM播放厅""内耗电台""切歌计划"

等环节，最后以"生活电台 Slogan"进行呼应，教学环节层层递进又浑然一体，创设出了生动的教学情境。

4.巧用外化，避开防御。在引导学生谈论内耗体验的环节，教师巧妙采用叙事疗法外化的技术让学生用"画内耗"代替"写内耗"，引导学生聚焦在内耗的感受而非具体的内容上，降低了学生可能会有的防御心理，有助于学生在课堂上安全地"悟内耗""说内耗"。

（点评嘉宾：丁晓玲，宁夏回族自治区教育厅教学研究室心理健康教研员）

该课曾获宁夏第二届"四课"比赛（骨干教师示范课）一等奖

【参考文献】

［1］于德志.反内耗：如何化解我们内心的冲突［M］.成都：天地出版社，2019.

【学案纸】

配好生活的背景音乐

姓名：_____　　班级：_____　　学号：_____

画一画内耗和我

⇩

我有一个想法 _____ 正在引起我的内耗

⇩

我注意到我有一个想法 _____ 正在引起我的内耗

⇩

写出陷入刚才的这个内耗状态的一个原因：_____

⇩

这个原因体现出什么是你看重的？_____

⇩

你看重的事物体现出你是一个什么样的人？_____

⇩

"生活电台Slogan"

魔方之旅

上海市第八中学　丁烨

【驱动问题】

如何引导学生在挑战中激发潜能、积极成长？

【基本信息】

适用学段：高中一年级

准备道具：平面魔方、挑战题卡、数字牌

【设计思路】

当下，以积极心理学理论为引导的学校心理健康教育提倡积极心理学取向，强调要关注学生发展、培养学生积极心理品质。高中生正处于人生成长的重要阶段，在发展的过程中如何更好地开发内在能量、激发个人潜能、积极健康地成长，是他们面临的发展性议题。马丁·塞利格曼在《持续的幸福》一书中提出了积极心理学的"主题幸福2.0"的观点[1]。具体而言，学生在应对成长和挑战的过程中，首先需要制定适合的目标，在过程中要能具备良好的心理弹性以应对各种结果，同时要能够发现并利用外部资源，以团队的智慧、他人的鼓励作为个人成长的动力之一。此外，学生还需要在课堂活动中体会挑战成功的愉悦感、感受突破自我的成就感。因此，本节课关注学生在活动中的积极体验与感受，引导学生掌握激发潜能的关键要素，激发他们勇于挑战、探索自我潜能、积极健康成长的信心和内驱力，助其焕发生命的活力。

【教学目标】

1. 情感目标：体验克服困难、接受挑战、获得成功的愉悦感和成就感。

2. 认知目标：理解目标制定、外部资源等因素对激发潜能的重要性。

3. 行为目标：形成勇于挑战、探索潜能、创造奇迹的信心和动力，积极成长。

【教学思路】

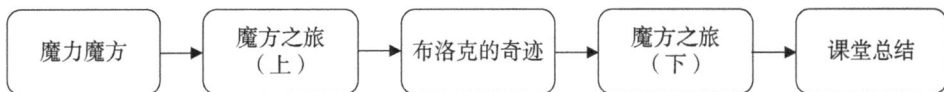

【教学过程】

一、魔力魔方（5分钟）

老师拿出一个三阶魔方，邀请一位学生尝试进行魔方挑战，同时思考并回答以下问题。

问题：你的挑战目标是什么？

学生进行魔方挑战后，思考并回答以下问题。

问题1（挑战成功回答）：你挑战成功的秘诀是什么？

问题2（挑战失败回答）：你为什么愿意尝试挑战？

问题3：面对挑战结果，你的感受如何？

老师：老师今天所带来的是一个有魔力的魔方。刚才同学们在还原魔方的过程中，触发了它的魔力。现在，大家被魔力吸入了魔方中，化身为一个个数字小人。你们需要进行接下来的魔方之旅，通过不断升级，才可以成功回到现实世界。接下来，我们就开启今天的魔方之旅。

设计意图：从学生熟悉的魔方导入，吸引学生注意，激发学生兴趣，引出后续"魔方之旅"活动。同时，通过提问引导学生思考挑战过程中的目标、感受和秘诀，为后续课堂内容做铺垫。

二、魔方之旅（上）（10分钟）

老师在地面上用粉笔绘制魔方的一个面，也就是画一个九宫格。学生身上佩戴相应的数字牌，一个人代表一个数字，按要求在九宫格中移动。具体活动规则与要求如下。

活动分组：学生分组，每组8人，若有多的学生可以让其担任观察员的角色。

活动目的：经过一系列移动，将号码从初始位置变换到最终位置，如下所示。

初始位置   最终位置

	3	5
2	8	6
7	4	1

	8	7
4	5	6
3	2	1

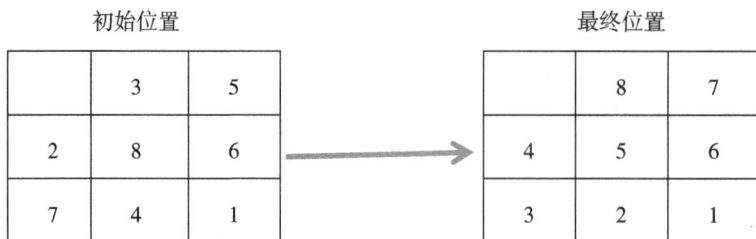

活动规则：每次只能有一名学生移动一格，可左右上下移动。正式活动时，由小组组员佩戴数字牌进行移动，在自行设定的时间内进行挑战，速度越快越好。

活动前，小组可以先尝试在纸上绘制移动路线，熟悉规则、寻找策略。

在活动中，观察员要注意观察小组成员采用的策略，以及组员的参与程度、活动表现等。

学生小组讨论，为挑战任务设定目标时间。学生组内分工，佩戴数字牌，开始"魔方之旅"挑战活动。观察员进行活动观察和记录。

老师需做好各小组之间的平衡，给陷入"绝境"的小组适度的指点。活动过程中，老师需不断鼓励学生，以加强学生挑战的意愿和积极性。

老师依据各小组挑战过程中的表现和挑战结果，引导学生思考以下应对挑战、激发潜能的关键问题。

问题1：你们是如何制定这个目标的？

问题2：你们小组是否曾一度陷入困境？又是如何摆脱困境的？

问题3：你们小组最终获得成功的关键是什么？

问题4：挑战失败后，你们是否还有信心逃出魔力魔方？

学生小组讨论并分享。

教师小结：在成长的过程中，我们会遇到不同的挑战、不同的机遇。每一次的挑战无论成功与否，都是一次尝试、一次激发内在潜能的机会。刚才与组员的共同努力是否让你成功逃脱，回到现实呢？

设计意图：设置模拟情境，使学生更有代入感，情绪体验更为真切。同时，让学生在游戏中应对挑战，理解挑战中目标的设置原则、资源的利用方式等，更能使学生体会挑战结果所带来的情绪变化。

三、布洛克的奇迹（8分钟）

老师：因为魔方有多重机关，所以同学们还未完全逃脱成功，需要再进行一轮限时逃脱，而且用时要比刚才更短。不过，有人意外发现在魔力魔方的深处有一个写有"秘"字的箱子，箱子里是一盘看起来很有年代感的录影带。让我们一起来看看，这个箱子里的录影带想透露给我们什么信息。

老师播放视频《布洛克的奇迹》。

视频简介：布洛克是橄榄球球队的主力，本周末，他即将参加季度赛。但是整个球队的气势低迷，尤其是布洛克，他认为这次比赛自己肯定会输。教练让布洛克和他的搭档进行"死亡爬行"训练——布洛克四肢着地爬行，他的搭档则背对背躺在布洛克的背上。教练在进行训练前，将布洛克的双眼蒙上，并要求他爬行40多米。布洛克觉得难度很大，因为平时训练只有20多米。在教练的不断激励下，布洛克背着他的同伴（72公斤）爬过了整个球场（近100米），而他的这一举动也鼓舞了整个球队，令大家信心倍增，并获得了最终的胜利。

学生观看视频，思考以下问题，并进行小组讨论。

问题1：教练为什么给布洛克蒙上眼睛？这对他产生了什么影响？

问题2：看完片段后，你有何感想？

问题3：你觉得逃出魔力魔方的"秘宝"还有哪些？（如挖掘内在潜能、彼此鼓励与激励、自我挑战不设限等）

教师小结： 成长中有汗水和泪水，有导师和同伴，更有自我一次次的努力、挑战和突破。在吸收和掌握了"秘宝"的要点后，你是否能够再次挑战极限，突破极限，逃出魔力魔方呢？

设计意图： 引导学生在视频案例中获得榜样的力量和替代性经验，增强学生应对挑战时的信心，让学生感受挑战成功的喜悦和成就感。同时，引导学生认识到寻找助力资源、激发个人潜能、自我不设限等也是应对挑战、积极成长的关键。

四、魔方之旅（下）（15分钟）

老师引导学生进行第二轮魔方活动，移动规则与上一轮一致。本轮要求各组学生自定完成时间，所定时间需比上一轮的最终用时更短。

学生小组讨论，为挑战任务设定新的目标。组内分工，佩戴数字牌，开始新一轮

"魔方之旅"挑战活动。观察员进行活动观察和记录。

活动后，老师引导学生思考以下问题。

问题1：你们想过自己会挑战成功吗？

问题2：你们挑战成功的关键有哪些？

问题3：你们是如何制定这个目标的？

问题4：在上一轮失败/暂时落后的情况下，你们是如何调整状态，继续坚持的？

问题5：你们还有其他的经验可以分享吗？

老师：根据同学们的思考与感悟，大家认为激发内在能量和潜能的关键因素有哪些？

学生讨论并分享。

教师小结：经过同学们不懈的努力，大家不仅成功地从魔力魔方中逃脱，回到了现实世界，还将"秘宝"中所记载的信息和挑战经验整理成册，变成了一本"成长宝典"一起带出了魔力魔方。

设计意图：在第一轮挑战的基础上，引导学生对设置目标的方法、团队资源的利用与分配方式、逃脱的策略等进行总结。通过视频案例，引导学生调整心态，弹性应对挑战，在新一轮的挑战中以更好的状态应对挑战、激发潜能，感受挑战成功的愉悦感和突破自我的成就感。

五、课堂总结（2分钟）

老师：如果我们在挑战中都可以做到不给自己设限、勇于面对困难、全身心投入练习，那么，挑战成功与否就不再重要了。每一次的挑战过程中，在看似绝境的时刻突破自我，得到新的启发和收获，这就是我们对潜能的挖掘，它对成长具有重要意义。每个人的潜能都是一座丰富的宝藏，只要我们肯发掘，定能释放巨大的能量。希望大家都可以在今后的每一步成长中迎接挑战，激发潜能，不断创造新的奇迹。

设计意图：总结课堂并强化目标，引导学生在活动体验中关注自身感受、获得启发。

【课程迭代】

本节课在最初设计中，是以"导入—第一轮游戏—第二轮游戏—视频案例升华—总结"这个思路来进行的。采用这种教学流程的课堂，在临近尾声时能明显感受到，每位同学都深深地被视频案例中的主人公所打动，似乎大家都从中汲取了无穷的能量和自信。但这种积极成长的能量感并未真正落实到课堂中的任务挑战环节，视频起到的作用只是升华结尾，并没有对学生实际的运用起到重要作用。因此，在后续的调整中，笔者将视频环节移至两次挑战的中间位置，让学生从视频中获得替代性经验，从而收获更多的启发，并将所学内容运用到第二轮的挑战中。

此外，两轮游戏后的思考问题也经过多次修改和优化。在最初的设计中，第一轮游戏后，教师提出的思考问题过于宽泛，如之前侧重于"小组的挑战策略有哪些"等问题，导致学生的回答比较散，不少学生还会分享数字移动的步骤等，使课堂变成了一节"逻辑思维课"。学生课堂所生成的回答无法继续深入，课程便难以达成教学目标。因此，在后续的调整中，笔者先明确了课堂整体目标、各个环节的设计意图，最终再聚焦到教师引导问题的设计，更侧重于引导学生思考挑战过程、成功关键、应对心态等。同时，笔者进一步明确了两轮游戏的不同意图。第一轮"魔方之旅"的教学重点在于让团队觉察挑战过程中团队信心、目标制定、团队资源等激发潜能的关键因素。第二轮"魔方之旅"则是在上一轮的基础上，让学生思考如何运用这些方法积极应对挑战、突破自我，并体验成功的愉悦感。

【教学反思】

本节课根据积极心理学的理念，鼓励学生不断挖掘自身的内在资源，激发潜能，挑战自我。课程通过挑战活动帮助学生体验克服困难、完成挑战的成功感和愉悦感，提升学生迎接挑战的动力，助力学生积极成长。

学生在课堂中的参与度很高，每一组成员都全身心地投入魔方任务中。随着两轮环节难度的不断提高，每组都朝着更高的目标加快自己的速度。在最后一轮活动结束时，最快的小组在46秒内就完成了任务，创造了属于他们自己的奇迹，让全班同学都备受鼓舞。

视频的选用让学生意识到在应对挑战、激发潜能过程中外部力量的重要性，同时也让学生反观个人的内在能量，促使他们思考、探索激发潜能的关键因素，增强应对挑战、突破自我的信心和动力。

课堂中，教师的作用一方面是激发学生的热情，促进学生从活动中获得体验和感悟；另一方面是通过提问引导学生探索激发潜能的关键因素。教师可以多给予学生言语上的鼓励，激发学生互相竞争、不断挑战的动力。

【专家点评】

本节课从积极心理学的视角，引导学生以正向的理念应对"自我挑战"的发展性议题。"自我挑战"是每位学生在成长过程中都会遇到的一个议题，因而本节课选题具有普适性，贴合学生发展需求。

在课堂设计方面，本节课教学环节清晰、层次分明、目标设置合理。活动背景的设计合理而有创新性、趣味性，能够吸引学生参与课堂环节。同时，课堂的两轮活动逐层递进，使课堂层层深入，循序渐进。课堂还通过一段巧妙的视频案例引导学生发现"逃脱秘宝"，找到积极面对成长过程的核心要素，这与教学主题相呼应。此外，课堂活动还能引导学生在挑战和思考中获得成功的体验，这段成功的体验对学生而言具有正向意义。

在教学方法方面，课堂设置了两轮"魔方之旅"的活动，注重学生的体验和感悟，利用恰当的问题引导学生思考并阐述"积极成长"的核心要点，让学生在活动过程中得到启发与收获。

（点评嘉宾：钱锦，上海市黄浦区教育学院心理教研员）

该课曾获第五届上海市中小学、中等职校学校

心理健康教育活动课程大赛（高中组）三等奖

【参考文献】

[1] 马丁·塞利格曼. 持续的幸福 [M]. 赵昱鲲，译. 杭州：浙江人民出版社，2012.

第八章

经验分享

本章的目标是帮助心理教师了解多种教学设计技术在心理课中的应用，进而促进心理课的创新与个性化发展。通过"心理课+X"的技术融合，心理教师可以深化对心理课教学设计的理解，并在教学实践中灵活地选择和运用艺术表达、教育戏剧、隐喻等技术，这将有助于教师设计出更加专业、生动、有趣的心理课，丰富课堂形式，提高教学效果，形成个人独特的教学风格和教学理念。

在本章我们邀请了三位在学校心理健康教育领域深耕多年的专职心理教师或教研员进行分享，他们的教学设计与课堂授课水平在当地备受认可，并屡次斩获各级优质课、论文、课题奖项，对自身擅长的技术有独到的见解。在这里，他们从实践经验、理论分析、案例展示等多个维度探讨心理课的教学设计思路，力求为读者详尽地展示某一技术与心理课教学的融合方式，创新心理课的内容和形式，使读者能够学以致用，提高自身的教学素养。

自《义务教育课程方案和课程标准（2022年版）》发布以来，"大单元"这一教育理念备受老师关注，它具有促进教学内容整合、形成知识体系等优势。《大单元助力心理课课程体系架构》一文提出，大单元设计能够有效解决心理课设计中存在的主题选择随意、课程内容零碎不足等问题，为心理课的发展提供新思路。

表达性艺术辅导是近年来主流的心理课设计形式，老师利用绘画、音乐、戏剧等形式，在课堂上营造轻松、安全的氛围，使学生尝试借助工具表达自己的内心世界，起到"表达即疗愈"的效果。《表达性艺术辅导为心理课注入活力》一文探讨了表达性艺术辅导在心理课中的应用策略及相关思考。

八角行为分析法是游戏设计领域的理论工具，它可以增加游戏活动对玩家的吸引力，而心理课是以活动为主体的课程形式，借鉴八角行为分析法能够帮助心理教师解决心理课中存在的学生兴趣不足、纪律松懈等问题。《运用八角行为分析法促进心理课活动设计》一文介绍了人类的八大核心驱动力，强调人们参与活动的行为背后都至少存在着一种核心驱动力，这些核心驱动力就是心理教师在设计心理课活动时应着重关注的方向。

本章呈现了多种教学设计技术与心理课的融合方式，为读者提供了灵活、多样的设计灵感，帮助读者丰富课堂内容与形式，让心理课更有新意。每一篇经验分享都结合了所在学段的真实课例，以展现某一技术在心理课中的实操策略与应用价值。期待读者能够教有所思、教有所长，了解并找到适合自己的技术，让心理课发光、发热。

大单元助力心理课课程体系架构

北京市朝阳区人朝分实验学校 张碧

新时代的教学变革中，从实施"双减"政策到发布《义务教育课程方案和课程标准（2022年版）》，教育领域对"大单元"这一教学理念的关注度显著上升，使其成为当前热议的焦点话题。

传统的心理课在设计和实施上，存在主题选取随意、课程内容零碎、缺乏系统性和连贯性等问题，这导致学生在心理课上很难形成完整的心理认知体系，更难以将所学知识融会贯通。为解决该问题，心理课可以引入大单元的教学模式。大单元教学能够整合零碎的知识点，形成具有内在联系和逻辑性的知识体系，从而使学生更好地理解和掌握知识。同时，大单元教学还能够围绕特定的主题或问题展开，使学生能够在深入探究中培养核心素养。作为一种新兴的教学模式，心理课大单元教学为心理课教学的革新提供了富有成效的探索与实践。本文旨在探讨心理课大单元教学的内涵、特点、实施策略及实践效果，以期为心理课教学的改革提供新的思路和方法。

一、心理课大单元教学的内涵与优势

大单元教学是以大单元为学习单位，依据学科课程标准，聚焦学科课程核心素养，遵循学生认知发展规律，围绕某一主题或活动（大概念、大情境、大任务、大活动），对教学内容进行整体思考、设计、组织实施和评价的教学过程[1]。与传统单元教学相比，心理课大单元教学在以下多个方面展现出了显著的优势。

1. 知识体系更系统，深化理解

与传统单元教学相比，心理课大单元教学更强调知识的系统性和完整性。它不再局限于零散的知识点或主题，而是将相关知识点进行有机整合，构建出完整的教学大单元。以"青春期的变化"大单元为例，该大单元涵盖了身体发育、情绪管理、社交关系等多个方面的内容。经过系统的学习，学生不仅能深入了解青春期身心发生的各种变化，更能掌握青春期问题的有效应对方法与策略。这种全面知识体系的构建有助于学生对青春期心理形成整体性的认识，更好地应对青春期的挑战。

2. 教学情境更真实，激发兴趣

传统心理课往往局限于课堂讲解和案例讨论，缺乏与学生真实生活相关的有趣、有用的体验，而心理课大单元则通过提出驱动问题、创设真实或接近真实的情境，使学生能够身临其境地感受和理解心理学知识。以"人际关系与沟通"大单元为例，该单元在提出"如何运用沟通技巧来化解人际冲突，维护和谐的人际关系"驱动问题的基础上，构建了一个真实的学校和家庭环境，学生通过扮演不同的角色，模拟真实情景中的人际互动，如师生交流、亲子对话等，身临其境地体验、学习如何有效沟通、解决冲突。真实的情境不仅增强了课程的互动性和趣味性，更使学生在实践中深化对沟通技巧和人际关系的理解。与传统单元的理论讲解相比，大单元的真实情境更贴近学生生活，有助于他们将所学知识转化为实际能力，从而更好地应对现实生活中的挑战。

3. 教学评价更多维，及时有效

心理课大单元在教学评价上比传统单元具有显著优势，传统单元或缺少评价，或多局限于对知识点掌握程度的评估，难以全面反映学生的心理素养，而大单元评价则更加多元和深入。以"压力管理与调适"大单元为例，传统单元往往通过测验来评价学生对压力知识的理解，但难以评估其实际应用能力，大单元则运用模拟压力情境、角色扮演等实践活动，使学生能够亲身感受并应对压力。同时，学生自评、互评和教师观察反馈等多维度的评价方式，不仅更真实、更全面，还能帮助学生深入反思和调整应对策略，有效提升其压力管理和自我调适能力。

4. 核心素养培养更全面，促进发展

心理课大单元教学以培养学生的核心素养为导向，与传统单元教学相比，更能促进学生的全面发展。以"抗挫能力训练"大单元为例，传统单元往往只关注学生应对挫折方法的讲述，而大单元则将"勇于探究、勤于反思、问题解决"的核心素养贯穿课程始终，以核心素养为导向设计丰富的实践活动，如模拟挫折情境、团队合作挑战等，强调"做中学、用中学、创中学"，在体验中提升抗挫能力。同时，大单元还重视引导学生反思与总结，深化对挫折的认知，培养其积极应对挫折的态度和心理素质，进而促进学生核心素养的养成。这种教学方法有助于全面、深入地培养学生的核心素

养，为其未来的成长发展奠定坚实基础。

二、心理课大单元教学设计策略

1. 基于学情，提炼大概念

基于学情提炼大概念是大单元教学设计的关键环节，它要求心理教师深入分析学生现有的知识水平、学习需求及心理发展规律。心理课的设计面临着主题的多样性和分散性，简单地将各个主题堆砌在一起并不能达到理想的教学效果，相反，我们需要在找出它们之间的内在联系和共同点的基础上，将贴近、相关的主题整合到一起，形成小群落，进一步提炼为大概念。大概念，即一个概念、主题或问题，它能够使离散的事实和技能相互联系并具备一定意义。它是一种高阶思维的呈现状态，所折射的是一种整体层面的、系统科学的认知方式[2]。

如何基于学情提炼大概念？以笔者设计的"自我效能感"大单元为例。初一下学期，学生学习压力大，部分同学依然处于内心迷茫、缺乏动力和斗志的状态，此时若不加以正确引导，他们更加容易感到迷惘、缺乏自我效能感，进而影响学习成绩，甚至影响自身与同伴、与父母的关系。以上学情涉及目标设定、挑战应对、自我评价等，这些主题虽然各自独立，但都围绕着"自我效能感"这一核心展开。通过深入分析各个主题，可以提炼出它们共有的核心特征和内在逻辑，即"大概念"。

大概念的来源具有多元性。《中小学心理健康教育指导纲要（2012 年修订）》中提到的心理健康教育的重点内容（六大心理主题）是大概念的重要来源，如青岛市市北区教育研究发展中心设计的"情绪调试"大单元，就是以《中小学心理健康教育指导纲要（2012 年修订）》中的"情绪调适"主题为参考方向。大概念也可以来自教育实践经验的总结，如"管以东心理健康名师工作室"设计的"青少年心理复原力"大单元、北师大南湖附属学校庆丰路校区心理组设计的"我的毕业季"大单元、广州市番禺区教师发展中心开展的以积极心理品质"执着"为主题的大单元教研、北京市朝阳区心理组设计的"韧性""坚毅"大单元等。此外，大概念还可以从社会热点和现实问题中提炼。例如，在现今社会，网络心理健康问题广受瞩目。在心理课中，我们可以引入"网络心理健康"这一大概念，探讨网络成瘾、网络欺凌、键盘侠等现实问题。

2. 基于大概念，确立单元目标与框架

单元目标是学生通过单元学习后要达到的预期效果。大单元设计中，目标既是教学过程的导向，也是教学效果的衡量标准。《义务教育课程方案和课程标准（2022年版）》要求教学目标以"素养"为核心，而素养目标的达成则依赖于大概念的深入建构与灵活应用。心理课大单元的教学设计，应当在立足培养学生心理核心素养（参考《中国学生发展核心素养》[3]）的基础上确定大单元学习目标。教师可依据课标、教材、核心知识蕴含的核心素养，初步拟定大单元学习目标，再结合大单元学习主题、深入剖析学情，充分考虑教学空间，多方论证，最终确定大单元学习目标。这一目标应紧密围绕大概念，确保教学的系统性和深度。以笔者设计的"自我效能感"大单元为例。

自我效能感是帮助学生发展出能够适应社会的综合性关键心理能力和心理品质，帮助学生形成"科学精神、学会学习、实践创新"的核心素养。根据提炼的大概念，"提升自我效能感"的单元目标设定为：让学生可以通过实际情境，创设目标、调动社会支持去应对目标实现过程中的困难，在真正的成就中获得对自我的积极肯定，激发自我效能感，构建持久性心理成长资源。在此基础上，笔者深度研读相关文献，结合学情，搭建课时框架。大单元课时数量可根据实操中发现的问题及时调整，如"自我效能感"的课时由最开始的四节课（制定目标—遇到困难—获取资源—目标展示）演变为最终的七节课（如表8-1）。笔者在实操中发现，学生在制定目标时没有抓手，因而将1个课时拆成2个课时（多角度探索自己的愿望、从愿望中探索目标）。

表 8-1 "自我效能感"大单元框架

大概念	自我效能感元素	课题
自我效能感	目标设定	①愿望星空，放飞理想
		②对准焦点，制定目标
		③化整为零，目标分解
	挑战应对	④狂风暴雨，直面挑战
	社会支持	⑤天生我才，挖掘内部资源
		⑥寻求帮助，获取外部资源
	自我评价/反馈与奖赏	⑦又见彩虹，目标检验

3. 根据目标，设计评价方式

大概念教学旨在培养核心素养，重视真实情境中问题解决能力的发展，故需采用

多元评价形式。评价是大单元教学设计的灵魂，评价的功能在于检测目标达成与否，它不仅是教师洞悉教学过程的关键窗口，更是教师灵活调整教学策略、确保教学质量稳步提升的重要工具，是落实大单元教学"教—学—评"一致性的重要保障和测评工具。大单元强调逆向设计、结果先行，即先设计教学评价，再设计活动，以保证目标的落实。

心理课大单元的评价方式呈现多元化特点，既强调过程性评价和表现性评价，也融入自评、互评、师评等多种评价形式。例如，在"自我效能感"大单元的评价中，围绕教学目标，设计了学案纸、实时观察与反馈、自评量表、成果汇报、角色扮演与模拟、学习日志与反思、小组讨论与分享等多种评价方式，在评价中关注学生的个体差异和发展需求，帮助学生建立自我效能感，促进其核心素养的形成。以"自我效能感"大单元成果汇报评价为例（表 8-2），我们对展示内容、呈现方式及目标设定的有效性和实用性进行量表评估。这样的评价表可以帮助汇报者评估自己在心理课"自我效能感"主题 PPT 展示中的表现，从而进行有针对性的改进。同时，评价表还可以提供一个清晰、客观的评价依据，以便听众更好地理解和评价汇报者的展示内容。

表 8-2　成果汇报的内容评价

评价项目	评分标准	评价主体		
		自评	互评	师评
目标明确性	PPT 是否清晰地陈述了设定的目标			
目标可实现性	目标的制定是否符合四要素（具体性、可测量性、可达成性、时限性）			
目标分解	是否详细展示了目标分解的步骤和过程			
目标挑战性	是否提供了实现目标过程中会遇到的困难及应对困难的突破口与方法			
目标达成策略	是否展示了助力目标实现的优势资源及社会支持			
反思与成长	是否总结、归纳了目标成功或失败的要素 是否总结、归纳了目标实现过程中的经验			
实例展示	是否有具体实例或案例来支持目标设定的方法和效果（如目标达成的图片、视频）			

4. 建构大情境，推进大任务，设置学习活动

大情境指将大单元的教学置于同一个真实的生活大情境背景中，不同于新课导入

的碎片化情境。它激活学生经验，激发学生学习热情，使学生围绕真实的问题和任务展开学习探究。

大任务是在大情境的背景下，将学习内容融入典型的学习场景中，以一项核心的大任务为主线，贯穿整个学习过程，从而引领和推动学生的深度学习。大任务的构建为大情境的实施提供了基础，但教学过程还需要在大任务基础上设计一系列具有系统性和支撑性的学习活动。

教师在设计大情境时，需广泛搜集最新科研成果、经典心理资料、学生日常经验及社会热点等多元素材，根据学情，筛选符合学生"最近发展区"的话题，用以开展大概念单元教学活动。选定合适话题并构建大单元情境后，师生可携手提炼与大单元主题紧密相关的关键问题，并围绕关键问题拆解设计一系列互相关联的问题链。同时，教师可以结合教学目标精心策划多样化的活动，推动学生深度学习。

例如，针对"自我效能感"这一主题，笔者了解到很多学生喜欢玩挑战类的游戏，因此选择了既具有挑战性又富有现实意义的"梦想风采挑战赛"作为贯穿本单元的真实情境主题，请学生展示自己目标的风采。这也引发了学生的思考：我的目标是什么？完成目标需要经历什么过程？我是怎么战胜困难、实现目标的？这就由学生形成了与自我效能感相关的关键问题。根据关键问题，笔者进一步设计了情境任务，以任务驱动学生学习过程的展开和深入。同时，笔者采用了多样化的活动形式，如角色扮演、情境互动等，以此激发学生的兴趣和参与度，促使学生学习和思考。整个教学过程不断创设情境、任务驱动，引导学生在探究中发现，在质疑中理解，在反思中感悟，在应用中创新，发展学生的思维能力。"自我效能感"大单元的安排具体见图 8-1。

三、总结与展望

心理课大单元教学通过整合核心概念与真实情境，有效提升了学生的核心素养与问题解决能力。这一教学模式不仅加深了学生对心理学知识的理解，更有助于提升学生对心理学知识的实际应用能力。然而，如何在实践中进一步优化教学内容与方法，确保教学目标的达成，仍是我们所面临的挑战。展望未来，我们期待能够进一步完善心理课大单元教学体系，探索更多创新的教学方法与手段，以更好地满足学生的学习需求，促进学生的全面发展。

	为什么学		学什么	怎么学	学到什么程度
	核心素养	教学目标	关键问题	情境任务	主要活动	嵌入作业与评价
第1课	勇于探究 / 乐学善学 / 自我管理	拓展愿望的思维宽度和深度	我的愿望是什么？它有意义吗？	了解愿望探索的角度和方法 / 从五个角度觉察自己的愿望	愿望清单 / 愿望宝盒挑战 / 愿望星空	回答提问 / 情境挑战 / 学案书写与展示
第2课	理性思维 / 勤于反思 / 自我管理	从愿望中确定60天可以完成的目标	如何制定一个合理的目标？	目标聚焦方法+情境练习 / 自我聚焦	趣味测试 / 目标制定四要素 / 我的目标星	回答提问 / 小组讨论 / 自我目标书写
第3课	理性思维 / 勇于探究	将大目标分解成小目标	如何将我的目标拆解成小目标？	掌握目标分解的操作方法（人、时间、地点、环境等） / 将自己的目标细化，按时间分成四步	马拉松的故事 / "班级演讲"小剧场 / 目标分解	回答提问 / 情境扮演 / 学案书写与展示
第4课	勇于探究 / 勤于反思 / 问题解决	以积极的态度面对实现目标过程中的挑战	寻找应对挑战的突破口与方法？	认识实现目标过程中可能遇到的挑战 / 寻找应对挑战的突破口与方法	展望未来想象训练 / 困难小怪兽 / 雨点变奏曲 / 直面暴风雨	情境冥想体验 / 学案书写与展示 / 情境互动
第5课	人文情怀 / 勇于探究	发掘内在优势资源，调动自身的潜在能量战胜困难	我有什么优势资源和潜能呢？	看到自身内部优势资源 / 理解经验可以产生潜能，潜能可以产生新的经验	死亡爬行 / 优势资源库+我的"成功小故事" / 鼓掌+环游英雄汇	回答提问 / 学案书写与展示 / 小组讨论
第6课	勤于反思 / 问题解决	主动寻求支持，并根据情境挖掘自身能提供的具体支持	我有哪些可以利用的社会支持？	挖掘出身边的多种社会支持 / 体验到支持别人的成就感和乐趣	乐忧小剧场 / 我的社会支持树 / 爱心贴贴贴	情境扮演 / 学案书写与展示 / 小组赋能
第7课	问题解决 / 勤于反思	用真实的目标经验来激发自我效能感，获得积极自我肯定	如何总结实现目标过程中的经验，增加成就感？	回顾、总结、归纳成功/失败的要素 / 祝福	目标展示 / 圆桌会议 / 祝福能量贴	个人展示 / 小组反思 / 全体赋能

图 8-1 "自我效能感"大单元的安排

【参考文献】

[1]崔允漷.如何开展指向学科核心素养的大单元设计［J］.北京教育（普教版），2019（2）：11-15.

[2]Wiggins G，McTighe J. Understanding by Design（Expanded 2nd edition）［J］. *Association for Supervision & Curriculum Development*，2005.

[3]林崇德.《21世纪学生发展核心素养研究》［J］.教育科学论坛，2016（20）：63-64.

表达性艺术辅导为心理课注入活力

上海市敬业中学　姚项哲惠

心理课是学校心理健康教育的主阵地，《中小学心理健康教育指导纲要（2012 年修订）》指出，心理健康教育课应以活动为主，可以采取多种形式；还指出心理健康教育要防止学科化的倾向，避免将其作为心理学知识的普及和心理学理论的教育。如何让心理课堂"亮起来"，提高学生参与课堂的积极性，能让学生在其中有所体验和感悟，是许多心理教师积极思考和探索的问题。笔者发现，在诸多活动形式和心理辅导技术中，表达性艺术辅导近几年备受心理教师的青睐，它为心理健康教育的开展注入了活力，也提升了心理健康教育的趣味性和应用性[1]。

表达性艺术辅导使用丰富的媒材和活动，能够吸引学生投入课堂，对自我进行深入探索；非语言的方式能让学生把抽象的感受或思维以具象化的方式呈现，促进学生觉察与表达；艺术的形式能激发学生的创造性，有助于教学方法的创新，使课堂更加生动有趣，推动心理课深入发展。表达性艺术辅导适用于各类学生群体和课程主题，为学生提供了更多自我探索的方法，也拓展了课堂的更多可能性。

一、表达性艺术辅导的发展与优势

艺术治疗是以各种艺术的媒介来表达个体内心的思绪、感受及经验，它发源于西方，是在工作实践中发展起来的。19 世纪 30 年代，美国的一些艺术家在一所精神病院当义工。在教精神病患者画画的过程中，艺术家发现，病人的病情有了一定程度的好转，这引起了专业人士的兴趣。之后，心理学家对艺术治疗进行了研究和实践，也有越来越多的艺术媒介被引入。20 世纪中期以来，艺术治疗已经形成了绘画、音乐、舞蹈、文学、戏剧等多种形式。20 世纪 80 年代，艺术治疗在我国引起关注，并呈现相当强的适应性[1]。近年来，它也被广泛应用于学校心理健康教育之中。

心理健康课中的"艺术治疗"与美术课、音乐课不同，它不要求学生有专业的功底或技巧，更多是让学生利用艺术媒介来探索自我，是一种表达自己和世界的方式。

因而，有专家提出用"表达性艺术治疗"取代"艺术治疗"，并得到业内学者认可[2]。这样的提法更侧重于创作和表达，笔者也常常在辅导中引导学生避免过分在意作品的美观度，而是将注意力放在表达自己的感受上，尝试用艺术的方式去体会内心、表达自己。这样一种去功利化的艺术活动能够激发学生创作的愿望，起到"表达即疗愈"的效果。同时，它也提供了轻松、安全、自由的氛围，为学生投入课堂、积极参与、真诚分享奠定了良好的基础。需要注意的是，中小学心理健康教育侧重于学生发展性辅导，故而本文采用"表达性艺术辅导"的表述。

比起传统课堂，表达性艺术辅导一大优势在于非语言表达。这能让学生突破语言的限制，自主表达自己和呈现内在世界。对中学生而言，他们自我意识增强，出现青春期闭锁心理，未必愿意直接分享自己的经历或感受，容易产生心理防御，阻碍自我探索和表达。而艺术的形式恰恰能够绕开语言表达的限制，使学生在抒情写意的过程中自由进行情感和意愿表达[3]。例如，本书《情绪的重生》一课，引导学生用非惯用手围绕"我的考后心情"进行自由创作，用线条、色彩和图案等表达情绪，学生能更真实、深入地体会自己的感受，而不是简单地说"高兴"或"不高兴"。非惯用手的操作也能避免学生产生过多理性思考，促进学生真情流露。这样的方式既有温度，又有深度，能较好地提升教学效果。

艺术创作与表达的过程，也内含着外化、转换、整合等过程。许多教师通常将情绪、想法通过绘画、制作、演绎等方式呈现，这样一个外化、视觉化的过程，既能够帮助学生将问题与人分开，增强内在力量，也能将原本难以言明的内容具体化。而通过看、做、捏、动等各个感官通道的参与，不仅能让个体的能量流动，还能促进身体与心理的连接，达到宣泄压力、调节情绪的效果[4]。另一方面，行动化的方式也能够帮助学生角色转换，增强真实体验感。

二、表达性艺术辅导的媒材与形式

在表达性艺术治疗中，非常强调"三角沟通的模式"（triangular communication pattern），即治疗师、表达性媒材、个案三者会透过表达性媒材的创作形成三角关系，催化个案将心中的想法、感觉与情绪投射出来[5]。可见，不同主题、不同对象下的心理健康教育课，对表达性艺术辅导媒材的选择也各有讲究。

绘画是心理课中最常用的表达性艺术辅导方法之一，其本质是心理外化的符号象征[6]。恰当的隐喻和适合的方式，能够帮助学生有的放矢地进行探索。例如，笔者也曾经设计过一节探索未来主题的课，采用了"刮画"的形式。学生在教师的引导下畅想未来生活，之后在刮画纸上呈现自己想象的画面。在这个过程中，黑色纸张底部的彩色部分慢慢浮现，对应了未来生活的丰富多彩与无限可能。拼贴画、剪纸等也是常用的艺术方法，比起绘画的"从无到有"，它们给学生提供一定的基础素材，降低了艺术创作的"门槛"。

制作活动也是一类深受学生喜爱，激发想象与创造的活动。它比绘画更需要多感官协同，媒材类型更加丰富，相关作品更为立体，能够更形成生动的呈现内在世界。例如，本书的《我的"昼"与"夜"》一课聚焦自我接纳与自我整合，选用了黏土作为艺术创作媒材。黏土具有更好的流动性、可塑性，能够更加形象地展现自我的不同特点，也便于学生在"整合"环节将作品进行融合与再创作。其他制作类媒材包括但不限于纸盒、积木、布偶、气球、毛毡等。其实，生活中的很多小物品都可以成为课堂活动的媒材。例如，有教师用不同大小、颜色的纽扣代表不同的自我，开展自我主题心理课[4]。

与绘画、制作等需要自主创作的活动相比，心理卡牌、沙盘等形式进一步为学生表达自我提供了"脚手架"。通过对卡牌或沙具的感受和释义，学生开展联想，表达最真实的想法和情感。心理卡牌的类型很多，其中最常用的是由德国心理学家设计的 OH 卡。它背后是强大的心理咨询技术系统，被广泛应用于各领域[4]。本书中《我和同伴的相处——OH 卡故事会》一课就采用了 OH 卡这一媒材，通过卡牌联想、讲述友谊故事，降低学生的心理负担，也促进学生觉察和自省自己的社交状态，起到了较好的教学效果。沙盘作为非常经典的心理辅导工具，其应用也延伸至心理课堂。考虑到可操作性，心理健康课往往简化沙盘活动，一般仅运用沙具开展活动。例如，有教师请学生选择不同沙具代表自己和家人，通过将沙具摆放至不同位置以呈现不同人际关系，澄清当前矛盾冲突，探索化解方法[4]。这样的方式能够非常直观地外化内心状态、关系状态，进行相关主题的深入探索，促进个体的自性化过程。

除了桌面上的艺术表达形式，以身体为基础，以动作为媒介，以行动为方式的艺术辅导，如舞动、戏剧、心理剧等，进一步拓宽了心理课堂的空间与可能。也有老师通过情景演绎、角色扮演等方式，体会不同角色，唤起学生的真实感受，促进学生对自己和他人的理解。当然，一节心理课的时间相对有限，可以选择一种技术或几种技术的融合应用于课堂之中。例如，社会计量技术常用于导入环节，角色扮演多为主题活动。也有老师将"三把椅子"技术贯穿课堂，探索自己与他人的关系，促成自我和解[4]。

表达性艺术辅导的形式非常多样，重要的是心理教师能选择合适的媒材，并应用于相关主题内容。除以上介绍的形式之外，音乐、绘本、书写等也都是常用的教育教学形式。本书中部分课程也是基于绘本进行改编和设计的，取得了很好的效果。随着科技发展，表达性艺术辅导的形式也不断丰富，摄影、照片等形式也逐渐被广泛应用。总的来说，比起媒材与形式，表达性艺术辅导相信人的自发性与创造性的理念，在活动中创设安全、信任的氛围等才是艺术辅导起效的关键。

三、表达性艺术辅导的应用与思考

表达性艺术辅导要注意"留有余地"，让学生能有一定的空间尽情创作，自主探索，充分思考。但一节课的时间毕竟有限，课程也有教学目标需要达成，基于表达性艺术辅导的心理课可能更需要结构化的设计，学生能够在主线中进行个性化的探索，避免出现"开无轨电车"的情况。一节课的设计应该先明确教学目标和每个环节的设计意图，再选择合适的艺术媒材。教师可以参考"团体暖身—团体转换—团体工作—团体结束"的环节设计，将表达性艺术辅导穿插其中，使整节课的脉络更加清晰。

一节课可以将表达性艺术辅导贯穿始终，也可以只在某一环节采用，重要的是它们能为活动目标服务，而不是为了艺术而艺术。例如，《我的"昼"与"夜"》这节课以自我认识、自我接纳、自我整合为脉络，将制作黏土与各个环节相融合，以呈现自我的不同特点，并通过初步创作、相互反馈、二次创作的过程，层层递进，不断深入。课堂脉络清晰，表达性艺术辅导在课堂得以有效的使用。再如，本书的另一节课《种下我的花》只在最后环节采用了表达性艺术辅导形式，但起到了画龙点睛的作用。学生在前期充分探索，掌握应对困难的方法之后，再画下"新学期之花"，这样做既整合、巩固了课程内容，也为学生积极赋能。同时，绘画的方式又与本节课"种花"的寓意相呼应，提升了课程的完整性和连贯性。

除了创作活动以外，学生对作品和活动的分享也尤为重要，这就考验教师的提问和回应能力。教师可以参考"4F法则"，从事实（Facts）、感受（Feelings）、发现（Findings）、未来（Future）几个层面进行提问。例如，"你的作品是什么""它表达了什么""看到这个作品你的感受是什么""通过创作有什么新的感受或发现",等等。作品创作结束后还可以将提问指向未来思考的具体行动。

艺术创作是比较个性化的,课程设计要注意个体与团体的平衡。一方面尊重每一位学生,创建安全、接纳的环境。例如,避免分析、评价学生的作品,允许有的学生不愿意分享,等等。另一方面,要注意个体差异。例如,有的学生是"情感表达"倾向,有的学生是"问题解决"倾向。设计活动时需要感性与理性协同,既有感性创作,又有理性思考。例如,可以在创作之后让学生进一步填写活动单,或者思考具体行动计划等,这也是将课堂内容落于现实。当然,课程要兼顾整个集体,既需要结构化的设计,也要注意观察和协调团体进度。

为使表达性艺术辅导进一步提升活动目标达成度和技术应用有效性,有学者提出了"MUSIC 法则",分别指的是 M——动机(motivation),教师要考虑学生的参与动机,选择与学生年龄、兴趣等匹配的活动;U——理解(understanding),教师要对表达性艺术的语言有一定的专业熟悉度,帮助学生充分表达自己的作品;S——敏感(sensitivity),面对不同学生的不同反应,教师要有一定的敏感性;I——整合(integration),教师具有催化和引领的作用,要促进学生内在冲突、对立等因素整合;C——容纳(containment),教师在表达性艺术辅导过程中,要能够包容学生的情绪、行为,促进真诚表达和真实体验。教师在设计表达性艺术辅导的心理课时,可以对标"MUSIC 法则"来检验教学设计的有效性。例如,课堂是否选择了学生感兴趣的活动方式和适合探索的艺术媒材?自己有没有"玩"过相关活动?有没有个人的体会和感悟?是否做好了不同环节的预设,并注意持续训练自己的提问和回应技巧?活动是否以学生的心理成长为目的?是否有应对特殊情况的预案?是否创设了安全、接纳的氛围,让学生能够自由创作与表达?

四、总结与展望

目前,表达性艺术辅导已经广泛应用于心理健康教育课,不少教师也在不断创新形式,尝试不同主题的应用。表达性艺术辅导拓展了心理课的教学空间,使其变得更加鲜活,也让学生插上想象与创造的翅膀,放飞心灵,自由探索。需要注意的是,丰富的形式与方式只是心理健康教育的"术"。教师扎实的辅导功底,对学生的看见与理解,对人自发性与创造性的相信,才是真正的教育之"道"。

【参考文献】

[1]武培博.论表达性艺术治疗在心理健康教育课程改革中的应用［J］.当代教育实践与教学研究（电子版），2016（4）：199-200.

[2]余佳恒.表达性艺术治疗对女高职生惧怕否定评价的干预研究［D］.济南：山东师范大学，2018.

[3]陈万霞，孙蕙.小学生艺术心理治疗途径初探［J］.中小学心理健康教育，2013（10）：49-50.

[4]沈之菲，等.《自发与创造——中小学表达性艺术辅导理论与操作手册》［M］.上海：华东师范大学出版社，2023.

[5]武玮.表达性艺术疗法在治疗丧亲儿童心理问题中的应用［J］.成功（教育版），2012（10）：59-60.

[6]严虎，陈晋东.艺术治疗在精神疾病治疗中的前景［J］.国际精神病学杂志，2015（2）：143-144.

运用八角行为分析法促进心理课活动设计

北京市通州区潞河中学　刘亚茵

《中小学心理健康教育指导纲要（2012 年修订）》明确指出，心理课应以活动为主要形式。然而，由于心理课缺乏统一的教材和课程标准，心理教师在设计课堂活动时面临较大的挑战。他们需要创造性地开发适合学生各个发展阶段的课程内容，同时确保课堂活动既有教育意义又能引起学生的兴趣。此外，由于心理课往往不纳入考试，这可能导致学生对心理课采取一种较为松懈的态度。这种态度反映在学生的行为上，可能会表现为敷衍完成课堂活动、纪律松懈等问题。因此，如何激发学生参与课堂活动的积极性，提高课堂管理效率，成为心理教师亟须解决的问题。

为了应对这些挑战，心理教师可以借鉴游戏设计中的趣味性和互动性元素，将这些元素融入心理课活动的设计之中。游戏化学习作为一种新兴的教育手段，通过模拟游戏的环境和机制，激发学习者的内在动机，提高学习体验。在游戏领域中，八角行为分析法是一个强有力的理论工具，能帮助游戏设计师深入理解玩家的行为动机，并据此设计出更具吸引力的游戏活动。八角行为分析法通过分析八大核心驱动力模型，揭示了人类行为背后的心理机制。心理教师可以运用这一模型，针对学生的需求和兴趣，设计出能够激发学生内在动机的教学活动。

一、八角行为分析法与心理课设计

八角行为分析法由游戏设计学者周郁凯提出，它是为了提高游戏的吸引力而设计的一种模型（见图 8-2）。在这个模型中，周郁凯归纳了人类的八大核心驱动力。其中，史诗意义与使命感、创意授权与反馈、社交影响与关联性、未知性与好奇心这四个驱动力，它们和玩家参与游戏的内部动机有关；进步与成就感、所有权与拥有感、稀缺性与渴望、亏损与逃避心这四个驱动力，它们和玩家参与游戏的外部动机有关。八角行为分析法强调，玩家的游戏行为背后都有一个或多个核心驱动力的存在，这些驱动力会影响玩家一系列的决策与行为[1]。

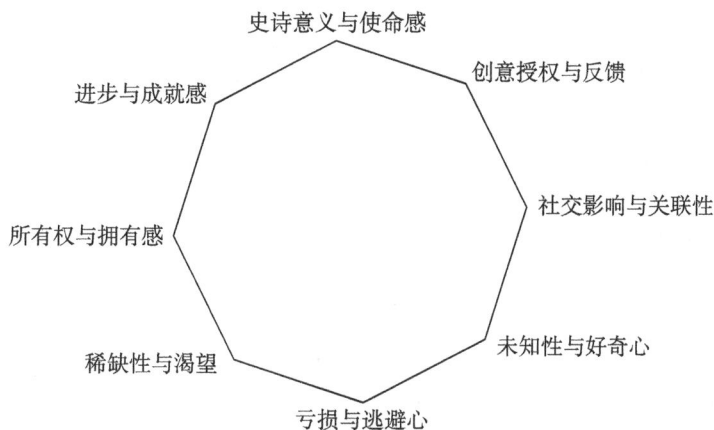

图 8-2　八角行为分析法模型

八角行为分析法本质上是一种基于人类心理动机的系统化框架，它通过分析和理解人类的行为动机来设计更有效的激励机制。目前这种方法已经被游戏领域之外的教育、商业、传播、产品设计等多个领域运用。心理教师可以将八角行为分析法应用于日常心理健康教育教学活动中，它能够帮助教师更好地理解学生的需求和动机，从而设计出更具吸引力和效果更佳的教学活动[2]。参考事例见表 8-3。

表 8-3　八角行为分析法驱动力与心理课活动设计

驱动力	驱动力说明	心理课活动设计	心理课活动设计时的自我核查
史诗意义与使命感	与个人的意义和目的相关。当人们认为自己的行为与一个更大的目标相连时，他们会感到更有动力	将心理课的活动与生活中的重要事件联系在一起。例如，学生在心理课上了解中考或高考的相关内容	学生是否了解课程探讨议题的意义所在？成果是否可以服务于真实的生活
进步与成就感	与完成特定任务或目标后的成就感相关。人们通过实现挑战性目标来获得满足感	让学生获得完成活动的成就感。例如，课堂设置挑战任务、自我同伴评量、积分、印章收集、颁奖等	课堂活动是否设置了适当的挑战？是否有可视化的反馈能让学生看到自己的成长和进步
创意授权与反馈	涉及控制和自主性。当人们感觉自己对环境或情境有控制力时，他们更有可能采取行动	让学生获得对课堂的掌控感。例如，教师在课堂上与学生一起设计活动的奖励和惩罚机制	学生是否有空间做一些尝试探索、创造、表达，并获得反馈
所有权与拥有感	与个人对某物的归属感和所有感相关。当人们感觉某物属于自己时，他们会更加珍惜并投入努力	让学生获得某一活动任务或物品的拥有感。例如，学生在课堂中完成属于自己的作品	是否提供了一些机会和情境能让学生对某样东西产生拥有感

（续表）

驱动力	驱动力说明	心理课活动设计	心理课活动设计时的自我核查
社交影响与关联性	涉及与他人的关系和社交地位。人们受到周围人的影响，希望获得认同和社交接纳	运用团体动力。例如，课堂设小组合作、同伴评价、团队竞争等环节	是否创造了一些环节或机制让学生可以彼此合作交流或竞争
稀缺性与渴望	与资源的稀缺性相关。当某物被视为稀缺或有限时，人们会更有动力去获取它	设置某一稀缺的奖励。例如，课堂上展示的机会、获得表扬卡、免作业卡等	哪些机会是学生渴望又稀缺的
未知性与好奇心	与人们的好奇心和对未知的探索相关。不确定性和变化可以激发人们的好奇心和探索欲	调动学生的好奇心。例如，猜谜类的活动、随机掉落的盲盒奖励，等等	什么会引发学生的好奇？在哪些时段可以设置一些特别奖励
亏损与逃避心	与避免损失或痛苦的愿望相关。人们通常会采取措施来避免负面后果或损失	设置一定的惩罚机制，如扣分、惩罚环节等	什么是学生厌恶和回避的事情

二、运用八角行为模型优化心理课活动

1. 整个学期或大单元课程活动优化

一方面，心理教师可以在整个学期或大单元课程设计之前，根据八角行为分析法优化心理课整体设计。通过系统地梳理流程，分析学生参与课堂活动的驱动力，可以让心理课更具吸引力，并实现心理教育的目标。另一方面，在课程实施中，心理教师也可以运用八角行为分析法分析现有课程活动中所涉及的动机，以及这些动机在激励学生完成期望行为过程中的优、缺点，识别出较弱的动机，并加以改善。以笔者设计的学期项目式学习《解忧联盟——设计一款心理健康不插电游戏》为例。

在最初设计课程整体内容时，笔者结合八角行为分析法进行了整个学期的课程设计。第一节课通过设置情境，引导学生回想自己求学过程中遇到的受心理困扰的同学、朋友，想想看自己可以为他们做些什么。这就是"史诗意义与使命感"驱动，让学生看到自己同龄人所面对的心理挑战，并思考如何帮助他们。在主题探索课上，课堂运用"创意授权与反馈"的驱动力让学生根据自己生活中的体验确定自己小组要探讨的主题。在分工协作探讨课上，课堂让议题相似的同学组成小组，一起开发设计产品，每个小组成员根据自己擅长的内容选择相应的职位分工，共同协作，这在一定程度上运用了"社交影响与关联性"的驱动力。

但是在学期课程进行的过程中，笔者发现虽然学生刚开始时兴趣高涨，但到了中

间阶段，一些同学就开始有些懈怠，而且每个小组的进展差异非常大。笔者再次运用八角行为模型分析后发现，此前的设计主要从前文提到的八角行为模型右侧的驱动力进行设计，主要激发学生的内部动机，设计中缺少了模型左侧中代表外部动机的驱动力。因此，笔者在模型分析的基础上调整课程设计，并从最好实现的"进步与成就感"的驱动力入手，把项目任务划分得更加细致，设计了每个小组的任务进度条，让学生看到自己小组和其他组的进展和进步，并明确阶段性任务奖励。同时，学生在自己设计产品过程中投入了更多情感，这也激发了学生对自己产品的"所有权与拥有感"，驱动他们想要进一步优化自己的设计，让产品更加完善。

2. 一节心理课的课程活动优化

八角行为分析法也可以运用在一节心理课的设计中。八角行为分析法的设计者提出：在不同的阶段要运用不同的驱动力。经过探索，笔者发现心理课的各个环节也如游戏的不同阶段一样要运用不同的驱动力。

首先，热身导入活动最主要的驱动力是未知性与好奇心，因此课堂设计一些引发学生好奇心的热身导入活动就显得尤为重要。例如，《移空吧！我的"坏"情绪》一课，课堂的热身导入活动就运用了"谁是卧底"的游戏，在游戏中让学生区分"emo"和"emotion"，既起到了引出课程主题的作用，又激发了学生的好奇心，增加了他们参与课堂活动的热情。

情景创设活动最重要的驱动力就是社交影响与关联性、史诗意义与使命感等。课堂让学生体会到活动目标、内容与自己息息有关，那么这个话题对学生来说就有意义、有价值。课堂运用一些由真实故事改编的学生案例就是一种很好的创造关联的手段。例如，《初中优质心理课设计汇编》中《插上成长型思维的翅膀》一课，在"心理实验室"环节就引入了两个根据真实故事改编的案例，让学生认识到思维方式与学习问题之间的关系，感受成长型思维的重要意义——这里运用的驱动力就是史诗意义与使命感。

话题深入探究活动最主要的驱动力是进步与成就感、社交影响与关联性，以及未知性与好奇心。通过学生思考、分组交流、全班分享、教师精讲等方式，引导学生对这个主题产生深入认识，这会在很大程度上满足上述驱动力。例如，《小学优质心理课设计汇编》中《送你一朵小红花》一课，在"孕育小红花"环节，学生分小组认领情境中的角色，演绎剧情，可以在和同学的演绎互动、相互点评中发现赞扬的积极作用——这里运用的驱动力就是社交影响与关联性、进步与成就感。

在联系自我环节的活动中，所有权与拥有感是很重要的驱动力。角色扮演、行为训练、方法练习都可以帮助学生在这个环节中提升拥有感。例如，《初中优质心理课程设计汇编》《披荆斩棘的录取通知》一课，教师让学生创建游戏的角色，然后用一节课的时间去经营这个人物的一生——这里运用的驱动力就是所有权与拥有感。

3. 某一环节课程活动深入优化

此外，在某一环节优化的时候，心理教师也可以借助八角行为分析法分析自己在环节设计中使用了哪些驱动力，驱动力产生的行为是否和自己的目标相一致等，进而优化该环节的设计。以笔者《呼吸，情绪的锚》一课为例。

该课在"练呼吸"的环节提供了很多种呼吸方法。最开始的时候，笔者运用了稀缺性与渴望、创意授权与反馈的驱动力，准备了8种呼吸方法，以小组为单位进行自主选择，先到先得。但是笔者第一次授课后发现，这个环节中很多小组并不喜欢自己拿到的呼吸法，而且8种呼吸法数量过多，会让整节课的信息负担过重。复盘的时候笔者意识到这里稀缺性与渴望的驱动力作用远远高过创意授权与反馈驱动力，后面来拿的小组只能被迫选择呼吸法，这反而减少了小组的课堂参与积极性。笔者反思了这个环节最根本的用意是希望学生体验2～3种不同的呼吸法，自主选择自己喜欢的方法然后练习。在这样的原则下，笔者把课堂提供的呼吸法数量减少到了4种，并且每种呼吸法可以由多个组选择。同时为了保证课堂内容的丰富性，每种呼吸法提供的最大份数是全班总组数的一半。也就是说，课堂如果有8个组，那么每类呼吸法最多准备4份材料。这时，创意授权与反馈驱动力的作用就会明显大于稀缺性与渴望驱动力的作用。

4. 运用八角行为分析法优化心理课程课堂管理

八角行为分析法不仅可以优化心理课的内容设计，也能助力心理教师提升课堂管理效能。教师可以分析学生特定课堂行为背后的驱动力，并采取相应的活动或策略以促进或抑制该行为的出现。以学生上课迟到这一现象为例，教师常常借助亏损与逃避心驱动力设置相应的惩罚机制。但除此以外，教师也可以依据其他驱动力设计创新活动来强化学生的准时行为。例如，笔者在心理课前设计"点歌台"活动，允许首位到达心理教室的学生选择课前播放的歌曲。该活动不仅激发了学生对当日课堂播放曲目的好奇心，而且巧妙融合了创意授权与反馈、稀缺性与渴望、社交影响与关联性等关键驱动力。通过此类活动，教师不仅能够有效减少学生的迟到行为，还能增强学生的课堂参与度和归属感。

三、总结

八角行为分析法是一个关于人类行为动机的模型，心理教师可以运用这个模型帮助自己复盘、审视心理课的设计，看到自己在设计课程中偏爱使用的驱动力和欠缺的驱动力。由于人行为背后的驱动力是非常复杂的，八角行为分析法也提示心理教师要关注不同维度的驱动力，在活动设计时尝试综合运用各种驱动力。特别当课程的效果没有达到预期时，心理教师可以通过八角行为分析法来反思本节课运用的驱动力，尝试调整或加入新的驱动力。

通过应用八角行为分析法，心理教师可以更有针对性地优化自身的课堂设计，提高课堂设计能力，并在课堂活动中激发学生的学习动力和课堂参与度。

希望本文提到的方法能够为大家的心理课设计提供一些启发和指导，让学生在丰富的学习体验中获得更多的成长和收获。

【参考文献】

[1]周郁凯.游戏化实战［M］.杨国庆，译.武汉：华中科技大学出版社，2017.

[2]骆小华，冯培恒，徐小玲.教育游戏化设计［M］.北京：中国人民大学出版社，2021.